DU MÊME AUTEUR,

DANS LA COLLECTION ICARES

QUANTEX, *1. Le Songe des Immortels,* 2002
QUANTEX, *2. La Révolte des Ombres,* 2003

Les éditions MNÉMOS

Ludovic Albar

QUANTEX

TROISIÈME PARTIE
La Coexistence

ICARES

L'Aventure imaginaire

15, passage du Clos-Bruneau
75005 PARIS

☛

ISBN : 2-915159-34-3

PROLOGUE

« Étant donné les profondeurs les plus noires de la nature humaine, je pense que le gouvernement naturel, plus naturel que la démocratie, pour la plupart des peuples, c'est le fascisme. »

Norman MAILER, écrivain, *Le Nouvel Observateur*,
Alte-Paris, Terre (année 2003, CS).
In CEG Histoire des idées, « Civilisations », Catalogue alpha secundus, Article 2003, Omnibibliothèque du Quantex.

Fédération des États martiens, 1er janvier 2960, CS.

Il est l'Omniexécuteur.

Sous son regard, la masse du peuple est immobile. Au centre de la nouvelle capitale bâtie sur les pentes interminables du mont Olympus, sur l'esplanade du palais, ses sujets le vénèrent en silence. Les membres du gouvernement et du congrès l'entourent, les députés des régions impériales l'admirent, les ambassadeurs des nations encore libres le craignent. Les armateurs sont là, qui l'envient, le haïssent. Et la Loge, qui ne peut que plier.

Il est le pouvoir…

Il règne sur des milliers de mondes artificiels, près de soixante-dix planètes et satellites ; il préside aux destinées de vingt-huit milliards d'êtres humains. Il possède le Soleil, Alpha et Proxima du Centaure, Fomalhaut. Il est l'étoile qui gouverne les étoiles.

Il est l'Empire…

Rien de ce qui se murmure n'échappe à son contrôle. Rien de ce qui se pense ou se trame contre lui ne peut arriver à son terme. Ses armées veillent. Ses espions sont partout. Sa police ne connaît d'autres règles que celles qu'il lui impose et qu'il sait modifier à sa guise, dans son seul intérêt. Alors ils obéissent. Et ils l'applaudissent à tout rompre, chantent ses louanges à gorge déployée, sa clairvoyance, sa bienveillance. Car il n'est pas ingrat. Il sait que pour supporter sa puissance, le peuple a besoin de bonheur, de richesses, d'amusements, de gloire. Et de la paix implacable que sa dictature apporte. Le peuple ne demande rien d'autre, seulement de croire qu'il sera protégé et nourri, et d'être fier d'autres conquêtes…

Loin au-dessus de la ville, le soleil embrase les carlingues des bâtiments de guerre rassemblés pour la parade, inondant la foule d'un halo surnaturel. Des chasseurs passent en vrombissant par centaines, rasent les pics des gratte-ciel. Les régiments de Temps Zéro pénètrent l'esplanade, rempart de boucliers énergétiques serrés les uns contre les autres, rang après rang, masse argentée compacte, indestructible. Leurs étendards claquent au-dessus de leurs casques de chrome dans le vent frais de Mars, et l'épervier d'Amazonis jaillit du cratère rougeoyant d'Olympus pour grimper à la conquête du ciel. Le prédateur nourri par le dieu de la guerre…

Alors lui, Edmund Wilbur Safaris, l'Omniexécuteur des lois – le souverain ultime – étend ses bras au-dessus de son peuple, au-dessus de l'espace et au-delà du temps, pour proclamer à la face des dieux sa devise :

« L'humanité est libre, car je suis son Sauveur ! »

I

« Mourir n'est pas en soi un problème. Mais ne pas savoir de quoi l'on meurt, ni pourquoi, c'est peut-être là le seul traumatisme qui vaille la peine qu'on s'en plaigne. »

SAINTE-ESPERANZA, archipapesse élue de l'Ombre, Prêche fondateur du Temple alphacentaurien de l'Expiation humaine, Alpha City, Alpha IV Centauri (année 2755, CS). *In CEG Histoire du Système alphacentaurien*, « Alpha IV Centauri », Catalogue tau ter, Article 8446, Omnibibliothèque du Quantex.

Cadran neutre alphacentaurien, 10 juillet 2940, CS.

L'humanité est libre...

Khandra bondit hors de son cauchemar, l'âme brûlée par ce qu'il y avait vu. Se pouvait-il que l'innommable advienne ? La voie qu'il avait décidé de suivre après la mort de Rupper ne menait-elle donc à nul autre avenir ? À moins que...

« C'est un avertissement. Si rien n'est fait...

— Que dites-vous, Lewis ? »

Gloria était là. Il la dévisagea un moment, secoua la tête, puis son regard glissa sur la forme vaguement humaine déposée sous les harnais de sustentation de la cabine. Où une place demeurait libre...

Il ne pouvait se résoudre à sa mort. C'était absurde, cette propension des hommes à toujours verser dans l'héroïsme. Qu'avait-il eu besoin, ce vieux fou, d'aller lui-même exécuter son projet dément ? Sortir dans l'espace, avec ce matériel vétuste et inadapté ? Il n'aurait jamais dû le laisser faire ; il aurait dû y aller lui-même, pour aider Yuro. Mais Rupper avait insisté, comme un gamin trop heureux d'avoir raison, d'avoir l'occasion de prouver qu'il pouvait être utile encore une fois. Une dernière fois.

Lewis se souvint : lui-même semblait programmé pour devenir le Sauveur, le premier d'entre tous. Or ses pouvoirs n'étaient rien : il n'avait rien fait pour secourir Hani, rien d'autre qu'écouter sa peur et tenter de saisir son agonie à la gorge pour qu'elle lui fût moins pénible. Y avait-il seulement réussi ? Ses paroles obscures...

Des dangers, des manipulations... au sein même du Mouvement.

De quoi le marin avait-il voulu lui parler ? Et quel était le lien qui l'avait uni à son père ? Comme s'il n'y avait pas déjà suffisamment d'interrogations auxquelles Lewis craignait de ne jamais trouver un commencement de réponse... Mais peut-être ces mots n'étaient-ils que des signaux agités *in extremis* par Hani pour éclairer la piste, lorsque son âme avait glissé vers l'éternité...

« L'heure approche, fit Yuro d'une voix sourde. On ne peut plus se voiler la face ! »

Lewis le fixa. C'était le seul moyen de communication qu'il se sentait capable d'utiliser : regarder ses compagnons, voir les traits de leurs visages se déliter sous l'effet du désarroi. Le capitaine pirate affichait cependant un masque d'impassibilité très impressionnant, car il savait pertinemment qu'ils n'avaient plus aucune chance d'en sortir vivants. Il l'avait su dès le départ. C'était la raison principale pour laquelle le Martien avait préféré taire la mort de Big Bear, pour ne pas compliquer davantage leur situation en augmentant le stress de leur pilote. Yuro aurait bientôt assez de temps pour comprendre ce qui s'était produit sur Izla-ov-Fuego, lorsqu'il aurait rejoint son chef…

« Je ne peux rien faire pour ralentir notre course, continua Yuro, à moins d'aller démonter la voile, mais c'est beaucoup trop dangereux. Les vents des deux étoiles sont puissants. Je serais grillé en moins de deux. Quant à maîtriser la trajectoire… L'évacuation de nos déchets n'imprime aucun mouvement efficace, aucune direction. On s'est trompés sur ce point. On est en plein dans le courant de convexion, et la nef est ballottée comme un vulgaire astéroïde.

— Ça, nous l'avions ressenti, ricana James, dont les yeux globuleux et jaunis semblaient sur le point de couler le long de ses joues creuses.

— Désolé, pasteur, si l'on ne vous a pas réservé une place en première classe ! (Kiribati, l'air rogue, s'était dressé dans son hamac, portant son visage à quelques centimètres de celui du prêtre.) Je sais que Vos Saintetés s'en seraient beaucoup mieux portées…

— Ça suffit ! cria Lewis. Vos disputes me fatiguent. Elles fatiguent tout le monde, ici !

— C'est sûr, ricana Yuro. Y a qu'à voir ce pauvre archipape… Il dort depuis trois semaines. »

Coma… songea Khandra. *Catalepsie… Je n'arrive pas à entrer en contact avec lui.*

« Au moins, il ne voit pas ce qui nous arrive, murmura Gloria. (Elle essuya ses larmes, sans se cacher.) Ce… déclin, notre chute. Vous me faites honte ! Nous avons tout subi, depuis la Terre, tous ensemble, et nous ne sommes même plus capables de nous en souvenir. Il faut rester unis jusqu'au bout. Sinon, Hani… sera mort pour rien. »

Les quatre hommes se turent. Ils comprenaient ce que voulait dire la Terrienne. Ils se savaient coupables, tous, à des degrés divers, de céder à la peur, à la fatigue. Mais que pouvaient-ils faire d'autre ? Yuro l'avait confirmé : ils ne faisaient que suivre les courants.

« Dans combien de temps devrions-nous subir l'attraction finale ? demanda Lewis.

— L'attraction ? Quelle attraction ?

— Allons, ne tournez pas autour du pot ! Je vous ai entendu, la nuit dernière, faire vos calculs à haute voix. Nous sommes pris dans le champ gravitationnel du cinquième monde de ce système, c'est bien cela ?

— Heu… Oui. Alpha V…

— Dans combien de temps ?

— Une quarantaine d'heures, peut-être moins. C'est difficile à calculer sans tous les paramètres.

— J'imagine.

— C'est la première fois que je fous les pieds dans ce système. Tout ce que j'en connais, ce sont des bribes d'informations fournies par les galères qui y venaient plus ou moins régulièrement. Autant dire pas grand-chose. »

Lewis soupira. Un orbe verdâtre se dessinait à travers le cockpit, énorme. Une planète.

« Savez-vous au moins si l'on peut espérer survivre à la surface ? »

Le Pirate parut surpris de la question. Peut-être n'avait-il même pas caressé l'espoir de s'en sortir vivant.

« Hm… Je crois qu'il y a eu une ou deux missions sur place, menées par les armateurs, au début de l'exploration de Centauri. Mais ils se sont très vite rabattus sur Alpha IV.

— Sa Sainteté pourrait sans doute nous répondre, intervint James, l'air gêné. Il… il est venu deux fois sur Alpha V. Si seulement on pouvait le réveiller…

— Il n'y a rien à faire, pasteur, répondit Lewis, navré. Nous avons tout essayé.

— Alors… cela veut dire que nous allons nous poser sur un monde inconnu, sans aucune base humaine ou chance de secours ? s'inquiéta Gloria. (Yuro la dévisagea d'un drôle d'air.)

— Nous poser, ma dame ? Si seulement nous en avions l'occasion ! »

***

Le *Yan-Zolo* n'était plus qu'une toupie surchauffée abandonnée aux forces de la gravitation. Les hamacs s'entrechoquaient les uns contre les autres, infligeant à leurs occupants au bord de l'évanouissement des accélérations d'une puissance inouïe. Ces équipements, qui n'étaient pas conçus pour les protéger de la pesanteur, mais seulement pour atténuer les effets secondaires du saut transgémellaire, ne faisaient qu'accentuer leur malaise. Par moments, la masse ocre et verte de la planète traversait le champ réduit de leur vision, puis l'encre de l'espace avalait tout, avant de s'embraser de nouveau sous les feux de Centauri. Agrippé aux suspentes de son harnais, Lewis tentait d'apercevoir quelque chose à travers la bulle du casque de sa combinaison pressurisée, n'importe quel signe qui lui permettrait d'espérer que ce monde pouvait être autre chose que leur futur tombeau. Mais il ne voyait rien, à part ces quatre bandes irrégulières qui ceinturaient l'astre entre ses deux pôles : une de couleur brune plus ou moins intense, puis une langue olive de part et d'autre d'une étroite zone bleuâtre, enfin une épaisse cloche blanche – peut-être une banquise de composition inconnue. De rares nuages ambrés saupoudraient l'ensemble.

Je ne sais même pas où est le nord...

« Ça y est ! s'écria James. Le scaphandre de Sa Sainteté fonctionne.

— Pas la peine de hurler comme ça ! pesta Yuro. Le vocodeur amplifie votre voix. Et fermez-la un peu ! Le bruit est déjà infernal. Je n'arrive pas à me concentrer... »

Se concentrer sur quoi ? pensa Lewis, qui n'avait même pas pris la peine d'intervenir dans cette énième altercation.

« A-t-on pénétré l'atmosphère ? demanda-t-il.

— À votre avis, qu'est-ce qui nous secoue comme ça ?

— Reçu ! Je voulais seulement savoir si la nef répondait un peu mieux.

— Assez mal, Lewis. Heureusement que cette foutue voile s'est arrachée d'elle-même, sinon je ne crois pas que la structure aurait pu résister. Les chantiers de Japhet n'ont pas conçu cet engin pour pénétrer des atmosphères aussi denses !

— C'est peut-être bon signe, fit remarquer Khandra, qui avait augmenté le volume de son micro pour couvrir le vacarme.

— Quoi ?
— L'épaisseur de l'atmosphère ! Au moins, il y en a une. Qui nous protégera un peu des radiations solaires.
— Oh ? Vous avez donc si peur qu'on retrouve nos cadavres carbonisés ? »
Un son plaintif répondit au sarcasme du Pirate. Gloria était entortillée dans son suspenseur, son casque bizarrement incliné sur son épaule droite. Lewis tenta de s'approcher d'elle, mais Kiribati lui barrait le passage, luttant lui aussi contre les secousses qui menaçaient de le faire tomber hors de son hamac.
« Gloria ! Que se passe-t-il ?
— Je… C'est lourd… Je n'en peux plus !
— Courage, ma dame, dit doucement le pasteur à ses côtés. (Il tendit un bras pour la soutenir.) Cela ne devrait pas durer très longtemps… »
Comme pour lui donner raison, la galère se mit à gémir, dans un grincement métallique suraigu. Tout tremblait à l'intérieur. Les parois en plastacier se soulevaient. Des rivets fusaient à travers la cabine. Un écran à cristaux liquides se détacha du plafond, frôlant la visière de Kiribati. Dehors, un halo rougeoyant enveloppait la carlingue, aveuglant, et les tuiles de nanoblindage rajoutées à la hâte par les ingénieurs de la Flibuste sur la surface d'origine se détachaient les unes après les autres, rebondissant sur la verrière de plastiglass.
« Nous y sommes, Lewis ! hurla Yuro sans se préoccuper de l'intensité sonore qu'il imposait soudain aux autres. Je n'arriverai pas à maintenir le nez cabré assez longtemps. Je… j'ignore quelle épaisseur il faut encore traverser ! Je… »
Une énorme secousse les projeta vers l'avant. Les fixations des harnais lâchèrent dans un claquement sec. Rembrardt glissa sur le plancher, avant de disparaître avec le cadavre empaqueté de Rupper par l'ouverture du sas qui menait aux soutes.
« Akkah ! Rattrapez-le ! » s'écria James. Puis il s'écrasa contre le plafond.
Accrochez-vous à ce que vous pouvez ! pensa Lewis.
La galère rebondit vers l'arrière et bascula sur son flanc droit. Yuro était rivé aux joysticks de commande, incapable de redresser sa machine. Il tourna la tête vers Khandra : à

travers la bulle dorée de son casque, ses yeux écarquillés luisaient de terreur et de rage. L'impuissance… Le Martien lui fit signe qu'il comprenait.

Gloria ? Vous tenez bon ?

L'Immortelle n'eut même pas le temps de penser sa réponse. Un choc la plaqua contre le plancher. Les autres suivirent le mouvement. Ce fut un fracas de heurts, de cris, d'appels, de prières… Le Pirate rampait vers son tableau de pilotage lorsque la verrière du cockpit se fendit en deux dans sa hauteur. Une vapeur jaunâtre envahit aussitôt l'habitacle, s'infiltrant par l'ouverture dans un sifflement assourdissant. Yuro porta ses mains gantées devant son casque avant d'être aspiré par l'ouverture.

C'est fini, songea Khandra.

Il ferma les yeux, étrangement serein… Un nouveau coup, plus puissant que les autres, puis la sensation d'une longue chute dans la fournaise, au milieu d'une tempête de débris ; les piaillements ridicules des systèmes d'alarmes qui torturent ses tympans ; les déchirures des gaines d'aération ; les hurlements des naufragés. Tout devint rouge. Puis noir. Puis rouge encore. Peut-être le feu. Peut-être une explosion. Lewis entrouvrit une dernière fois les paupières : il crut apercevoir un rocher, énorme et cramoisi, qui grossissait en tournoyant, bondissait à sa rencontre pour l'écraser, et ce qui ressemblait à un bosquet d'arbres rabougris, un paysage aux contours étrangement familiers qui virevoltait sur lui-même dans un kaléidoscope de lueurs improbables. Il sourit : c'était impossible. Au seuil de la mort, son inconscient lui jouait des tours. Ses oreilles bourdonnaient. Sa bouche prit le goût du sang. Une vive douleur emplit son crâne.

2

« Le principal problème qui se pose pour une secte désirant peser sur les destinées d'une société humaine, c'est de déterminer par quels moyens elle pourra manipuler les esprits. Une religion, quel que soit le message qu'elle transmet, doit donc d'abord être considérée sous son aspect corrupteur des masses. Seule l'intensité du prosélytisme de ses adeptes permet de définir la nature et le degré de la menace que représentent son émergence et sa permanence. En définitive, peu importe le choix de tel ou tel dogme, le culte rendu à telle ou telle divinité... Il ne revient qu'à l'intelligence et à la force de persuasion du clergé d'élaborer le credo qui le servira au mieux de ses intérêts, en fonction des caractéristiques majeures qui déterminent le potentiel de soumission d'une communauté donnée, à une époque donnée. »

Pasteur Jason MARTEEN, *Histoire des religions humaines,* Université clandestine de Transvaal, Terre (année 2872, CS). *In CEG Histoire psychologique de l'humanité,* Catalogue esprit, Article 8760, Omnibibliothèque du Quantex.

Terre, Cité sacrée de Seettle, 12 juillet 2940.

Dès qu'elle avait vu la terre sainte, sœur Cielernik avait compris qu'elle n'aurait aucune chance de se reposer avant de disparaître.

Ils étaient venus de partout, des contrées les plus reculées d'Amrika, et de plus loin encore. Lorsque la chute de l'île des Archipapes avait été confirmée, les Ombres s'étaient mises en marche, abandonnant derrière elles les soldats du Mouvement et les infidèles. À présent, les croyants étaient massés au pied de la chaîne volcanique, le long des plages battues par l'océan, en groupes plus ou moins nombreux et homogènes. Déjà, des rumeurs couraient dans les bidonvilles en cours d'édification accélérée. Des personnages dont on ne savait rien improvisaient des prêches et s'inventaient des titres et des responsabilités ecclésiastiques – ils parvenaient sans mal à se hisser à la hauteur des attentes angoissées de la populace. Cielernik savait ce qui allait bientôt se produire : l'un de ces imposteurs prendrait le dessus, parce qu'il serait simplement plus habile, que ses paroles pénétreraient plus loin l'esprit de ses ouailles désespérées pour y faire vibrer une émotion facile : la peur. Implacablement, celle-ci engendrerait la haine. Et si personne ne se dressait pour lui barrer la route, elle contaminerait tout, une fois de plus, jusqu'à leurs simples rêves d'une vie meilleure.

À demi redressée sur sa couche, sous la hutte de bois construite par ses porteurs, la religieuse se sentait à bout de forces. Malgré ses fidèles qui l'entouraient et la chérissaient, malgré ces gens perdus qu'ils attiraient autour d'eux pour les convaincre que leur guide était déjà une sainte, que sa parole et son aura pouvaient sauver leurs existences, malgré ses efforts personnels pour demeurer alerte, enthousiaste, pour prodiguer conseils et bénédictions, son état de santé empirait. Et, plus grave, sa conviction inébranlable d'avoir agi conformément au dogme s'étiolait. Sa foi, simplement.

Je les ai amenés ici. Que vont-ils devenir ? Cette terre est sacrée… mais rien n'y pousse qui pourrait les nourrir. Et ils ne savent rien sur rien.

Elle ne pensait qu'à eux, les réfugiés des Ombres, à ce que leur avait promis la parole millénaire du Sauveur.

Soulevez-vous, et vous deviendrez libres…

Elle entendit un cri. Les bruits d'une bagarre. Une de plus. Elle appela Sül, en qui elle avait appris à placer sa confiance au cours des mois douloureux et sanglants de leur fuite. Le sherpa entra dans la cabane. Un rayon de soleil dessina une auréole autour de lui alors qu'il accrochait le pan de toile du seuil à un anneau de corde. Cielernik frissonna.

« Ma sœur ?

— Que se passe-t-il ?

— Des miliciens sont arrivés dans le campement. Ils remontent les allées pour prélever l'impôt. Les gens résistent. Ils… Certains sont battus.

— L'impôt ? Quel impôt ?

— Celui que le Mouvement a décrété pour financer la guerre. »

Elle soupira. Cela commençait toujours ainsi.

« Sait-on qui a ordonné cette mesure ? demanda-t-elle d'une voix éraillée.

— Hm… Ils… ils se réclament du prêtre-général d'Amrika, répondit Sül avec une gêne évidente.

— Le prêtre-général ? Mais ce titre n'existe pas. C'est… (Elle vit la tristesse dans les yeux de l'homme.) Walgroove… »

Sül hocha la tête, l'air grave.

« Alors c'est qu'il a remporté la bataille de New Manhattan.

— C'est ce qu'on prétend, ma sœur. Une grande victoire sur le dictateur. Tout le gouvernement du Cocon aurait fui, ainsi que la Défense, à bord de grands vaisseaux.

— Les vaisseaux… Oui… Je me souviens.

— Ceux que nous avons vus, dans les plaines du Grand Sanctuaire ?

— Sans doute, mon fils, sans doute. »

Elle se mit à réfléchir. À toutes les implications. Au sens des mots qu'elle venait d'entendre. *Le prêtre-général…* Oui, Patrick Walgroove ne laisserait évidemment pas passer l'occasion d'affermir son emprise sur ceux qu'il venait juste de libérer, pour transformer son succès militaire en victoire politique, au mépris des règles sacrées du Mouvement qu'il était censé incarner et protéger. Seule la politique l'intéressait, le pouvoir qu'elle apportait et dont il s'était toujours montré avide.

Quelqu'un frappa à l'entrée de la hutte. Sül hésita, interrogea la sœur d'un regard apeuré. Ils ne possédaient rien :

que pourraient-ils donner aux soldats si ceux-ci les forçaient à payer ? La vieille femme lui fit signe de laisser entrer le visiteur, quel qu'il soit. Le Divin déciderait de la suite... Un homme à la peau noire, d'une taille impressionnante, se glissa à l'intérieur. Il portait l'aube sombre des moines du Temple de l'Expiation, la même obédience que Cielernik. Il s'inclina respectueusement. Son timbre de voix était aussi puissant que le laissait supposer sa corpulence.

« Je suis le frère-mercenaire Tando Kaluma. J'ai traversé l'Océatlantik pour venir jusqu'ici, depuis New Kinsaza, et ce continent hostile.

— Un voyage éprouvant, murmura la religieuse.

— Ô combien, ma sœur. Beaucoup de ceux qui m'avaient suivi ont péri. D'abord dans les vagues de flammes qui ont dévoré la Mégapole, lâchées par la Phalange, puis dans celles de la mer qui ont englouti la plupart de nos barges. Seules nos prières nous ont donné la force de continuer...

— Je sais cela, mon frère. (Elle se redressa légèrement.) Que puis-je pour vous ? »

Le géant fixa sur elle ses yeux immenses, d'un noir de diamant, somptueux et chaleureux. Il s'agenouilla auprès de son lit et prit ses mains dans les siennes pour l'aider à se tenir droite. Ils restèrent ainsi un moment. Sül se tenait en retrait, la tête baissée.

« Durant ces jours de doute, de souffrance, j'ai cherché longtemps à contacter mes frères et mes sœurs, à obtenir des informations, mais la voie du Lien était obscure. Je n'ai pu l'emprunter qu'à deux ou trois reprises et sans grand succès. Jusqu'à ce que j'arrive ici... »

Cielernik serra ses doigts avec le peu de force qui lui restait.

Le Sauveur ? Était-ce lui ?

Non, ma sœur, pensa en retour Kaluma pour lui donner la preuve que leurs sens télépathiques fonctionnaient de nouveau. *Je n'ai pas ressenti Sa présence depuis très, très longtemps. C'était... c'était vous.*

Moi ?

« Votre aura est si puissante, si bonne, continua-t-il d'une voix enjouée. (Il se tourna vers Sül.) N'est-ce pas, mon fils ?

— Oui, acquiesça humblement le porteur, notre sœur est une bénédiction.

— Elle m'a guidé jusqu'à vous. Pour que vous m'aidiez.

— Je suis si fatiguée, frère Tando. Comment pourrais-je vous aider… »

Le moine se pencha un peu plus au-dessus d'elle, jusqu'à ce que son visage large et rond effleure son front.

« Un archipape va venir ici, à Seettle, pour organiser notre existence, prendre les choses en main. D'autres que nous sont ici, éparpillés dans cette vallée immense, des mercenaires de la foi, comme nous. Nous devons les rassembler. Le temps presse. D'autres forces se lèvent, vous le savez.

— Oui…

— La Terre est libérée, mais certains veulent l'asservir… (Il releva la tête. Ses traits s'étaient figés.) Et ils sont parmi nous. »

3

« Ne nous y trompons pas : des millions d'hommes sont morts pour édifier le Cocon. Des millions d'autres mourront pour le défier ! »

Shony BERGMAN, Discours d'introduction à la loi d'Urgence de l'An 370, Agora extraordinaire du Cocon, New Manhattan, Terre, An 370 de l'Équilibre (année 2800, CS). *In CEG Histoire du système solaire*, « Terre », Catalogue gamma secundus, Article 1102, Omnibibliothèque du Quantex.

Système-Uni, Cosmogons, gouvernement du Cocon en exil, 15 juillet 2940, CS.

« Pourquoi, Rebekka ? Pourquoi m'avez-vous désobéi, une fois de plus ? »

Comme à son habitude, l'Athémis ne bronchait pas. Elle observait le souverain qui pleurait en se balançant doucement sur lui-même, gavé d'amniotis, déjà ivre. Elle le toisait de toute sa hauteur, dans une attitude de défi qui la rendait de plus en plus inquiétante. Atanaka ne s'y trompait pas : il se tenait sagement en retrait derrière le trône de Valoras, un siège de plastacier ridicule qui avait été construit et décoré à la hâte pour donner à la salle de repos du cosmogon principal un aspect un peu plus solennel. Mais le vaisseau n'était qu'un gigantesque canot spatial de sauvetage : ces fioritures n'avaient aucune chance de faire oublier aux Immortels réfugiés à son bord ce qu'ils avaient abandonné dans la débâcle.

Markus II Valoras brandit sa coupe de cristal. Un clone-soldat reformaté en serveur surgit de la pénombre et vint y verser une nouvelle dose de liqueur.

Il en prend trop, songea Atanaka. *Tant mieux...*

« Je n'ai pas désobéi à votre ordre, sire, répondit finalement Rebekka. Je n'ai fait que différer l'application du plan Brasier.

— Pourquoi ?

— Parce que la destruction des Métacités par l'antimatière ne s'organise pas aussi facilement que Votre Majesté à l'air de le penser. Et je voulais faire évacuer le maximum de nos forces en prévision de ce voyage. »

Le monarque avala de travers. Il hoqueta et recracha un épais jet de liqueur. Le serveur se précipita pour nettoyer sa robe, Valoras lui écrasa son verre en plein visage. L'homme poussa un hurlement, portant ses mains à ses yeux.

« *Voyage ?* Vous appelez ça un voyage ? (Le Protecteur était dressé sur son fauteuil, les bras tremblants sur les accoudoirs.) Cet exil ? Cette HONTE ? »

Les rares courtisans autorisés à veiller leur roi baissèrent les yeux. Le steward était agenouillé devant le trône, la poitrine couverte de sang. Atanaka fit signe aux gardes présents de l'évacuer. Le Protecteur chancelait.

« Tout est de votre faute, Athémis, vous m'entendez ? Vous... vous agissez à votre guise, vous prenez des décisions ineptes ! Je... je devrais vous mettre aux arrêts !

— Eh bien, faites-le, sire ! mugit la cyborg. (Elle fit un pas vers lui, tendant l'un de ses bras immenses.) Qu'attendez-vous ? Il vous suffit d'en donner l'ordre. »

Le regard voilé par la drogue, Valoras suivit la direction que lui indiquait l'Athémis. Deux phalangistes se tenaient au garde-à-vous, le serveur évanoui à leurs pieds. Leurs casques brillaient d'un éclat de mercure, leurs visages parfaitement invisibles derrière les visières sombres. Resteraient-ils aveuglément fidèles à leur supérieure ? Ou bien lui obéiraient-ils à lui ? Il ne pouvait courir le risque de tester leur loyauté, car s'il échouait, son maigre pouvoir s'effondrerait. Les rapports de ses espions disséminés dans les autres cosmogons étaient inquiétants : le Cocon n'était plus qu'un mythe auquel la plupart des exilés terriens s'accrochaient, simplement parce qu'ils ignoraient de quoi leur avenir serait fait. Mais une fois le but de leur voyage atteint – Alpha IV– rien ne leur interdirait de se choisir d'autres institutions mieux adaptées à leur situation. Quitte à nommer un nouveau guide à leur tête. Pour l'heure, ce n'étaient que des murmures isolés.

Atanaka décida d'intervenir afin d'éviter à Valoras de subir plus longtemps cet affront.

« Sire, ne pourrions-nous remettre cette question à demain ?

— Ah ! Tao ? Vous volez au secours de cette... créature ? s'étonna le monarque, se redressant avec difficulté.

— J'essaie de préserver ce qui peut l'être. Notre situation est critique. Je ne veux pas croire que nous avons fait le sacrifice de notre mère la Terre pour finir ainsi, à nous entre-déchirer dans des querelles de pouvoir. (Il s'approcha de Rebekka, ce qu'il n'avait encore jamais osé faire jusque-là. Il savait qu'elle pouvait le tuer d'un seul revers de main.) Je pense que l'Athémis partage mon opinion... »

Les lèvres noires de la géante tremblotaient, signe d'un stress plutôt rare chez elle. Elle hocha la tête plusieurs fois, le faisceau de son masque optronique se condensant en un petit disque blanc.

« Une fois n'est pas coutume, ronfla-t-elle. S'il est vrai que mes actes ont pu, parfois, sembler aller à l'encontre des intérêts du Cocon, je n'ai pourtant agi que pour le protéger. J'ai été conçue et programmée pour cela. Je n'ai pas de grande marge de manœuvre. (Elle fit un nouveau pas vers le monarque qui essayait de l'apercevoir à travers ses paupières mi-closes.) Votre Majesté le sait... »

Valoras maugréa un oui forcé. La cyborg se pencha vers lui, dans une sorte de révérence, mouvement tout aussi inhabituel. Elle murmurait presque.

« Dans la panique de notre fuite, sire, je n'ai pas eu le temps de vous rendre compte de mes conclusions quant au report de l'exécution du plan Brasier. J'ai... (Elle hésita, tourna son énorme tête vers l'entrée principale de la salle, où l'attendait Lois.) J'ai réfléchi longuement à la question de notre avenir et...

— Oui ? fit Atanaka d'une voix mielleuse, se rapprochant encore de l'Athémis et de son géniteur.

— Je crois que nous ne pouvons pas écarter l'hypothèse d'un retour sur la Terre, une fois que les choses seront stabilisées dans le Système.

— Quoi ? (Markus II semblait soudain revenir à la surface.) Un retour ?

— C'est pour cela que je n'ai pas pu me résoudre à vitrifier nos villes. Il... il nc s'agit que d'une conjecture, sire, et cette perspective est malheureusement très lointaine, mais... nous avons la légitimité historique pour nous. Et l'éternité de notre existence, pour reprendre un jour ce qui nous appartient.

— Ce qui n'est pas le cas de nos ennemis ! triompha l'Asiatique. Le temps joue pour nous, l'Athémis a raison.

— Dans ce cas, marmonna le Protecteur, vous avez peut-être bien fait, Rebekka. »

Le chef de la Défense acquiesça, silencieuse, guère étonnée d'avoir une fois de plus réussi à retourner la situation en sa faveur. Elle ne croyait pas totalement à ce qu'elle avait dit. Seule la fantastique force de persuasion du caporal Benamil l'avait empêchée, au tout dernier instant, de déclencher la réaction en chaîne qui aurait réduit la Terre en une boule de verre en fusion. À son grand étonnement, elle avait fini par se ranger au raisonnement que la jeune femme lui avait exposé, pendant des heures, après être revenue d'une mission de sauvetage dans l'Ombre. Aujourd'hui, elle disposait d'une marge de manœuvre bien plus importante que par le passé. Quelque part dans son inconscient tourmenté, elle savourait aussi la satisfaction d'avoir simplement différé l'apocalypse, comme une divinité qu'on aurait implorée… Si elle retournait un jour sur la Terre, ce ne serait certainement pas pour y réinstaller sur le trône ce dégénéré de Valoras et sa clique d'incapables.

***

Lois ne pouvait détacher son regard de la perle d'un bleu intense qui ne serait bientôt plus qu'une étoile parmi d'autres étoiles. L'éclat de la planète diminuait à vue d'œil sur le voile des ténèbres, tandis que le *Ventre de l'Ouragan* fonçait à travers le Système pour ouvrir la voie à la flottille eugéniste. Benamil pencha la tête pour sentir la paroi de plastiglass sur son front, aussi glaciale que le cosmos.

Là-bas, sur la Terre, des hommes se battaient pour leur survie, dans chaque camp. D'après les derniers rapports, les combats avaient diminué de fréquence et d'intensité au fur et à mesure que les insurgés réduisaient les dernières poches de résistance de la Défense, mais il y avait encore des accrochages, des contre-offensives, des exécutions, des morts. C'était inévitable, et aucun expert ne se risquait à prévoir la fin d'un tel chaos. Ainsi, les Ombres avaient conquis la planète mère. Lois la leur avait offerte en trahissant sa supérieure, en brisant les chaînes mentales de son propre conditionnement. En éprouvait-elle du remords ? De la fierté ? Elle se sentait surtout lasse, désespérément lasse. Le sort des Immortels semblait joué, du moins sur leur berceau originel, et elle ne savait plus quoi faire, ni quoi penser. Suivre Rebekka ne l'intéressait pas – elle n'était plus aveugle – et l'idée de rester au service de la Défense pour préparer l'arrivée du Cocon sur Alpha IV lui était insupportable. Elle haïssait ce régime qui n'avait pas hésité à ordonner l'annihilation de ses propres sujets par simple dépit, une fois sa défaite avérée. Elle l'avait toujours haï. Elle comprenait maintenant pourquoi : ce mal fait aux peuples des Ombres, pendant des siècles. En plus de les dominer et de les avilir, on leur avait volé leurs enfants pour remplir les cuves de la Réserve. *Les clones-soldats*… Le souvenir de sa renaissance l'emplissait de terreur. Un dégoût pour sa propre existence venait empuantir les bribes de rêves qui parvenaient parfois à la saisir pendant son sommeil : on l'avait arrachée à sa famille et à son monde, aussi désespérants qu'ils aient été, pour la reformater physiquement et psychiquement en une parfaite machine à obéir. Et à tuer. Saurait-elle jamais tout ce qu'on lui avait enlevé ?

Elle s'humecta les lèvres dans l'espoir fou d'y déceler la saveur du baiser de Walgroove. Elle trouva sa propre salive curieusement sucrée, sans doute l'effet de son imagination. Malgré elle, ses mains se mirent à courir sur ses bras, son cou, son visage. Elle ferma les yeux. Ces caresses n'étaient qu'un leurre douloureux. Pourrait-elle le retrouver un jour ? Elle possédait les ressources suffisantes, morales et techniques, pour y parvenir ; elle connaissait les failles des systèmes de surveillance et d'alerte. Puisqu'elle avait déjà trahi, cela ne lui poserait en théorie aucun problème : fuir Rebekka, faire le chemin inverse. Il s'agissait de trouver la bonne opportunité et de l'exploiter. Elle pouvait choisir cette voie, maintenant, dès que…

Des mains raides et glacées enserrèrent son cou. Ce contact la révulsait, mais la puissance qui en émanait la forçait à demeurer perpétuellement sur ses gardes. La réalité de sa condition d'esclave militaire lui cingla l'esprit. Il lui faudrait encore attendre, continuer à donner le change. À moins qu'elle n'utilise enfin le mensonge pour se sortir de cette situation et pas seulement pour prolonger son existence d'une heure supplémentaire, comme elle n'avait cessé de s'y épuiser depuis qu'elle travaillait pour l'Athémis.

« À quoi pensez-vous, caporal ?

— À… à la Terre, ser, à notre monde. »

Rebekka fut surprise. Comment une créature de son espèce pouvait-elle subir de tels accès de mélancolie ? Ça n'était pas prévu. À moins que la réussite de sa conception n'ait été telle que son cerveau rééduqué était maintenant capable de trouver en lui-même une forme de sensibilité ? D'empathie ? La cyborg n'en était pas fâchée, au contraire : cela donnait à son jouet plus de valeur.

« La Terre vous manque ?

— Oui… J'ai du mal à accepter l'idée de notre défaite, mentit Benamil, qui ressentait déjà l'effet de l'anxiolytique qu'elle s'était par prudence administré. Tous ces efforts pour en arriver là. Vous…

— Oui ?

— Cela doit être très difficile à supporter pour vous, ser. Depuis des siècles, vous dirigez la Défense. Vous aviez la mainmise sur ce monde, ses Métacités, les Mégapoles. Il vous suffisait de demander au Protecteur ce dont vous aviez besoin et vous l'obteniez ! (Elle se retourna brusquement pour lui faire face, sa tête arrivant à peine à hauteur de sa poitrine. Elle s'emportait, déchaînée.) Et ce que Valoras vous refusait, vous n'aviez qu'à le prendre, sans rendre de comptes à personne ! C'était vous, ser, le pouvoir, la vraie puissance du Cocon. Je l'avais compris dès le début et…

— Caporal !

— Vous pourriez le renverser, exterminer les derniers conseillers pour prendre possession du trône ! Que seraient les Immortels sans vos armées ? Même si la Réserve connaît des problèmes, il lui reste encore des ressources et nous n'avons plus de planète à défendre… Il suffirait de nous rendre maîtres du vaisseau amiral, de vous entendre ensuite avec l'Accoucheur et les Superviseurs, et de prendre le contrôle des Gons. Je sais… je sais que cela ne poserait pas de problèmes. Nos unités sont partout. »

Si le masque optronique de Rebekka avait pu exprimer la stupéfaction, son visage se serait sans doute embrasé. Les propos de Benamil dépassaient les bornes de l'outrage au Protecteur et au Cocon. Sans paraître le moins du monde bouleversé, le clone-soldat évoquait la possibilité d'un coup d'État, un concept inouï et sacrilège auquel l'Athémis elle-même n'avait cessé de réfléchir depuis qu'elle avait suspendu le plan Brasier… La géante déposa ses grosses mains sur les épaules de la jeune femme, de plus en plus irrésistible.

« Caporal Benamil, vous ne cessez de me surprendre. Je me demande vraiment ce que l'Accoucheur a pu vous inculquer pendant que vous étiez dans votre cuve de Reicher. »

Si seulement vous le saviez, songea Lois, ravie de constater que son stratagème venait de fonctionner.

« Vos… *idées* sont décidément très, très intéressantes. À vrai dire, il m'est arrivé parfois de réfléchir à de telles… solutions, mais ma loyauté, mon entraînement, mes… principes ! (Elle éclata d'un énorme rire qui sembla secouer tout le vaisseau autour d'elle.) Allons ! Je n'ai *aucun* principe…

— Oui, ser, acquiesça Benamil, pour une fois sincère.

– Je vous charge de mettre au point un nouveau plan, dans les grandes lignes, à partir de ce que vous venez d'évoquer.

— À vos ordres.

— Bien entendu, cela devra rester entre nous. (Elle la serra contre elle, à l'étouffer.) Mais nous partageons déjà tant de secrets… »

Malgré sa crainte et sa répulsion, Lois saisit le visage de l'Athémis dans ses mains et l'embrassa à pleine bouche. Si elle voulait être crédible, elle devait accepter ce genre de sacrifices. Rebekka répondit à son baiser avec férocité avant de l'arracher de ses lèvres en la tirant par le col de sa combinaison.

« Allez vous mettre au travail, caporal ! Mais prenez votre temps. Nous avons l'univers devant nous. De toute façon, ce projet n'est pas la priorité. (Lois frémit.) Il y a plus urgent…

— Oui, ser ? » demanda le clone-soldat d'une voix timide.

Rebekka recula. Le faisceau de son masque se focalisa en son centre, rouge vif, pulsant imperceptiblement.

« Retrouver Lewis Khandra et lui faire payer sa trahison ! »

4

« Le temps vient toujours où l'on doit faire face à sa vérité personnelle. Je ne crois pas que cela soit une manifestation particulière de courage : c'est plutôt le signe d'un destin qui s'accomplit et qui vient rappeler à l'ordre ceux qui ont trop voulu nier leurs propres turpitudes. En revanche, la lâcheté commence lorsque l'on décide de détourner de nouveau son regard. »

Premier inquisiteur Sagoshan SOA, Discours d'intronisation devant le Corps des Investigateurs spatiaux, Oberon (année 2905, CS).
In CEG Histoire des idées, « Soa », Catalogue alpha secundus, Article 100025, Omnibibliothèque du Quantex.

Sous-Système saturnien, cadran intermédiaire, 18 juillet 2940, CS.

Le Premier inquisiteur ne se faisait plus d'illusions. Il avait été doublé, manipulé. Restait à savoir par qui, et pourquoi. L'amiral Aikon n'allait pas tarder à paraître devant lui : il faudrait bien qu'il réponde à ses questions. Il l'avait officiellement convoqué sur le *Solunion* pour lui ordonner de mettre un terme à ses exactions sur Titan. Il ne se passait en effet plus une journée sans que ses espions lui rapportent les abus sanguinaires commis par les marines contre la population de l'ancienne république. À plusieurs reprises, il s'en était ouvert à l'état-major du Corps sur Oberon, mais aucun délégué militaire de la Loge ne lui avait proposé la moindre solution. Au contraire : on lui avait clairement fait comprendre que les affaires des Rouges ne regardaient pas les Investigateurs ; sa mission première était de faire respecter les décisions sur les armements illégaux dans les Sous-Systèmes saturnien et jovien, de maintenir la pression sur l'UECA et de pourchasser les Pirates jusqu'au nuage de Oort. Le reste relevait de la seule responsabilité de la Fédération martienne, qui avait eu la bonté d'offrir son aide « généreuse et désintéressée » à la Loge.

Généreuse et désintéressée, réfléchit Sagoshan. *Aikon ne connaît même pas l'existence de ces deux adjectifs. Et il n'agit certainement pas au hasard...*

Une quinte de toux gênée, derrière lui, le fit pivoter sur son fauteuil gravifique : l'Investigateur général de la 1re légion se tenait, raide, dans la lueur ambrée des néons du salon de réception. Ses épaulettes de vermeil luisaient faiblement. Le bleu roi de sa veste semblait avoir viré au gris. Il salua d'un hochement de tête.

« Son excellence l'amiral Aikon Alydéris est arrivé, monsieur. Dois-je le faire entrer ? »

Sagoshan Soa hésita avant de répondre. Bien sûr, il pouvait faire attendre l'officier supérieur martien, mais il devait savoir ce qui se tramait – et vite – pour agir ensuite au mieux des intérêts du Corps. Et des siens.

« Allez-y », ordonna-t-il à son aide de camp.

L'Investigateur s'effaça et, quelques secondes plus tard, la silhouette avachie de l'amiral se découpa dans l'ouverture baignée de lumière. Plumes incroyables plantées sur un bicorne rouge vif, uniforme noir mal taillé, Aikon s'avança, lourdaud et maladroit, dans un tintamarre de médailles et d'armements antiques : épée, dague de combat, pistolet automatique, cartouchière... Sagoshan se retint avec difficulté pour ne pas rire. Sa tâche serait plus facile que prévu. Il suffisait d'employer le ton adéquat :

« Alydéris ! Je suis flatté que vous trouviez du temps pour me rendre visite. Avec tout le travail que vous fournissez sur Titan...

— N'est-ce pas, Sagoshan ? N'est-ce pas ? gloussa le Martien en sautillant sur lui-même comme un gosse excité. J'espère que la Loge est satisfaite.

— Elle ne saurait l'être davantage, mon cher. Asseyez-vous donc. Vous devez être exténué. »

L'inquisiteur contempla d'un air réjoui son invité s'affaler sur un lit du salon. Le spectacle était affligeant, ses soupirs d'aise grotesques. Sa suffisance était telle qu'il n'avait pas compris l'allusion perfide de Soa : le vol depuis Titan ne durait que trois heures, et n'importe quel marine aurait réagi avec véhémence si l'on avait insinué qu'il puisse être fatigué par un voyage aussi bref. Mais pas Aikon. Sagoshan décida d'attaquer sans même lui laisser le temps de tremper ses lèvres dans la coupe de champagne que l'aide de camp venait de lui apporter.

« En fait, amiral, je vous ai demandé de venir parce que je désire que vous cessiez le plus rapidement possible vos abus d'autorité.

— Je vous demande pardon ?

— Les infractions commises sur Titan relèvent de la compétence pénale de la Loge, que je représente ici. Je n'ai même pas besoin d'ordonner une enquête pour démontrer devant Solaris Unity que vous êtes passible des sanctions les plus lourdes. Astrocide, ethnocide, crimes contre l'humanité, crimes de guerre, j'en passe et des pires ! Vous êtes la honte de votre armée, Aikon, un affront pour l'histoire illustre de la Fédération ! Et je ne supporterai pas plus longtemps sans rien faire vos pillages. Le Sous-Système est placé sous ma juridiction et, dès à présent, j'exige que vous vous conformiez à mes ordres ! Ou que vous abandonniez vos positions. »

Voilà. C'était fait. Le Martien connaissait maintenant l'opinion officielle du Corps des Investigateurs. Il ne pouvait ignorer la requête de son chef, encore moins négliger la puissance de ses armements. Il était piégé – du moins Soa espérait-il qu'il tombe dans le panneau. À sa grande surprise, l'amiral se contenta d'étrécir ses paupières, qu'il avait tenues stupidement écarquillées pendant la diatribe violente de son hôte. Puis il but une longue gorgée bruyante, avant de reposer délicatement le verre sur la table. Il s'essuya la bouche d'un revers de main, renifla, puis hocha la tête, le menton tremblant.

« Je suis peiné, Sagoshan, vraiment peiné.

— Alydéris ! Ne jouez pas l'étonné, pesta le Premier inquisiteur. Vous saviez très bien que je ne pouvais tolérer votre trahison sans réagir.

— Vous y allez un peu fort, mon cher. Une trahison ?

— Oui, c'est le mot. Vous avez trahi la charte de la Loge, violé plusieurs de ses principes fondamentaux ! Dès que vos régiments ont posé le pied sur leur sol, les Titaniens se sont retrouvés *de jure* placés sous votre protection. Or vous en avez profité pour les humilier et les persécuter. C'est inadmissible !

— Cela dépend du point de vue, murmura le Martien, goguenard.

— Le seul que je connaisse, c'est celui du droit solaire !

— Oh ? Le droit solaire ? Je suis surpris que vous évoquiez cette notion…

— Pourquoi ça ?

— Eh bien… (Il contempla pensivement ses ongles laqués de rouge avant de poursuivre, d'une voix plus dure.) J'ai reçu certaines instructions de mon gouvernement en ce qui concerne le sort de Titan. Et j'ai bien peur que les arcanes du droit ne me soient de peu d'utilité. D'ailleurs, je n'en connais pas grand-chose… En revanche, je suis incollable sur le Code militaire des marines. Parce que c'est le seul que je respecte. »

Sagoshan bondit de son fauteuil, bouillant de rage.

« Votre foutu code ne s'applique pas ici, amiral. Seule la Loge, par l'intermédiaire du Corps, peut exig…

— La Loge ? se mit à hurler Aikon. Mais quel pouvoir possède la Loge, sinon celui que les nations solaires ont bien voulu lui octroyer ?

— Précisément…

— Ce pouvoir est en train de disparaître, Sagoshan, vous

le savez aussi bien que moi. Votre pitoyable tentative pour me suborner en est la meilleure preuve ! Quel besoin auriez-vous de me convoquer ici pour me faire la leçon si l'autorité de la Loge était vraiment respectée ? »

Le Martien le fixait d'un air hautain. Ses yeux brillaient de haine, une haine terrifiante, sans aucune intelligence capable de la contrôler. Il rayonnait. Il savait qu'il triomphait.

« Votre tribunal n'est plus respecté parce qu'il n'est plus respectable, poursuivit-il de son timbre lourd. Et les juges se moquent de vos scrupules : seul l'argent les intéresse, les milliards d'eurosols que les nations leur versent ! Je suis triste pour vous, Sagoshan, car je vous crois sincère. Mais que voulez-vous ? Vous ne pouvez pas vous battre contre le système, contre sa corruption. Pourquoi croyez-vous que Titan et ses alliés ont perdu, sur Solaris ? Parce qu'ils étaient coupables ? Foutre non ! Parce qu'ils n'avaient pas les moyens de payer assez cher pour contrer Mars, la Ligue et le Cocon réunis. Voilà la vraie raison de leur échec !

— Mais... Les vaisseaux illégaux, marmonna l'inquisiteur, abasourdi. Ils ont été condamnés pour la fabrication et l'utilisation des Turtles...

— Foutaises ! Ils ne s'en sont jamais servis pour attaquer les premiers ! Le Sénat et les consuls ignoraient tout de leur existence, sans parler de l'origine exacte de la technologie qui... Il leur aurait suffi de plaider la trahison de certains de leurs officiers supérieurs et de leurs élus pour obtenir la clémence de la Cour confédérale.

— Cependant, l'incident de la Première nodale, votre défaite...

— J'AI fait tirer la première salve, Sagoshan ! J'AI créé le *casus belli*, avoua fièrement le Martien. Tout le reste s'est enchaîné comme nous l'avions prévu.

— Nous ? »

Aikon sembla soudain déstabilisé. Il était allé trop loin dans ses révélations. Le chef des Investigateurs en profita pour reprendre sa contenance et la maîtrise de la conversation.

« Qui est derrière ce *nous*, amiral ?

— Ah, vous le savez très bien !

— J'ai ma petite idée, mais je souhaiterais que vous la confirmiez... (Le Martien s'agitait sur son lit, visiblement gêné. Il porta d'une main peu sûre son verre déjà vide à ses lèvres, pour le reposer aussitôt devant lui.) S'agit-il du général ?

— Vous n'obtiendriez rien de moi. »

Inutile, réfléchit Soa. *Je sais ce que je voulais savoir : Safaris tire les ficelles, c'est pour ça qu'Oberon fait la sourde oreille ; à quelques heures du congrès, la Loge ne veut pas le décevoir. Il les tient tous par les couilles !*

Il se rassit tranquillement sur son siège et ordonna d'une pensée à son holo de commandement de s'éclairer. Puis il fit signe à son invité de se lever :

« Vous pouvez rejoindre Titan, amiral, et y poursuivre votre mission. »

Incrédule, l'autre se leva lentement. Devait-il se fier à cette mansuétude inespérée ? Ou bien l'inquisiteur tentait-il une fois encore de le bluffer ? Il préférait croire qu'il avait ébloui son adversaire par son propre pouvoir de nuisance et que ses révélations maladroites l'avaient fait changer d'avis. Sans un mot, il tourna le dos et marcha vers la sortie, sur la pointe des pieds, la tête droite sous son bicorne emplumé de couleurs.

Dans son coin, Sagoshan Soa ruminait déjà de nouveaux plans. Il n'était pas surpris, seulement blessé, et toujours convaincu d'être dans son bon droit. Ainsi, ses commanditaires acceptaient sans broncher le diktat de Mars, au risque de se retrouver un jour eux-mêmes jugés par le tribunal de l'histoire, pour les crimes qu'ils laissaient commettre en leur nom. Soit. Si tel était leur choix… Mais ce ne serait pas le sien, ni celui d'une bonne partie des Investigateurs autour de lui. L'honneur du Corps était en jeu, et s'il fallait, pour le défendre, défier un jour l'autorité des juges, le Premier inquisiteur était prêt à en courir le risque.

5

« Rien de pire que la vie lorsque la mort est là, qui rôde,
Repue de ses forfaits,
En attendant l'heure sombre où l'appétit viendra,
Pour finir les restes des humains au trépas. »

Martial GATWICK, *Poèmes des Heures Sombres*, Tranquillité-Gamma, Lune (années 2938-2942, CS). *In CEG Histoire de l'art humain*, « Lettres », Catalogue Keats, Article 3366, Omnibibliothèque du Quantex.

Royaumes lunaires unifiés, cadran orbital primaire, 18 juillet 2940, CS.

D'énormes engins de déblaiement s'affairaient sur la mer de la Tranquillité, qui méritait plus que jamais son nom. Une cavité béante et noire avait remplacé le cratère, dont les pentes avaient fondu, en un bourrelet de roche lunaire vitrifiée. Au fond, une citadelle de ruines indéchiffrables luisait sous le soleil.

Combien sont morts ici ? se demanda la princesse Rutelli. *Ont-ils eu le temps de comprendre ?*

La capitale sélène avait disparu avec ses millions d'habitants, vaporisés par le feu primitif de l'antimatière. Les Royaumes avaient sombré dans l'anarchie. Peu avant son arrivée, Soana avait tenté de joindre le centre de contrôle orbital de la polymonarchie, afin de se voir attribuer un vecteur d'approche pour l'alunissage de son minuscule vaisseau. Mais personne n'avait été en mesure de lui répondre, ni de prendre la moindre décision. Elle avait été promenée de relais en relais, durant des heures, jusqu'à ce qu'une voix agacée l'invite, dans un soupir, à se débrouiller par elle-même. Ce qu'elle avait fini par faire.

Elle flottait maintenant à mille deux cents mètres au-dessus de l'astroport de la principauté de Rutelli, du moins ce qu'il en restait. Les larmes ne cessaient de couler sur son visage, pas assez cependant pour brouiller le paysage qui l'emplissait d'horreur. Les terminaux étaient éventrés, leurs entrailles recouvertes de poussière blanche ; la tour de contrôle gisait en trois énormes morceaux qui avaient à peine entamé le régolite dans leur chute, du fait de la faible gravité ; les restes de divers appareils étaient éparpillés sur le tarmac : plaques de nanoblindage calcinées, tubulures de réacteurs vrillées en sculptures incroyables, modules de vie d'où pendaient des fauteuils sous des angles impossibles, les corps de leurs passagers figés par le froid du cosmos.

Soana tenta une nouvelle fois d'entrer en contact avec quelqu'un – n'importe qui – susceptible de l'aider dans ses manœuvres. Le pilote automatique l'avait amenée près de la Lune en un temps record, mais les connaissances de la princesse en astronautique étaient minimes et les assurances enthousiastes de Viviame d'Alméranda sur la fiabilité de son astronef ne lui étaient plus d'aucun secours.

« Ici Soana Rutelli, m'entendez-vous ? Je suis à bord d'un vaisseau non identifié. Je dois absolument me poser pour me présenter devant la Curie de la Principauté. Me recevez-vous ?

— Nous vous recevons, Votre Altesse, répondit une voix masculine curieusement déformée. Nous espérions votre retour. »

Enfin !

« Qui... C'est le contrôle au sol qui répond ? demanda-t-elle avec émotion. Les gardes lunaires ? »

Elle avait très clairement perçu l'hésitation, à l'autre bout de la ligne.

« Pas exactement, Votre Altesse. C'est... un peu compliqué.

— Que s'est-il passé, ici ?

— Nous vous l'expliquerons dès que vous serez arrivée.

— Non ! (Le cri avait jailli de sa gorge sans qu'elle puisse le retenir. Son instinct avait repris le dessus. Quelque chose n'allait pas... Les destructions qu'elle avait vues, ce contact soudain, beaucoup trop courtois...) Qui êtes-vous ? Je dois savoir où je mets les pieds ! »

Le silence se fit de nouveau, comme si la communication avait été interrompue. Mais il y avait toujours quelqu'un, Soana le sentait. Un crachotement chatouilla ses tympans, une confusion de voix.

« Votre Altesse ! C'est Malkom qui vous parle maintenant, le margrave de la Curie.

— Malkom ? (La jeune femme porta ses mains à son visage, soulagée d'entendre enfin un timbre de voix au moins un peu connu, sinon familier.) Mon dieu, vous êtes vivant.

— Par la grâce de la Providence, oui, Votre Altesse. Et je suis heureux de pouvoir vous parler...

— Me direz-vous ce qui se passe ?

— Les Zakkapistes ont pris le pouvoir dans la Principauté, ma dame.

— Comment ?

— Après la destruction de Tranquillité, au cours de laquelle nous avons perdu beaucoup de nos hommes et de nos vaisseaux, le Mouvement est passé à l'attaque dans presque tous les royaumes, expliqua le margrave d'un ton las, monotone. Et nous n'avons rien pu faire pour les arrêter.

— Mais… Je… je ne comprends pas. (À travers le cockpit, elle contemplait le chantier absurde de la guerre, qui s'étendait à perte de vue.) Comment pouvez-vous encore me parler si…

— Si les Zakkapistes dirigent tout ?

— Oui…

— Disons qu'ils ont eu besoin de nous pour lutter contre la Défense eugéniste qui continuait à nous bombarder, après avoir atomisé la capitale.

— La Défense ? C'est la Défense qui a fait ça ?

— Qui d'autre ?

— Mais dans ce cas, où… où sont passés leurs vaisseaux de guerre ? Pourquoi le blocus a-t-il été démantelé ?

— Nous n'avons pas de réponses, Votre Altesse, reconnut Malkom, la voix sourde. Mais le Cocon a-t-il jamais agi de manière cohérente ? En tout cas, ils ont décampé des cadrans lunaires quelques jours à peine après la chute de Tranquillité, comme ça, sans aucun signe avant coureur. Les bombardements se sont subitement arrêtés et nous avons bien cru vivre nos derniers instants, qu'ils allaient revenir avec leur arme absolue. Mais non, rien ! Ils ont juste disparu… »

Abasourdie – mais aussi un peu soulagée – Soana ne pouvait s'empêcher de réfléchir aux implications de cette dernière nouvelle : les Terriens abandonnant leur siège impitoyable après avoir réduit en ruines la Confédération, comme si leurs véritables intérêts ne s'étaient jamais trouvés ici, comme si d'autres démons les avaient attirés ailleurs. Elle avait appris par le Quantex ce qui se passait sur Terre : la révolution des Ombres, la fuite du Protecteur… Tout se mettait à présent en place dans son esprit, les plans, les complots ourdissant d'autres complots, se nourrissant d'eux-mêmes, indéfiniment. Valoras, San Marco, Safaris, la Loge, les armateurs, et le Mouvement qui réapparaissait toujours, où et quand on ne l'attendait pas… Sans compter les millions de victimes innocentes emportées par un conflit dont l'ampleur les dépassait…

Elle eut soudain le tournis et dut s'agripper à la main courante de l'habitacle. Elle se sentait seule, désespérée, bien plus qu'au cours de sa fuite depuis la ceinture d'astéroïdes. Car il n'y aurait bientôt plus aucun pilote automatique pour suivre la route tracée par les biordinateurs. Il ne resterait que la voie qu'elle choisirait d'emprunter… Elle se laissa guider par les nouveaux maîtres de la Principauté, qui prirent le contrôle de son astronef et le posèrent sans encombre sur la partie indemne du tarmac.

6

« Découvrir un nouveau monde est un moment d'une intensité extrême, une sensation exquise. Un sentiment de plénitude vous envahit alors, en même temps qu'un remord diffus vous accable.
Quoi que vous fassiez désormais, quoi que vous décidiez, une réalité s'impose. Le futur est déjà transformé, les méandres du passé remodelés pour conduire jusqu'à cette heure à la fois glorieuse et funeste qui dépasse vos plus folles espérances, confirme vos plus intelligentes craintes : plus rien ne sera comme avant, ni pour vous ni pour cette terre nouvelle. Irrémédiablement, la dantesque machinerie de l'histoire humaine se remet en branle, pour le meilleur et pour le pire. Un monde neuf vient de lui être offert et, déjà, l'Humanité sait qu'elle désire plus que ce qu'il ne pourra jamais lui donner. »

Commodore Arus III SHAMEN-FAL, Premier magnat de la Ligue des armateurs, *Mémoires d'un chasseur de planètes*, Alpha IV Centauri (année 2732, CS).
In CEG Histoire des Idées, « Shamen-Fal », Catalogue bêta prime, Article 4205, Omnibibliothèque du Quantex.

Alpha V Centauri, zone indéterminée, 22 juillet 2940, CS.

Kiribati s'en voulait d'avoir choisi la médecine. Il gisait sur le côté droit, paralysé, ne ressentant absolument aucune douleur, et il déroulait dans son esprit la liste des blessures susceptibles d'occasionner ce genre de phénomène. Ce qui ne le portait guère à l'optimisme.

Fracture des vertèbres, c'est évident. Si j'arrivais au moins à savoir à quel niveau...

Après de longues minutes d'efforts, il réussit à bouger sa main droite.

Au mieux, tétraplégique...

Mais bien vivant. Ce qui le surprenait, vu la violence inouïe du choc : la galère s'était désintégrée en percutant le sol de la planète, ses morceaux s'éparpillant sur des kilomètres autour du point d'impact. Le médecin redressa la tête pour tenter d'apercevoir quelque chose de familier. Par miracle, la cabine de l'équipage semblait s'être désolidarisée du reste de la carlingue pour aller rebondir sur une vaste étendue poussiéreuse, avant de s'immobiliser contre une dune, à demi enfouie sous une coulée de sable rouge. Des débris de plastiglass et de plastacier fondu étaient plantés un peu partout, parsemés d'équipements informatiques calcinés. Les sangles et les boucles métalliques d'un hamac se balançaient dans l'air, entortillées autour d'un tronc d'arbre carbonisé.

Kiribati ne réalisa pas tout de suite le caractère inattendu de cette dernière vision. Il poursuivit l'examen de son environnement dans l'espoir d'apercevoir l'un de ses compagnons. En vain. Il était bel et bien seul. Un vent tiède caressa son visage... Il comprit alors que la bulle de verre de son casque avait été arrachée et qu'il respirait à son aise l'atmosphère d'un monde inconnu des humains.

Ce... ce n'est pas possible ! Je devrais être mort !

Kiribati ! C'est vous ?

Le... Lewis ?

Où êtes-vous ? Décrivez-moi ce que vous voyez !

Incrédule, le docteur s'exécuta. Lorsqu'il posa pour la seconde fois le regard sur le squelette végétal noirci, il n'eut plus aucun doute. Quinze minutes plus tard, les yeux verts de Lewis Khandra, embués de larmes, l'examinaient avec une joie et un soulagement indicibles.

« Allakmen ! Lewis, comment est-ce possible ? demanda-t-il d'une voix éraillée alors que le Martien l'aidait à se relever.

— Je n'en sais rien, doc, je n'en sais vraiment rien !

— Vous vous souvenez de ce qui s'est passé ?

— À peine. La chaleur, le bruit, les explosions, les chocs successifs. Je crois que j'ai rapidement perdu connaissance. (Il regarda autour d'eux pour vérifier qu'il ne rêvait pas.) Et je me suis réveillé ici, sonné mais vivant ! »

Kiribati entreprit d'épousseter sa combinaison roussie par l'incendie de la navette, un geste machinal décalé et superflu, mais qui le rassurait : tous ses membres fonctionnaient normalement, sa paralysie n'était vraisemblablement qu'un engourdissement consécutif au traumatisme. Soudain, il se rappela qu'ils n'étaient pas seuls, Lewis et lui.

« Les autres ? » murmura-t-il.

Khandra se rembrunit. Il posa ses mains sur les épaules du médecin. Ses lèvres dessinaient un éclatant sourire d'ivoire dans la couche de suie maculant son visage.

« Gloria est saine et sauve, le pasteur aussi. Ils n'ont que quelques égratignures, comme nous, des brûlures légères. Sa Sainteté est dans un état plus grave : nous avons eu du mal à le retrouver. Il est toujours dans cette sorte de coma qui l'avait saisi avant… avant le crash, mais il délire. Il ne cesse de répéter des paroles incompréhensibles. Il a une forte fièvre. Nous l'avons mis à l'abri du soleil car il fait de plus en plus chaud ici.

— Ça fait combien de temps que vous êtes réveillé ?

— Environ trois heures trente, d'après mon horloge interne. Mais elle est peut-être déréglée : je crois que mes nanoprocesseurs en ont pris un coup… C'est James qui m'a retrouvé. Puis nous avons cherché Gloria, qui était restée prisonnière de la cabine, dans son harnais, avant de tomber sur le corps de l'archipape. J'ai ensuite perçu vos pensées…

— Et Yuro ? »

Khandra fut pris d'une grosse quinte de toux et cracha un mélange gluant de cendres et de sable.

« Je n'ai aucune idée de l'endroit où il se trouve. Il était encore à côté de moi lorsque je me suis évanoui, tentant de contrôler notre descente. Mais… je me rappelle que le cockpit s'est ouvert en deux, déchiré comme un vulgaire morceau de papier. Tout s'est mis à brûler. C'était complètement noir. Il a dû être éjecté… J'ai entendu des cris. C'était les siens, peut-être, ou les miens, je ne sais plus.

— Nous avons tous hurlé, Lewis. J'en ai encore mal aux cordes vocales ! »

L'officier souffla une espèce de rire nerveux, soulagé de constater que, malgré leur état de choc, ils parvenaient encore à plaisanter, à donner le change. Mais pour combien de temps ? Il fixa Kiribati d'un regard dur, mélange d'espoir et d'humiliation. Le feu de l'échec le consumait de l'intérieur.

« Si seulement je savais où nous sommes, soupira-t-il.

— Qu'est-ce que ça changerait ?

— Sans doute pas grand-chose. Personne ne sait que nous avons franchi la nodale.

— Prenons-le comme un atout, alors. La Défense et les Investigateurs ne viendront pas nous y chercher ! Alpha V, peut-être ?

— Peut-être, acquiesça Lewis. C'est la première idée qui m'est venue. Ça paraît le plus vraisemblable. Mais… je n'ai jamais entendu dire que cet astre possédait une atmosphère respirable. (Il désigna l'arbre mort d'un coup de menton) Ni même qu'il pouvait abriter la vie. »

Le médecin hocha la tête, l'air grave. Ses convictions scientistes étaient bouleversées. Se pouvait-il que la Providence leur soit venue en aide au moment précis où leurs existences allaient brutalement prendre fin ? Les prêtres avaient-ils raison ? Un craquement sec l'extirpa de ses pensées métaphysiques : l'arbre venait de se briser en deux sous le poids du harnais. Il n'y avait rien de divin dans ce nouvel incident, seules les forces implacables de la nature étaient à l'œuvre. Ainsi, des signes identiques pouvaient être interprétés de manières fort différentes selon l'état d'esprit dans lequel on se trouvait, selon ses propres fragilités, son éducation… Les dieux ou simplement la mort n'avaient pas voulu d'eux, aujourd'hui. C'était la seule certitude.

« Eh bien ! Nous avons eu de la chance.

— C'est vrai, docteur, approuva le Martien en tirant son compagnon par le bras. On a même repéré le compartiment de survie de l'appareil, à environ un kilomètre d'ici. Sa balise lumineuse fonctionne, il a l'air intact. Au moins, nous aurons de l'eau, des vivres et des médicaments pour tenir quelques jours… Venez ! Je vous conduis vers notre abri. Il faut rapidement nous mettre à l'ombre. (Il désigna l'énorme disque blanc aux lueurs verdâtres qui grimpait rapidement dans le ciel couleur olive. Plus bas sur l'horizon, une seconde étoile se levait, encore rouge et aplatie.) À mon avis, nous sommes au beau milieu d'un désert.

— Une chose est certaine, dans ce cas.

— Laquelle ?

— Nous n'avons pas fini d'en baver ! »

***

Gloria était blottie contre Lewis, la tête sur sa poitrine encore haletante. Elle caressait son corps luisant de sueur, faisait courir ses doigts sur ses bras, ses épaules, son cou, son torse. Il avait posé ses mains larges et épaisses sur le haut de ses reins et la maintenait serrée contre lui. La chaleur dans l'abri était suffocante. Une tempête de sable faisait rage à l'extérieur et une poussière ocre pénétrait par les interstices des dalles de plastacier mal jointes qui faisaient office de toit. Leurs peaux se couvraient peu à peu d'une fine couche minérale.

« Nous allons être transformés en statues de pierre, fit remarquer Gloria en riant.

— Après avoir survécu au crash, ce serait un comble. »

Khandra se redressa sur les coudes et fixa la jeune femme. Une rafale de vent plus puissante que les autres fit trembler la voûte de terre de la cahute. Le bruit était assourdissant.

« À quoi pensez-vous ? cria-t-elle.

— À cet instant précis, à rien de particulier. C'est… inhabituel pour moi.

— Vous le regrettez ?

— J'en donne l'air ? »

Elle rit, de nouveau, en deux ou trois notes cristallines et harmonieuses qui tranchaient sur le rugissement venu de l'extérieur. Il la regarda longuement, puis l'attira vers lui et l'embrassa avec délicatesse. Il avait envie d'elle. Il aurait toujours envie d'elle, jusqu'à la fin de son existence. C'était ainsi. C'était bien. Il sursauta. Il lui avait semblé entendre un cri au dehors, un appel.

« Il se passe quelque chose.

— Quoi ?

— C'est James. L'archipape... »

Il se dégagea le plus doucement possible pour se mettre à genoux et entreprit de se rhabiller. Iataline l'imita. L'exiguïté de l'abri, qu'ils bénissaient un instant plus tôt, les obligeait maintenant à se contorsionner pour récupérer leurs combinaisons jetées au fond de la cavité creusée dans les dunes.

Heureusement, songea Lewis, soulagé, *je n'ai pas besoin de l'exo.*

S'enfouir sous le sable... Le pasteur en avait eu l'idée le premier, mû par les réflexes de survie acquis au cours de longues années passées à se cloîtrer dans les grottes de l'île des Archipapes. Ils avaient alors travaillé jusqu'à l'épuisement, utilisant des morceaux de carlingue en guise de pelles et de pioches, luttant contre les coulées, les effondrements, dégageant des rochers et des racines. L'installation des deux niches leur avait pris quatre jours terrestres, mais une seule journée de la planète étrangère s'était en fait écoulée. Le premier soleil avait décri une parabole très prononcée dans l'éther, en une vingtaine d'heures au plus, tandis que le second s'était élevé très lentement, asséchant peu à peu l'atmosphère. D'après les examens sommaires de Kiribati, la composition de l'air était étonnamment proche de celle de la Terre, du moins de ses zones les plus arides. Un taux d'oxygène plus réduit et un niveau de gaz carbonique plus élevé trahissaient une légère différence : sous d'autres latitudes, ce monde devait receler de grandes masses d'eau ou de glace, dont la sublimation permettait de contrebalancer les effets de la sécheresse qui semblait régner dans la zone du crash. D'énormes stratocumulus aux reflets d'émeraude planaient en permanence au-dessus de la steppe, parcourus d'incroyables éclairs violacés. L'atmosphère était rapidement devenue oppressante, s'échauffant jusqu'à atteindre 45 degrés centigrades en fin d'après-midi. Puis le vent s'était levé d'un seul coup.

Tant bien que mal, les deux amants parvinrent à s'extirper de leur abri. Aussitôt, la tempête les saisit dans son souffle minéral, les forçant à se plaquer contre le sol. Lewis fit signe à Gloria de passer devant lui et ils commencèrent à ramper vers le second refuge où devaient se trouver leurs compagnons. Ils n'avaient à se contorsionner que sur deux ou trois mètres seulement, mais de véritables vagues de sable déferlaient sur leurs visages : ils durent parcourir la distance en apnée, lèvres closes, une main sur le nez et la bouche, pour éviter d'être étouffés, et les paupières fermées. Arrivée devant ce qu'elle pensait être l'entrée, Gloria tâtonna un long moment, dans une totale opacité. Derrière elle, Lewis attendait, recroquevillé, incapable de savoir s'ils avaient pris ou non la bonne direction.

James... Nous sommes dehors. Aidez-nous...

Il crut entendre un gémissement. Il tendit un bras vers l'avant pour s'assurer que la Terrienne ne défaillait pas, mais sa main ne rencontra que la poussière brûlante du désert. Lewis prit le risque d'ouvrir les yeux. Il n'y avait rien devant lui, rien d'autre que le sable qui lui écorchait les paupières et la cornée. Soudain, il sentit qu'on l'agrippait par les jambes et qu'on le tirait en arrière. Par pur conditionnement militaire, il tenta de se dégager en remuant violemment dans tous les sens, mais la raison le fit se calmer aussitôt et il s'abandonna à la traction. Il n'avait pas d'ennemis, ici, sur ce monde inconnu et désert. Dans le noir le plus total, il se laissa glisser dans un boyau étroit et tomba lourdement sur ce qu'il prit pour un tas de terre. C'était le pasteur. Qui hurlait de douleur.

« Il m'a cassé le bras ! »

Le Martien perçut un chahut autour de lui, comme si l'on se débattait.

« Fermez-la un peu ! cria Kiribati. Vous n'êtes pas en verre. Lewis ! Oh ! Vous êtes avec nous ? Lewis ?

— Heu... Je crois. Vous nous avez récupérés...

— Oui. Quelle idée, aussi, d'aller vous promener sans consulter les prévisions météo...

— Je suis désolée, Lewis, fit Gloria d'une voix timide en s'approchant de lui, assise à même la terre battue de l'abri. J'ai dû me tromper de direction. Je...

— Je n'aurais pas pu faire mieux, vu les conditions. (Il lui sourit, satisfait de constater qu'elle était saine et sauve. Il s'assit à son tour et entreprit d'épousseter sa combinaison. Les autres se mirent tousser.) Heu, je crois que j'attendrai un peu...

— Merci, glapit James. Et il y a plus urgent.

— Sa Sainteté, renchérit le docteur en fixant Lewis d'un drôle d'air. Je crois qu'il a repris conscience. »

Dans la seconde niche de l'abri, Cess Rembrardt était allongé sur un matelas de branchages entrelacés et de lichen. Gloria s'était agenouillée auprès de lui et lui tamponnait le visage avec un morceau d'étoffe imbibée d'eau. Le pasteur tenait la main de son maître, courbé sur lui, incapable de retenir ses larmes. Lewis s'était approché, avec Kiribati. Certes, l'archipape avait les yeux écarquillés, mais de là à en déduire qu'il avait repris ses esprits… Il affichait un air absent, ahuri, et ses lèvres desquamées ne cessaient de répéter les mêmes mots, dans des murmures inintelligibles.

« Les lieurs… Lieurs… sur la rivière du monde… la rivière… »

Que disait-il, dans cette sorte de coma éveillé ? Khandra croyait pourtant y déceler un écho à ce *Lien* auquel le vieux dignitaire n'avait cessé de faire référence depuis la révélation brutale de ses pouvoirs parapsychiques sur Terre, et plus récemment lors de leur fuite de Izla-ov-Fuego. Il s'en ouvrit sans ambages à Kiribati, dont il connaissait à présent les positions scientifiques, mais au moment où le médecin allait lui répondre, James se redressa, l'air furieux, pour démentir avec véhémence toute référence religieuse.

« Venant de vous, James, je suis très étonné, dit calmement Lewis. Souvenez-vous ! Sa Sainteté a évoqué le *lien* pour nous prévenir qu'il était rompu, qu'il ne pouvait plus entendre ce qu'il appelait *les voix*, juste avant de plonger en catalepsie… Il me paraît assez logique, ne serait-ce que d'un point de vue sémantique, d'en tirer cette conclusion. S'il existe un lien, il y a donc peut-être des lieurs. Quant à cette rivière dont il parle… »

Le Zakkapiste balaya la remarque du Martien d'un juron. Il tourna le dos à ses compagnons et reprit sa veille. Kiribati laissa échapper un sifflement entre ses dents serrées. Lewis regagna la première partie de la cavité. Il lui fallait réfléchir. La situation n'était pas bonne, mais elle risquait de tourner très vite à la tragédie. Et les délires du vieil archipape ne leur étaient d'aucun secours. Sans communications, avec des réserves de vivres et d'eau qui ne dureraient pas plus de deux semaines – même en les rationnant au maximum – dans un environnement qui, bien que respirable pour des êtres humains, n'offrait aucune garantie de survie à long terme, leurs chances de s'en sortir étaient quasiment nulles. Seule une aide extérieure pouvait changer la donne.

« Même un sauvetage par les armateurs serait préférable », maugréa Khandra pour lui-même.

La fatigue décuplait son sentiment d'exaspération. Encore une fois, il se retrouvait piégé, sans avoir rien pu maîtriser des événements. D'un certain point de vue, c'était peut-être plus facile à accepter : des circonstances extérieures, de simples problèmes techniques l'avaient mené ici, avec ses compagnons. Il n'avait rien à se reprocher, ni à reprocher à quiconque. Rupper avait péri en installant un dispositif de navigation qui aurait pu les aider à manœuvrer la nef ; Yuro avait disparu pendant le crash, après s'être battu comme un diable pour en limiter les effets. Ils leur devaient la vie. Mais lui n'avait rien fait, ou pas grand-chose. Pour autant, ne pas être responsable du désastre ne signifiait pas, pour un soldat comme lui, qu'il dût se résigner à mourir.

Il doit y avoir un moyen. Il faut qu'il y en ait un...

Un grognement parvint de la deuxième alcôve, puis une lamentation lugubre. Lewis s'y précipita. Rembrardt était dressé sur sa couche, le visage congestionné. Gloria et James s'efforçaient de le maintenir allongé. Le docteur lui tenait fermement les jambes. L'archipape brailla de nouveau, fixant Khandra de ses yeux exorbités.

« Toi ! La rivière du... monde... Li... lieurs ! Va... VA VERS LA RIVIÈRE ! »

Puis il s'effondra. Ses paupières s'étaient refermées, ses traits d'un seul coup apaisés, comme s'il était soulagé, soudain, d'avoir délivré son message. Khandra sentit les regards posés sur lui. Il n'avait pas fait un geste. Il était resté planté là, devant l'entrée, paralysé par la violence de la réaction du religieux.

« La rivière, murmura Kiribati. Il vous dit d'aller vers la rivière. Qu'est-ce que ça veut dire, bon sang ? »

Lewis secoua la tête, plus pour s'éclaircir les idées qu'en guise de réponse. Car quelque chose venait de germer dans son esprit ; peut-être sous l'effet d'un indice que Cess Rembrardt lui avait fourni télépathiquement, bien qu'il n'eût rien perçu sur le moment. Une image s'était dessinée, qui lui rappelait sa propre vision à travers le cockpit déchiré de la navette, dans un tourbillon de flammes rouges : une large bande bleutée à l'équateur de la planète, comme une étendue d'eau, une mer… Ou peut-être une rivière.

Dehors, la tempête s'était calmée. Seul un vent chaud, presque agréable, soulevait des volutes de sable dont les grains frottés les uns contre les autres crépitaient dans la nuit. Le firmament brûlait du feu de constellations étrangères, bien plus denses et lumineuses que celles visibles depuis la surface de Mars. Lewis les fixait avec intensité. Sur la ligne d'horizon du désert, un point beaucoup plus brillant que les autres escaladait tranquillement la voûte stellaire, palpitant de reflets verts : Alpha IV Centauri, le but initial de leur fuite, qu'ils avaient manqué à quelques dizaines de millions de kilomètres près.

Un saut de puce… C'est tellement stupide.

« Vous partirez demain ? demanda Gloria, qui s'était assise à côté de lui sur la petite dune.

— Il le faut. C'est notre seul espoir, même si je ne sais absolument pas ce nous trouverons là-bas. Si jamais nous trouvons quelque chose…

— J'aimerais venir avec vous. Avec… *toi.* »

Il passa son bras par-dessus ses épaules et la serra contre lui. Ses pensées étaient lourdes. Cette fois-ci, il en avait conscience, ils vivaient leurs derniers instants de tranquillité et d'intimité. Malgré le chaos de leur fuite depuis la Terre, ils avaient eu jusqu'à présent beaucoup de chance de ne jamais se perdre – de s'être trouvés, tout simplement.

« J'ai réfléchi à cette possibilité, répondit-il de sa voix grave et rassurante, mais il vaut mieux que je parte avec Kiribati. Et puis il faut vous occuper de Sa Sainteté. James n'est pas en état de le faire seul. Il se détruit un peu plus à chaque instant.

— Oui. Je ne comprends pas. Où sont passées sa foi, sa… morgue ?

— Envolées ! Arrachées par le souffle de l'ouragan qui lui est passé dessus. C'est assez courant chez ce genre de personnes, qui se raccrochent à un dogme pour survivre. Que les circonstances leur démontrent violemment que tout ne se résout pas avec une prière, et ils s'effondrent.

— C'est aussi ce qui arrive à Rembrardt ? »

Khandra hésita. Il inspira profondément. L'air avait un goût piquant, métallique. Il déposa un baiser sur le front de sa compagne.

« Non, fit-il au bout d'un moment. (L'odeur de ses cheveux l'envoûtait. Passerait-il encore une nuit avec elle ?) Rembrardt n'a pas perdu sa foi. Il… il est bloqué quelque part. Et il ressent des choses, du moins il en est persuadé, et il tenait visiblement à m'en faire part. »

Gloria hocha la tête. Elle serrait l'autre main de Lewis contre sa poitrine, sa chaleur irradiait sur son cœur. Elle l'aimait. Elle le savait. Elle voulait le lui dire. Mais les siècles de langueur écoulés sur la Terre l'avaient rendue muette, sans parler de la mort de Shony. Elle devait le lui dire, avant qu'il ne parte. Elle allait le faire. Elle…

Une explosion de lumière blanche déchira la nuit du désert. Quelque chose tombait depuis l'espace. Les couches stratosphériques étaient parcourues d'éclairs, des boules de feu naissaient et mouraient dans le sillage d'émeraude de l'objet, peut-être une comète… La Terrienne se tourna vers Lewis, anxieuse : le visage de l'homme s'était figé, son regard était vide, presque vitreux. Elle frissonna.

« Lewis ? Tu… tu vas bien ? »

Il sursauta au son de sa voix et au contact de sa main fraîche sur sa joue.

« Oui, oui, balbutia-t-il. J'étais… fasciné par le spectacle. C'était beau, n'est-ce pas ? »

Gloria acquiesça, toujours perplexe. Quelque chose n'allait pas, elle le sentait.

« Heureusement que je ne suis pas superstitieux ! s'exclama le Martien d'un air un peu forcé.

— Oui, heureusement », soupira sa compagne.

Et ils rirent aux éclats, regardant de nouveau vers le ciel. Les étoiles avaient repris leur place, plus brillantes que jamais. Mais toujours étrangères.

7

« Bien des années plus tard, je me fis la réflexion suivante : la guerre avait embrasé le Système à cause d'une violation, par Titan, des conventions interdisant les armes furtives. La Loge avait donc mis la République au ban de l'humanité ; ce qui, d'un point de vue strictement moral et juridique, pouvait tout à fait se défendre. Or, bien avant ce conflit, la plupart des factions suffisamment puissantes pour s'en payer le luxe – Mars, la Terre, la Confédération jovienne, le CIS, etc – s'étaient dotées, elles aussi, dans le plus grand secret et souvent en coopération les unes avec les autres, de tels armements. (...) Ainsi, il semble bien qu'une forme de malédiction pèse sur notre espèce dès lors que nos savants mettent au point, volontairement ou non, des technologies à grand pouvoir de destruction : quoi qu'ils fassent, quelles que soient les mesures législatives et pratiques que leurs dirigeants mettent en place pour empêcher la prolifération et diminuer le risque de l'utilisation de ces armes, rien ne peut jamais empêcher les humains de céder, un jour ou l'autre, aux pulsions nihilistes qui les animent. »

Premier consul Thor MAKKINEN, *Mémoires de la République*, Méthania, Titan (années 2981-2986, CS).
In CEG Histoire des idées, « Makkinen », Catalogue alpha secundus, Article 66013, Omnibibliothèque du Quantex.

Confédération des satellites joviens, cadran jovien secondaire, 24 juillet 2940, CS.

Sa dette envers Okashi était énorme. À la poursuite de son propre destin, Thor Makkinen se demandait comment il pourrait parvenir, un jour, à la lui payer.

Il avait mis des semaines à convaincre l'Observateur – et par son intermédiaire, le gouvernement jovien – de lui donner les moyens de mettre son plan à exécution, à le persuader que c'était possible, qu'il n'affabulait pas. Les risques encourus étaient incalculables, d'abord pour lui-même, mais aussi pour les peuples des satellites. S'il échouait, s'il était capturé par les Investigateurs en tentant d'échapper à leur siège, leurs représailles seraient terribles. Pour l'heure, tout se déroulait selon les plans de la marine militaire jovienne. Dès que la navette furtive – qu'on avait mise à sa disposition avec un équipage de quinze hommes – aurait franchi la limite du blocus, les traceurs du bord prendraient le relais pour les conduire au point de ralliement désigné par le sénateur Gorki.

Le déchiffrage des coordonnées avait duré des milliers d'heures. Les biordinateurs surpuissants de l'état-major jovien avaient été mis à contribution, jour et nuit, pour tenter de briser les cryptages logarithmiques élaborés par le parlementaire – ou plus certainement par l'Astronavale titanienne, qu'il n'avait sans doute fait que relayer, à moins que ce fût là l'ultime contribution des ingénieurs de Japhet ?

Au-delà des difficultés techniques, c'était l'improbabilité d'un tel message qui avait posé problème à Makkinen. Comment Gorki, qu'il n'avait jamais cessé de considérer au mieux comme un affairiste dénué de scrupules, au pire comme un escroc doublé d'un traître, avait-il pu opérer un revirement de position aussi spectaculaire ? Certes, la mise à jour de ses trafics d'armes interdites et la destruction consécutive de ses installations clandestines sur Japhet par le CIS avaient dû l'affecter. Pour autant, cela n'expliquait pas qu'il ait eu le désir, ni le temps, d'organiser le sauvetage des Titanian Turtles, ni qu'il ait désigné l'un de ses plus farouches adversaires politiques pour en prendre le commandement. Avait-il agi de concert avec le Premier consul ? C'était difficilement concevable, mais pas impossible non plus. Thor en savait à présent suffisamment sur les méandres de la politique pour ne pas écarter l'hypothèse d'une coalition de la dernière chance. Il n'en aurait, hélas, jamais confirmation. La seule explication fournie dans le message du sénateur ne portait guère à l'optimisme : si la sonde furtive était parvenue jusqu'à lui, d'une manière ou d'une autre, cela signifiait qu'il n'y avait plus d'espoir ; que la République ne pouvait plus être sauvée. Seulement vengée.

« Tu peux avoir confiance, vieux putois, gronda-t-il entre ses dents serrées. Jusqu'à mon dernier souffle, je me battrai pour ça !

— Excellence, fit le pilote depuis son siège renversé à l'horizontale, nous sommes passés sans encombre. Les Investigateurs n'ont rien vu.

— Bravo, commodore. Il ne nous reste plus qu'à retrouver ce foutu vaisseau. À votre avis, dans combien de temps ? »

Le Jovien donna mentalement un ordre au biordinateur central. La voix aux intonations délicates de la machine lui répondit :

« Le *Titiania Imperium* se trouve quelque part dans la ceinture de Kuiper, Excellence. J'affinerai les données lorsque mon transpondeur aura repéré sa fréquence secrète, conformément aux instructions reçues. Nous arriverons sur zone dans environ trois semaines.

— Trois semaines ? s'étonna Makkinen. Mais pourquoi tant de temps ? Je pensais que vos astronefs étaient plus rapides que ça !

— Ils le sont, Excellence, ils le sont, confirma l'officier, sûr de lui. Mais l'état-major m'a ordonné d'être prudent. Je n'utiliserai la pleine puissance des réacteurs fusioniques qu'en dernier recours. Je me permets de vous rappeler que nous sommes à présent coupés de nos lignes et que nous ne pouvons espérer aucun secours de quiconque en cas de problème, ni aucun ravitaillement.

— Je… je le sais, soupira le Titanien. Je… Excusez-moi, je suis toujours trop pressé.

— Je vous en prie, Excellence. Si j'étais à votre place, je le serais tout autant ! D'ailleurs… (Il hésita.) Je ne devrais pas dire cela, mon rang ne m'y autorise pas, mais…

— Mais ?

— Je suis fier, très honoré d'avoir été désigné par l'Observateur pour cette mission ! Je ne pouvais plus rester enfermé sous les volcans de Io à attendre une hypothétique intervention de notre flotte. Je... C'était insupportable ! »

Thor regarda avec affection son pilote, qui gardait les yeux rivés sur ses moniteurs de contrôle. Ainsi, il n'était pas le seul à être impatient de se battre, à vouloir tenter l'impossible pour empêcher le mal de s'étendre. Ce n'était pas une question de nationalité, ni d'honneur patriotique, c'était une réaction humaine. Il se souvint alors des recommandations répétées de Okashi, qu'il avait si mal interprétées au début, lors de son exil forcé sur Europe. Le dignitaire jovien, comme le peuple pacifique dont il présidait les destinées, n'était pas un lâche. Au contraire, son calme et son impassibilité affichée témoignaient d'une grande capacité d'introspection et de recul par rapport aux événements. Ce qui lui évitait de se jeter dans des pièges grossiers.

« Pour l'heure, occupez-vous de regrouper la flotte des Turtles, lui avait fermement conseillé Okashi. Et ne vous lancez pas à la reconquête de Titan. D'un point de vue stratégique, ce n'est pas le plus urgent ! »

Une lutte sans merci allait bientôt s'engager. Et le déséquilibre des forces ne jouait pas en leur faveur. Malgré leur énorme puissance de feu, le seul véritable atout des destroyers furtifs titaniens résidait dans l'effet de surprise, ce qui impliquait une réflexion minutieuse sur les conditions tactiques et temporelles de leur utilisation. Pour le Jovien, mieux valait au contraire frapper au cœur des pouvoirs qui continuaient de s'entendre sur le dos des peuples solaires, au prix de la démocratie et de la liberté : Mars, Charon, Solaris Unity Secundus... Là se trouvaient les ennemis ! Là se trouvaient les cibles ! Makkinen avait fini par s'en laisser convaincre. Il fallait donc être patient, tenir le coup encore quelques semaines ; mais avec, enfin, ce nouvel espoir chevillé au corps : une fois les attaques lancées par les TT, les armées joviennes entreraient dans la danse. Ce qui ne serait pas le moindre des paradoxes... Mais pouvait-on encore s'embarrasser de scrupules ?

8

« La solitude n'est rien en elle-même : elle n'est qu'un état qui s'attache à un être à un moment donné de sa vie. Mais elle devient terrible quand on a la certitude qu'elle durera toute la vie. »

Yuro BIG-WOLF, commodore du Nouveau Cercle de la Flibuste, *Correspondance avec Lewis Khandra-Saros*, Astre dériveur de Neovaruna (année 2958, CS).
In CEG Histoire du système solaire, « Organisations clandestines », Catalogue bêta secundus, Article 13001, Omnibibliothèque du Quantex.

Cercle de la Flibuste, nuage de Oort, 28 juillet 2940, CS.

Karmen se sentait vieille. Et très seule. Conformément à ses instructions, son île natale dérivait dans les confins du nuage, au bord du système solaire, aussi près que possible du néant. Elle n'avait plus qu'à basculer, si elle le décidait, pour s'y perdre à jamais. La mort de Big Bear l'avait anéantie. Et l'absence inexpliquée de Yuro, désigné par son cousin pour reprendre le gouvernail de la nation pirate en perdition, n'arrangeait rien. Les sept autres membres du Cercle n'étaient pas en meilleure forme morale ni physique, d'ailleurs. Répartis dans les secteurs dont ils assuraient le commandement, ils tentaient vaille que vaille de faire face. Las, plus le temps passait, plus la résistance faiblissait. Les lignes de défense concentriques cédaient les unes après les autres et les Investigateurs entamaient à présent leur ultime partie de chasse.

Elle serait sans pitié.

« Ils se targuent de faire respecter la loi dans le Système, fit remarquer Yang Li d'un ton amer, mais ils ne se gênent pas pour massacrer nos peuples. Où sont nos droits ?

— Nous sommes des hors-la-loi, soupira l'aïeule, frappés d'ostracisme depuis des siècles… La législation de la Confédération solaire ne s'applique pas à nous, Yang, ils peuvent faire ce qu'ils veulent.

— Par Surkoof ! Ce sont des femmes et des enfants qu'ils tuent !

— Nikt ! hurla-t-elle dans l'intercom qui la reliait au Réseau noir. Pour eux, nous ne sommes que des pirates, DES PIRATES ! »

Yang Li ne répondit pas. Cette discussion était stérile, ils le savaient tous les deux. Il leur faudrait se battre jusqu'au bout.

« Quelles sont les nouvelles des Sargasses ? demanda Karmen au bout d'un moment. (Ils n'avaient plus la possibilité de se voir car les canaux de visioconférence étaient hors service, mais elle imaginait sans peine la tête que devait faire son collègue, le désarroi qui déformait ses traits.)

— Mauvaises. Plusieurs îles ont été détruites. Une partie des habitants a pu fuir à bord des galères, mais à mon avis, ils n'en ont pas pour longtemps avant d'être interceptés. »

Interceptés...

Elle haïssait ce jargon militaire, l'hypocrisie et le cynisme qu'il véhiculait, plus terrifiants encore que la réalité qu'il masquait.

« Assassinés..., murmura-t-elle.

— Quoi ?

— Rien, rien... Quelles mesures ont été prises dans Tobago et Barbada ?

— Marta ne donne plus signe de vie. Les réfugiés de Varuna se sont éparpillés où ils le pouvaient pour échapper aux chasseurs du CIS, mais j'ai entendu dire que plusieurs îles avaient refusé leur débarquement. Ça me dégoûte !

— C'est inévitable, Yang. La peur seule commande.

— Mais ce sont nos frères.

— Arrête, je t'en prie ! Ne demande pas aux hommes d'être meilleurs qu'ils ne le peuvent. C'est chacun pour soi, maintenant, et ce que pourra dire ou décider le Cercle n'y changera rien. Nous ne sommes rien pour eux, qu'un gouvernement abstrait. Ils préfèrent se débrouiller seuls. Et... je pense qu'ils ont raison !

— Même en trahissant leurs semblables ? glapit Yang Li à l'autre bout de la liaison. Comment peux-tu dire une chose pareille ?

— Laisse tomber, vieux, nous perdons du temps. Dis-moi plutôt ce que fait Pedro en ce moment. Il est le dernier rempart sur lequel nous pouvons compter. »

L'intercom crachota, couvrant la réponse de Yang Li. Il fallut plusieurs minutes à Karmen pour rétablir une connexion à peu près fiable. Les brouilleurs des Investigateurs étaient certainement à l'œuvre, quelque part au-dehors. Leurs échos magnétiques rebondissaient d'astéroïdes en îles dérivantes, de galères en cargos de secours, remontaient les uns après les autres les canaux de communication quantique autonomes des Pirates pour arriver jusqu'à leurs sources d'émission et les anéantir. Le black-out viendrait. Puis l'éradication.

« Yang ?

— Oui. Tu me reçois, maintenant ?

— Un peu mieux. Dépêche-toi.

— Je te disais donc qu'aux dernières nouvelles, Pedro se démenait comme un diable pour faire fonctionner ses bolas...

— Ses quoi ?

— Ses bolas… Tu sais : son fameux piège, avec des centaines de petits astéroïdes reliés entre eux par des aimants à plasma…

— J'avais complètement oublié. (Elle tapota d'un index nerveux le cuir usé de son bureau. Elle soupira.) Ça ne fonctionnera jamais !

— Tu n'en sais rien ! Il doit les lancer lorsque le plus gros de l'armada du Corps se montrera dans son secteur. D'après ses calculs, leurs destroyers doivent obligatoirement passer par là, c'est le cap le plus économique en énergie. Ils sont très loin de leurs bases, maintenant, et ils ne peuvent pas compter sur un ravitaillement rapide. Qu'avons-nous à perdre ? Et puis il reste toujours les nefs TGM…

— Combien ? cria-t-elle soudain, exaspérée par l'aveuglement de son frère d'île. Combien d'entre elles sont en état de marche ? Nos stocks de marsénium sont réduits à néant, et ne me dis pas que tu comptes en récupérer auprès des dealers de l'UECA. J'ai entendu dire qu'ils avaient eu certains problèmes avec la maréchaussée, ces derniers temps !

— Mierta, Karmen ! Tu vas te calmer un peu, oui ? brailla Yang Li. Tu crois que Big Bear aurait aimé que tu…

— Ne me parle pas d'Erik ! Ne me parle plus jamais d'Erik ! (Elle éclata en sanglots.) Il… il nous aurait sauvés, lui. Il aurait… trouvé la solution.

— Mais il est mort ! Kaput ! Izla-ov-Fuego est vaporisée. Et tu dois faire avec ça. On doit tous faire avec ça ! »

D'un geste rageur, elle coupa la liaison. Ce qu'elle regretta aussitôt, car elle ne savait même pas si l'intelligence artificielle qui contrôlait le Réseau noir serait en mesure de la rétablir.

« Lara ? Lara ? »

Il n'y avait rien. Même pas de bourdonnement parasite. Elle inspira profondément, entrelaçant ses doigts tordus par les rhumatismes sur sa poitrine, sur le médaillon d'argent où se détachaient en relief un crâne humain et deux fémurs entrecroisés. Elle commanda l'ouverture du stellarium qui surmontait son appartement. L'obscurité se fit aussitôt dans la pièce. Elle se cala dans son fauteuil pour scruter la masse des ténèbres. L'espoir la tenaillait encore d'y apercevoir quelques feux épars, ultimes étincelles de leur rêve insensé.

***

« Go, go, go ! »

Les microréacteurs répartis sur la centaine de météorites furent mis à feu en même temps. Parfaitement alignés, reliés les uns aux autres par un flux magnétoplasmique à faible intensité, les aérolithes – dont les plus gros ne dépassaient pas dix mètres de large – se mirent en branle, suivant le vecteur prévu par Pedro. Si ses estimations étaient exactes, dans quelques heures, ils seraient débarrassés des bâtiments de guerre les plus lourds envoyés pas Oberon.

Fébrile, le chef pirate suivait, seconde par seconde, la progression de son arme astucieuse qui s'étirait sur près de vingt mille kilomètres. Autour de lui, rassemblés sur le château arrière de sa galère – la seule qui restait pour défendre Barbada – ses officiers et sous-officiers commentaient la manœuvre, les uns avec un enthousiasme qui confinait à l'inconscience, les autres avec un scepticisme teinté d'admiration.

« C'est magnifique !

— On dirait un chapelet d'acras fluorescents…

— Si au moins ça pouvait leur donner une indigestion !

— Ah, ah !

— Oh !

— Wat ?

— Problem, Gayes ! »

— PUTA MAZER ! »

Pedro venait de hurler. Ses mains étaient serrées sur le bastingage, les articulations blanchies, les ongles incrustés dans le revêtement en acajou. Là-bas, les bolas s'étaient séparés en deux parties d'inégales longueurs. La plus grande, de deux tiers environ, poursuivait sur sa lancée initiale, tandis que l'autre basculait sous le plan géométrique du vaisseau. Entre les deux morceaux, des éclairs orangés crépitaient, s'étiraient de plus en plus, jusqu'à se perdre dans le vide. Ils disparurent complètement.

« Un générateur de flux a dû lâcher, risqua quelqu'un.

— Merci ! J'avais compris.

— Ça ne veut pas dire que le Système est foutu pour autant. C'est peut-être même un coup de chance : ça nous fait un second piège. »

Crétin, pensa Pedro. *L'idée était de concentrer l'attaque sur un seul secteur !*

Il n'y avait plus rien à faire. Les bolas étaient hors d'atteinte, et même s'ils avaient pu les rejoindre, les ingénieurs de Barbada ne seraient jamais parvenus à réunir les deux morceaux qui dérivaient de plus en plus vite sous l'effet de l'accélération primaire. Le plus petit s'était d'ailleurs mis à tournoyer sur lui-même, improbable chenille lumineuse qui se contorsionnait en plein espace. Il s'éteignit... Les hommes se lancèrent des regards incrédules. Malgré la défaillance du système de liaison énergétique entre les astéroïdes vraisemblablement à l'origine de la rupture, il était assez improbable que les autres générateurs flanchent en même temps, sans parler des réacteurs qui, sur l'autre partie de l'arme, continuaient de fonctionner normalement.

« Qu'est-ce que ça veut dire ? marmonna le flibustier.

— Regardez ! »

À l'endroit même où le bras du piège venait de se volatiliser, un halo d'un blanc intense se matérialisa, d'abord fine corolle de lumière, puis cercle de plus en plus large, éblouissant. Les photosenseurs du plastiglass compensèrent l'éclat en augmentant instantanément la puissance du filtrage. Ce qui fit se détacher, sur la bulle du cockpit, la forme incroyable d'une étoile à quatre branches, dont le centre brûlait d'un feu d'énergie pure. Pedro se laissa tomber sur son fauteuil. Il frissonnait. Ses mains tremblaient sans qu'il puisse les contrôler. Il avait seulement voulu offrir une chance à son peuple, tenter une ultime contre-attaque. Sa misérable expérience n'avait fait que déchaîner l'enfer...

« Que Surkoof nous protège...

— Pas la peine ! lança un officier, hilare. Il t'a entendu ! Et il vient nous apporter son aide. »

9

« L'état théocratique est l'aboutissement des desseins assignés par le Sauveur à l'homme, le dernier stade de la régénération sociale et morale du peuple des croyants. Que notre Saint Archipontificat ne puisse s'instaurer, et c'est Sa parole qui sera reniée. »

SAINTE ESPERANZA, archipapesse élue de l'Ombre, *Prêche fondateur du Temple alphacentaurien de l'Expiation humaine*, Alpha City, Alpha IV (année 2755, CS). *In CEG Histoire du Système alphacentaurien*, « Alpha IV Centauri », Catalogue tau ter, Article 8449, Omnibibliothèque du Quantex.

Franches Colonies alphantes, région des Cascades, Alpha IV Centauri, 30 juillet 2940, CS.

Depuis deux mois qu'il était dans leur camp, Arimov n'avait pas encore été reçu par les archipapes. Reclus dans leur caverne aménagée dans les contreforts du mont Zabur, au-dessus d'une vallée nichée dans la jungle, les dirigeants du Temple passaient leur temps à parlementer et à prier, dans le cadre d'un concile extraordinaire qui réunissait auprès d'eux tout ce que la planète comptait de responsables zakkapistes : des frères et sœurs mercenaires aux pasteurs, en passant par les prêtres-soldats les plus gradés. De temps à autre, ils ordonnaient à tel chef de village ou de colonie de venir devant eux exposer ses doléances, ou bien recevoir ses ordres. On voyait alors des paysans, des artisans ou de simples éleveurs, effarés par leur convocation, se précipiter sur le sentier menant vers les hauteurs embrumées de l'arène. Ils en redescendaient un peu plus tard pour disparaître dans la forêt aussi rapidement qu'ils étaient apparus, en route vers quelque mission secrète.

Vladimir était d'un naturel patient, mais sa fonction de représentant des Colonies auprès de la Confédération solaire l'avait habitué à être traité avec davantage d'égards. Il ne regrettait pas l'absence de confort de la hutte mise à sa disposition et qu'il partageait avec une dizaine de soldats du Mouvement ; il ne se plaignait pas non plus de devoir travailler, comme tous les autres, à la bonne marche du quartier : entretenir les canaux d'irrigation et les cultures, nettoyer les autels, préparer les repas. Simplement, il désirait connaître la raison de sa présence ici et révéler au plus vite au Concile les informations qu'il détenait sur les préparatifs militaires des armateurs. C'était son rôle, du moins celui qu'il croyait devoir remplir. Et il n'y avait plus de temps à perdre. Il avait bien tenté, une fois ou deux, de rentrer en contact télépathique avec l'archipapesse Seila III Rinyame, qui l'avait pris sous son aile depuis de nombreuses années et introduit dans les cercles les plus fermés du pouvoir zakkapiste. Mais il s'était retrouvé face à un barrage mental collectif qu'il n'avait pu franchir. Quels que fussent les sujets de débat qui les occupaient, les archipapes ne couraient aucun risque.

Ça peut se comprendre, réfléchissait Arimov, *les espions de la Ligue sont partout. Peut-être même ont-ils compris l'origine de nos capacités de communication, ont-ils cherché à les maîtriser à leur tour...*

Assis sur un rocher qui émergeait de quelques mètres de la canopée, tourné vers le soleil levant, l'ambassadeur était résolu à accepter son isolement jusqu'à ce qu'on décide enfin de l'appeler, ou de le renvoyer. C'était une possibilité qu'il n'écartait pas : il était trop habitué à recevoir des ordres en apparence contradictoires. Et la stratégie adoptée par le Temple était tellement obscure qu'il avait depuis longtemps renoncé à la comprendre. Jusqu'à ces derniers jours. Parce qu'il n'avait pas grand-chose d'autre à faire une fois ses corvées accomplies, il avait pris l'habitude de grimper jusqu'ici, au-dessus de la jungle grouillante d'hommes et d'animaux, pour méditer. Ses réflexions l'avaient conduit sur des chemins qu'il redoutait de suivre... À l'instar du MRVO, le but ultime du Temple alphacentaurien de l'Expiation était l'accomplissement du rêve de Saros : l'éradication de la culture astrocapitaliste des Ogéhems pour permettre l'avènement de ce nouvel âge d'or que les archipapes ne cessaient d'invoquer dans leurs prêches. Mais pour faire quoi, exactement ? Pour instaurer quel type de société ? L'image d'un prêtre en train d'ouvrir la paume d'une enfant avec un poignard s'imprima dans son esprit, pour disparaître aussitôt dans un grand flot de sang.

Quel est ce signe ?

La lutte durait depuis dix siècles, des batailles sanglantes avaient été perdues, des vies sacrifiées par milliards pour en arriver à la situation présente : le chaos. Certes, l'espoir semblait revenir sur Terre, principal objectif de la révolution des Ombres. Avant de franchir la nodale, Arimov avait glané sur le Quantex des informations édifiantes : les bordures des Métacités vacillaient sur leurs bases de lumière et la DET s'essoufflait à parer les attaques des rebelles. Des régions entières étaient passées sous le contrôle du MRVO. Et la Loge des conflits, malgré la couardise habituelle de ses élus, avait dû s'emparer de la question terrienne pour y apporter une solution définitive qui semblait devoir passer, curieux hasard, par les tempêtes de sable rouge de Mars. Qu'était-il advenu depuis ? Il n'en savait rien. La zone des Cascades était coupée de toute communication technologique, conformément aux fatwas des archipapes, et seuls leurs immenses pouvoirs parapsychologiques leur permettaient d'accéder aux informations qui lui faisaient défaut. *Peut-être concentrent-ils ainsi la puissance nécessaire pour contacter leurs frères dans le système solaire ? À moins qu'ils ne se greffent sur le Quantex ?*

Un barrissement le tira de ses réflexions. À quelques mètres de son aire d'isolement, un bosquet d'arbres s'agita avec violence, des branches craquèrent, des créatures inconues s'envolèrent en poussant des cris gutturaux. Puis la face grise et luisante d'un glouton apparut dans une trouée au milieu de la verdure, presque aussi grosse que le rocher sur lequel il était juché. Il rit :

« Ces bestioles m'adorent ! »

Le visage familier d'un milicien émergea à son tour du magma végétal, entre les deux bosses qui déformaient le crâne du pachyderme.

« Excellence, il vous faut redescendre.

— C'est déjà l'heure de la cueillette ?

— Non. Leurs Saintetés vous attendent. Il est arrivé quelque chose. »

***

L'ambassadeur ne parvenait pas à détacher son regard de l'urne d'albâtre où se trouvait scellée la terre sacrée de Seettle. Seila III Rinyame se tenait près de l'autel, immobile dans sa robe brune de méditation, la capuche rejetée en arrière sur ses épaules. Les flammes des cierges dansaient sur les ténèbres de ses yeux. Elle souriait.

« Vladimir… Approchez-vous, mon fils. »

Il hésitait. Quelque chose le retenait, qu'il ne parvenait pas à identifier. L'environnement de la caverne lui était pourtant familier : les odeurs d'encens, sucrées et enivrantes, qui s'étalaient en strates de fumée verte sur le sol ; les portraits des membres de la dynastie Saros sculptés sur des draperies phosphorescentes de calcaire ; les matelas d'herbes sèches où se reposaient les grands prêtres ; leurs disciples, silencieux et attentifs ; le murmure des psaumes qui montait depuis la salle de cérémonie enfouie encore plus profondément dans les entrailles de la planète… Non, son malaise venait d'ailleurs, de l'impression que ce havre de paix et de méditation s'était transformé en un quartier général militaire où se déroulait une activité fébrile, presque désespérée. Partout des miliciens s'affairaient ; des caisses de bois s'empilaient dans les anfractuosités de la grotte, des jarres, des pièces de tissu, des livres, des monceaux de feuilles de papier. Quelque chose se préparait : une évacuation, ou au contraire une phase de repli et d'isolement. Il ne pouvait le dire.

« Vous semblez troublé, fit la voix suave de l'archipapesse. Approchez-vous.

— Votre Sainteté… Je… je ne comprends pas ce qui se passe, cette agitation, ici, dans le camp… (Il s'avança vers elle, plongea son regard dans ses yeux aveugles où, pourtant, il retrouvait cette détermination farouche qu'il avait toujours pu y lire, lors des séances d'apprentissage religieux de sa jeunesse.) C'est d'habitude si calme, si…

— Sacré ?

— Peut-être. En tout cas, bien plus serein.

— C'est vrai, mon fils. (La dignitaire s'assit à côté de l'autel, sur une bulle de roche translucide accumulée par des millions d'années de concrétion minérale.) Mais cela nous ramène à l'essentiel… L'avez-vous oublié ? »

Il ne répondit pas, craignant de commettre une faute – ou pire, un blasphème. Elle sourit encore, comme jamais il ne l'avait vue faire, totalement détendue.

« Le Temple n'est que le bouclier spirituel et moral du Mouvement, et nous n'en sommes que les éclaireurs. Derrière nous, les armées se sont dressées et combattent. Là est l'unique source de la puissance de Saros : la résistance, la lutte ! Nous sommes bien plus qu'une Église : nous sommes une énergie déployée entre deux systèmes solaires pour triompher du mal scientiste et astrocapitaliste. Avez-vous oublié mes enseignements, les textes fondateurs de notre dogme ? Sainte Espéranza, saint Igovinor, Khan Dhera-Saros, le grand Saros lui-même ? »

Arimov prit quelques minutes pour réfléchir. Il savait que les questions empressées de Seila n'appelaient pas forcément de réponses de sa part, qu'elles avaient au contraire pour seul but de le motiver, afin qu'il conserve l'espoir. Car pour la première fois depuis longtemps, il venait d'entendre dans la bouche d'une supérieure du Temple les mots qu'il avait crus oubliés par les religieux : *résistance, lutte*. Les clercs pensaient donc à autre chose qu'à leurs prières ou à leurs sempiternelles intrigues de monastères ; ils gardaient à l'esprit la pureté du don du Sauveur lui-même : le sacrifice de sa vie – non pour sauver l'humanité de l'esclavage en lui donnant un exemple de moralité et d'abnégation – mais bien pour la pousser à la révolte en lui prouvant que la guerre, avant de s'emparer des Ombres pour se répandre sur l'univers, se trouvait d'abord en chaque individu, en chaque croyant. La victoire collective finale ne viendrait que de l'accumulation des triomphes personnels. C'était exactement pour ça qu'il était ici. Et la confirmation tomba des lèvres de l'archipapesse, dans un susurrement curieusement limpide :

« Le Saint Fils est ici, Vladimir. Il est enfin parvenu jusqu'à nous…

— Ici ? s'exclama Arimov, effaré. Sur… sur Alpha IV ?

— Dans ce système. C'est pour le moment notre seule certitude. Le contact est encore très faible mais…

— Le contact ? Vous êtes entrés en contact avec notre Sauveur ? »

L'ecclésiastique secoua la tête avec grâce, les paupières fermées.

« Non, mon fils, mais avec l'un de nos plus illustres frères, l'archipape Cess Rembrardt, que nous avions envoyé en mission sur la Terre afin d'y coordonner la révolte et… d'y retrouver Lewis Khandra-Saros. »

Lewis Khandra-Saros, réfléchit l'ambassadeur, intrigué. *Lewis Khandra… Ce nom… Je l'ai déjà entendu.*

« Ou peut-être celui de son père, Anton Khandra ? intervint la prêtresse.

— Bien sûr, je connais le nom secret du Sauveur, hésita Vladimir, la légende de son refuge martien, mais… *lui* !

— Quoi donc ?

— Le capitaine Khandra, un agent de l'ASP ! Pendant la dernière Agora, à New Manhattan, le seigneur Bergman – l'un de mes contacts chez les opposants à Valoras – a évoqué l'hypothèse d'une intervention des Rouges dans les affaires intérieures du Cocon, afin d'anéantir les Ombres. Il était question d'un Martien, justement, de ce Khandra. Je ne me suis d'ailleurs jamais expliqué comment le nom de cet espion avait pu être dévoilé aussi facilement.

— Peut-être avait-il été doublé, ou peut-être cela faisait-il partie de sa stratégie…

— C'est possible. (Arimov secoua la tête.) Mais quelles

assurances avez-vous qu'il s'agit bien de notre nouveau guide ?

— Ne vous inquiétez pas, mon fils. Le Concile maîtrise la situation.

— Dites-moi ce que je dois faire. »

Le sourire de Seila III s'estompa quelques instants. L'éclat des bougies dans son regard éteint se fit plus terne. Elle n'était pas aussi sûre d'elle.

« Vous devez marcher sur Alpha City et prendre le contrôle de son spatioport. Il nous faut des vaisseaux…

— Comme c'est facile, railla l'ambassadeur. Vous m'envoyez au suicide !

— Vous trouverez sur votre route les miliciens des Franches Colonies qui vous suivront, ainsi que nos meilleurs soldats. Plusieurs milliers d'hommes déterminés.

— Je ne doute pas de leur détermination, Votre Sainteté, soupira Vladimir, mais quelles armes possèdent-ils ? Je vous le répète : les armateurs ont une puissance de feu énorme, des défenses incroyablement resserrées et efficaces. Leur astroport est une citadelle. J'ai pu m'en rendre compte par moi-même.

— Nous le savons, nous l'avons lu en vous. »

Il se raidit. L'aveu de l'archipapesse le blessait parce qu'il démontrait un manque de confiance envers lui. Peut-être l'imminence des périls leur commandait-elle de ne plus avoir foi en personne, excepté en leur dieu ?

« Akkah ! J'irai, répondit-il froidement, j'irai et je réussirai.

— Allakmen ! Le Sauveur vous guidera et vous soutiendra. Vous trouverez la solution.

— Je préférerai qu'Il me fournisse des fusils et des barges d'assaut. Nous ne pourrons donc compter sur aucun renfort extérieur ? »

La religieuse hésita. Elle respirait plus rapidement ; ses mains croisées sur ses genoux tremblaient, dépassant des manches de sa robe. Elle ouvrit la bouche, la referma, expira de nouveau puis, dans un murmure presque indistinct :

« Mon fils, avez-vous aperçu les signes, ces derniers mois ?

— Les… *signes* ?

— Oui, des lueurs dans le ciel, des objets inconnus volant à grande vitesse…

— J'ai… j'ai entendu beaucoup de rumeurs à ce sujet. J'ai

vu, moi aussi, ces manifestations célestes, reconnut-il gêné, comme à regret. Jusque dans l'espace aérien du Comptoir. Je… je n'ai pas compris de quoi il s'agissait…

— Certains membres du Concile ont évoqué l'hypothèse d'un message divin, ce que corroborent les récentes informations que nous avons reçues à propos du Sauveur, sur sa présence dans le Système. Il est vrai que ces deux événements sont concomitants, et ne peuvent être le fruit du seul hasard, mais…

— Mais vous n'êtes pas entièrement satisfaite par cette explication, risqua Vladimir, qui savait pouvoir s'adresser à la dignitaire de manière franche.

— Je pense que tout, dans cet univers, ne se résume pas à des interventions du Seigneur, asséna-t-elle sans aucune précaution oratoire. La nature recèle parfois bien plus de mystères…

— La nature ?

— Ce qu'elle peut inventer, créer. D'autres… d'autres formes de vie. Nous le savons, depuis les découvertes faites sur Europe.

— D'autres… *intelligences* ? fit l'ambassadeur, troublé. Susceptibles de venir nous visiter ?

— Ou de nous influencer, simplement, de nous donner le coup de pouce nécessaire au moment décisif.

— En avez-vous la preuve ? »

Seila III Rinyame se contenta d'acquiescer de la tête, timidement. Puis elle rabattit sa capuche sur ses cheveux et se releva. L'audience était terminée. Elle avait délivré son message, que son ancien élève devrait disséquer pour l'interpréter. Il n'aurait que très peu de temps pour cela. Il avait d'ores et déjà compris l'essentiel : des divergences d'opinion existaient au sein du Concile. Il y en avait toujours eu. Mais le risque semblait exister qu'elles ne se transforment bientôt en dissensions, ce qui, dans l'histoire tourmentée du Mouvement, ne s'était jamais très bien terminé.

Quelques heures plus tard, Arimov reprenait le chemin de la vallée à la tête d'une armée de cinq mille miliciens zakkapistes, certains juchés sur des gloutons harnachés de matériel de combat, la plupart progressant à pied. La route était longue jusqu'à la capitale des armateurs. Et périlleuse. Chacun le savait. Aucun n'en éprouvait de craintes. Car l'heure de la libération avait enfin sonné.

***

Aveed Yeritu avait beau se persuader que l'Investigateur ne l'impressionnait pas, il éprouvait néanmoins certaines difficultés à conserver son calme. La combinaison de vol de l'officier de la Loge brillait d'un éclat aussi froid et métallique que son regard, qui perçait sous l'arête sourcilière de son casque de chrome. Les lèvres de l'armateur grommelèrent une vague protestation :

« Comment Oberon ose-t-il vous envoyer ici avec vos vaisseaux d'enquête ? C'est une intimidation, une déclaration de guerre !

— Le Corps obéit aux injonctions de la Loge, monsieur, fit la voix monocorde du militaire. J'ai rang d'inquisiteur, avec les pleins pouvoirs. Je vous le demande une dernière fois : laissez-moi accéder à vos banques de données sur les Nouveaux Territoires.

— Mais dans quel but ?

— Nous devons déterminer quelles régions sont susceptibles d'être données en apanage aux Terriens afin de faciliter leur installation, avant, bien entendu, d'étudier les modalités de la cession intégrale et irrévocable de la planète au Cocon. »

Yeritu faillit s'étrangler. Il poussa un gémissement porcin et se précipita sur l'Investigateur, qui n'esquissa pas le moindre mouvement de recul ou de défense. Il n'avait rien à craindre.

« C'est impossible, impossible ! hurlait l'armateur en agitant les bras dans le vide, violet d'indignation. (Autour des deux hommes, les membres du directoire colonial de la Ligue qui assistaient Yeritu dans sa gestion étaient paralysés.) La Loge n'a pas pu vous mandater pour ça ! Je vais contacter le secrétariat du Cartel sur Charon : Ghobal ne laissera pas faire une chose pareille !

— Je n'ai pas de temps à perdre avec les affaires internes de la Ligue ! gronda l'inquisiteur en s'avançant d'un pas. Il s'agit d'une décision souveraine de Solaris, en préparation du congrès des colonies humaines qui va se tenir sur Mars. De toute façon, vous n'avez aucun moyen de joindre votre capitale.

— Mais… mais… la nodale est rouverte, puisque vous êtes passés en même temps que notre dernier convoi. Donc les liaisons quantiques…

— La nodale s'est refermée après notre passage, suivant les instructions précises de Charon. Le 14 juin, très exactement. Je suis désolé de vous l'apprendre. »

Furieux, Aveed Yeritu se tourna vers ses secrétaires. Personne n'avait osé le tenir au courant de la situation. La présence de trois ou quatre cargos en orbite avait suffi à le rassurer sur la remise en marche du système de liaison transgémellaire avec le Soleil. Certes, les connexions normales avec le Quantex n'avaient pas encore été rétablies, mais il ne s'en était pas davantage inquiété, convaincu que jamais Ménalem Ghobal n'omettrait de le tenir au courant de l'évolution de la situation de l'autre côté du Ver. Après tout, en temps normal, il n'entrait en contact avec Charon qu'une fois par mois, dans le meilleur des cas. Il se maudit d'avoir été aussi léger.

Obnubilé par la consolidation des défenses autour d'Alpha City en prévision d'une attaque des colons, il avait complètement négligé les paramètres extérieurs. Mais le Système-Uni était si loin, les querelles intestines de la Ligue tellement étrangères à ses préoccupations quotidiennes… Il dirigeait ce comptoir, il gouvernait cette planète aux ressources infinies, le premier monde extra-solaire jamais conquis par l'homme. S'il l'avait seulement voulu, il aurait pu en proclamer l'indépendance, en devenir le chef. Qu'avait-il à faire des problèmes nés sous une autre étoile ? La voix de l'Investigateur le tira brutalement de ses pensées :

« Nous nous présenterons de nouveau devant la porte dans quinze jours, lorsque notre mission dans le Système centaurien sera terminée. D'ici là, je vous demande de coopérer. C'est dans votre intérêt. *Personnel*…

— Excellence, crut bon d'intervenir l'un des assistants, peut-être la Loge ignore-t-elle que la proclamation 122 de notre directoire est encore en vigueur. Près de 65 % de la surface de ce monde sont toujours interdits à la prospection et à l'exploitation. Donc les Terriens ne pourr…

— Cet acte est daté de 2815 ! Ne me faites pas croire que vos pionniers ont continué à le respecter alors même que leurs dirigeants – c'est-à-dire vous, messieurs ! – avaient entrepris de fonder dans ces zones des propriétés agricoles florissantes. Il m'a suffi d'une seule révolution orbitale pour apercevoir les traces des milliers d'implantations sur les côtes de Primalande, sans parler des stations balnéaires privées des îles de Feu ! Cela vous suffit-il, ou bien désirez-vous que j'entre dans les détails ? »

Yeritu baissa la tête, plus pour masquer sa colère que pour manifester sa soumission. Car l'injonction des Investigateurs n'était rien d'autre qu'un ultimatum, et jamais la Ligue n'avait cédé à ce genre de pressions du Tribunal solaire, au contraire. Seules des décisions légales avaient, par le passé, fait plier les armateurs. Si les Immortels avaient perdu la bataille, ça n'était pas son affaire, et il ne voyait aucune raison d'abandonner ce monde pour satisfaire à leurs besoins.

Qu'ils se débrouillent par eux-mêmes !

Il releva le nez, pour constater que l'inquisiteur était déjà reparti. Ses assistants ne bronchaient pas, s'attendant à subir ses foudres pour leurs bourdes. Mais le magnat ne voulait pas gaspiller son énergie. Une idée avait germé dans son esprit, tandis qu'il scrutait le parquet pendant que l'officier d'Oberon le toisait. Une idée qui pouvait peut-être changer le cours des choses et préserver les intérêts de la Ligue, et pas seulement sur Alpha IV. Mais pour la mettre en application, il devait trouver un moyen de joindre Ghobal.

« Messieurs, lança-t-il d'une voix redevenue parfaitement calme, rendez-vous dans mon bureau dans une heure. Le temps presse ! Je veux toutes les données techniques concernant les nodales dans notre système.

— Mais, Votre Prospérité, cela nous prendra des jours ! protesta l'un des secrétaires.

— Vous avez quarante-cinq minutes. »

10

« Notre naufrage sur Alpha V Centauri reste, dans ma mémoire, un épisode flou. Je ne sais pas combien de temps nous sommes restés là-bas. Je ne sais même pas comment nous avons survécu au crash. Les probabilités n'ont jamais cessé de pousser nos destins vers le désastre, vers la mort. Or, nous avons survécu. Enfin... presque tous. Comment interpréter ce signe ? Quelqu'un est-il intervenu ? Quelqu'un veille-t-il encore sur nous ? J'aimerais tant que ce soit le cas, alors que les nuages, de nouveau, s'amoncellent à l'horizon. »

Gloria IATALINE-RAMBULAME DE KIEV, *Lettres à mes filles*, astre dériveur de Kolybame (années 2996-3005, CS). *In CEG Histoire des Idées*, « Iataline Rambulame », Catalogue alpha prime, Article 34, Omnibibliothèque du Quantex.

Alpha V Centauri, zone indéterminée, 5 août 2940, CS.

Malgré des recherches minutieuses dans la zone de l'atterrissage, Lewis n'avait pas retrouvé son exosquelette. La gravité sur la planète inconnue n'était pas beaucoup plus forte que sur Mars et bien moindre que sur Terre, mais les difficultés du terrain sur lequel il progressait avec Kiribati étaient telles qu'il commençait à regretter son appareillage anti-g. Heureusement, les packs individuels de survie retrouvés dans le caisson de secours du *Yan-Zolo* avaient été protégés des chocs et des flammes par leurs coques en céraminium. Toutes les quatre heures, les deux hommes avalaient leur ration de protéines carbohydratées augmentée d'une dose de métemphétamines. Le problème de l'eau demeurait, cependant, et le Martien craignait que les dix litres qu'ils avaient emmenés dans leurs paquetages ne suffisent pas à assurer leur approvisionnement. L'aridité du site traversé n'avait aucune chance de le rassurer sur ce point.

Après de vastes plaines sablonneuses parsemées de dunes qu'il leur avait fallu contourner pendant des heures avant de pouvoir reprendre leur chemin vers le nord, les explorateurs improvisés traversaient maintenant une zone de failles, où des bouleversements tectoniques et une érosion hydrologique violente avaient remodelé le paysage. Un réseau de diaclases – qui allaient de quelques centimètres à plusieurs centaines de mètres de largeur – s'étendait devant eux, taillé dans une roche de type calcaire extrêmement fragile. À chaque instant, les rebords des fissures menaçaient de s'effondrer sous leurs pas. Des monolithes de plusieurs tonnes s'élevaient au-dessus de leurs têtes, façonnés par une rivière depuis longtemps disparue, et dont les couleurs vives se superposaient en strates irrégulières sur dix à vingt mètres d'épaisseur. Accumulées sur un socle de sédiments jaunâtres, des couches de terre rouge, puis noire, presque violette, puis jaune, et rouge encore, soutenaient des agglomérats de galets blancs aux reflets mordorés, recouverts d'un dernier niveau sableux, brun, piqueté de buissons rabougris.

Émerveillé par le paysage, Kiribati progressait très lentement, s'arrêtant pour étudier une formation minérale spectaculaire ou la composition d'un terrain. Lewis l'attendait sans rien dire. Exaspéré par les atermoiements du scientifique, il se retenait pourtant de le presser, ces pauses répétées lui permettant de reprendre des forces et de s'abriter un instant du double soleil qui transformait l'atmosphère déjà sèche en fournaise. L'enthousiasme du médecin était contagieux, de surcroît, et la beauté du panorama époustouflante.

« Lewis, regardez ! C'est… Je crois que c'est de l'or ! C'en est très proche, en tout cas. Des pépites. Voyez leur taille ! »

Kiribati tenait avec peine dans ses mains trois cailloux aux formes irrégulières mais parfaitement polis. Ils luisaient dans la lumière verte du midi, palpitaient comme s'ils avaient renfermé une source quelconque d'énergie. Khandra était impressionné.

« C'est magnifique, concéda-t-il. Mais nous ne pouvons pas nous embarrasser de ces pierres. Nous n'avançons pas assez vite et… notre but est ailleurs.

— Je sais, je sais, mais songez à cette fortune, là, sous nos pieds ! Nous pourrions financer le Mouvement pendant des siècles, acheter des armes, des vaisseaux, payer nos soldats… »

Le Martien fut surpris de la réaction du médecin. Jamais encore celui-ci ne lui avait paru intéressé par le sort de la rébellion, du moins jamais ne s'était-il exprimé en termes aussi concrets. Il maniait d'habitude dans ses discours des concepts et des théories scientifiques compliqués qui allaient souvent à l'encontre des dogmes zakkapistes, quand il ne donnait pas carrément l'impression de se moquer de l'issue du combat auquel il participait. À l'évidence, sa carapace de scepticisme se lézardait.

« Allons, laissez cet or à sa place ! Nous devons continuer. Le temps presse.

— Oh, je… j'arrive. C'est tellement dommage.

— Peut-être pourrez-vous revenir un jour explorer ce monde, lorsque tout sera rentré dans l'ordre. (Kiribati lâcha les pépites à regret et planta un regard dépité dans celui de Lewis.)

— Vous pensez vraiment que tout rentrera dans l'ordre ?

— Eh bien… (Khandra hésita.) Les choses reprendront *une* place, certainement différente. Mais un ordre s'instaurera, c'est inévitable. Nous devrons nous y habituer et y jouer nous-mêmes notre rôle.

— Rien ne se perd, rien ne se crée, tout se transforme…

— Comment ?
— Un vieux principe de physique. Quels que soient les bouleversements qui affectent la matière – sous n'importe quelle forme : solide, liquide, gazeuse ou autre – on peut toujours mesurer une quantité identique de cette matière, même si elle semble avoir disparu. La conversion en énergie n'y change rien non plus : les paramètres de mesure sont différents, les atomes peuvent fusionner entre eux ou éclater, mais la quantité ne se modifie pas.
— Donc, selon vous, on pourrait appliquer ce principe à l'histoire ?
— Vous venez vous-même de le faire. Il est évident que nos actions engendrent des réactions dans notre environnement, sur nos proches, sur nous-mêmes, sur la trame des événements dont nous ne percevons pourtant pas la finalité. Cette course que nous menons, par exemple…
— Vous doutez de son intérêt, n'est-ce pas ?
— Oui, mais c'est un autre problème, soupira Kiribati. Douter de l'utilité de nos actes n'empêche pas qu'ils aient un impact sur le futur.
— Peu importent les causes, seuls comptent les effets, murmura Lewis. (Son regard plongea un moment au fond de la crevasse qu'ils longeaient sans doute depuis un bon moment, mais qu'il n'avait pas jusque-là remarquée. À moins qu'elle ne se fût ouverte à quelques centimètres de leurs semelles sans qu'ils s'en aperçoivent…) Donc, la matière se transforme, encore et toujours ; c'est la seule certitude que nous pouvons avoir…
— En quelque sorte. »
Les deux hommes reprirent leur marche prudente vers le nord.
« Alors qu'est-ce qui nous pousse à agir si nous ne savons pas pourquoi nous le faisons ? interrogea Khandra.
— Peut-être ce concept, étrange et impalpable, que l'on nomme l'espoir. C'est… c'est finalement la seule chose qui nous porte, nous les humains, depuis que nous nous sommes redressés dans la savane, des centaines de milliers d'années plus tôt. À moins que ce ne soit la curiosité. Je préfère d'ailleurs cela : la curiosité est bien plus naturelle, sans références morales.
— Vous trouvez que l'espoir renvoie à la morale ?
— Eh bien, puisqu'il faut une certaine forme d'intelligence

pour le ressentir et l'analyser, oui, bien entendu. La curiosité, elle, est instinctive. Ne la considère-t-on pas généralement comme un défaut ? Pour beaucoup de nos semblables, succomber à l'instinct est une tare. C'est pour cela qu'elle a ma préférence. Je suis persuadé que ces défauts ont aidé l'homme à progresser.

— Votre fameuse théorie de l'accident génétique…

— Qui n'est pas la mienne, Lewis. Je ne m'en considère que le héraut. Mais… *oui*. Une accumulation de défectuosités dans la réplication de l'ADN chez nos ancêtres simiens nous a menés jusqu'ici, jusqu'à cette nouvelle étoile. Et en ce qui vous concerne… (Kiribati stoppa sa progression et se tourna pour faire face à son compagnon.) Une suite semblable d'anomalies vous a conduit ici – et maintenant, à endosser un rôle prépondérant dans cette affaire.

— Je sais. Vous m'avez déjà exposé votre opinion, sur Izla-ov-Fuego, et je vous ai répondu que je la partageais pour une bonne part. »

Le médecin posa ses mains sur les épaules de Lewis comme s'il avait voulu le serrer contre lui. Ses yeux étaient humides.

« Le problème, c'est que je ne suis plus aussi sûr, aujourd'hui, d'avoir raison, reconnut-il l'air contrarié. J'ai beau tenter d'analyser ce qui s'est produit ces dernières semaines, je ne parviens plus à tirer de conclusions satisfaisantes.

— Par exemple ?

— Jamais… jamais nous n'aurions dû survivre, Lewis. C'est impossible ! Les probabilités…

— Nous n'avons pas tous survécu, répondit sèchement le Martien en se dégageant de l'étreinte du docteur. Deux de nos amis sont morts, un autre a disparu, et nous n'étions que sept au départ. Je ne considère pas ce résultat comme une réussite, excusez-moi !

— Allons ! Vous comprenez très bien ce que je veux dire. (Khandra acquiesça de la tête. Il refusait cependant de parler de ce qu'il ressentait comme une défaite supplémentaire.) C'est un véritable miracle si nous n'avons pas *tous* péri ! Et comme par hasard, nous nous retrouvons sur cette planète que jamais personne n'avait visitée avant nous et où les conditions, même si elles sont loin d'être idéales, sont propices à notre survie. Or, je ne crois pas, je n'ai jamais cru aux miracles !

— Jusqu'à maintenant ?
— Oui… Jusqu'à maintenant.
— Je comprends que cela vous perturbe. Je… je le suis moi-même.
— Pourquoi faisons-nous ce que nous faisons aujourd'hui ? glapit le médecin, profondément perturbé. (Son front dégoulinait de sueur. Khandra le tira par le bras dans l'ombre d'un énorme piton rocheux. Les deux soleils étaient à leur zénith.) Savez-vous où nous allons ? »
Lewis hésita. Il s'était juré de ne pas révéler ce qu'il savait avant d'être parvenu au terme de leur périple. Mais s'il voulait pouvoir encore compter sur le soutien moral et physique de Kiribati, il n'avait pas le choix :
« Kiribati, regardez-moi. »
Le médecin s'exécuta, comme à regret. Ses yeux étaient rougis par la fatigue autant que par les larmes. Ses paupières semblaient lourdes. Des cernes s'étaient creusés, réduisant l'ouverture en amande de son regard levantin. Khandra posa sa main sur sa tête, comme il l'aurait fait avec un enfant.
« Lorsque j'ai décidé d'entamer cette marche, l'autre soir, après la dernière crise de Sa Sainteté, un événement étrange s'est produit. Je… je me trouvais dehors avec Gloria, nous contemplions les constellations et… une comète – un météore ou quelque chose d'approchant – est tombée du ciel. Ce fut très rapide, absolument somptueux, mais…
— Mais ?
— J'ai eu une vision, une sorte de flash.
— Vous voulez dire une transmission télépathique ? L'archipape ?
— Non, non ! Ça ne venait pas de Rembrardt, ce n'était pas une pensée. C'était… *réel*. Comme si je m'étais trouvé un moment transporté dans une autre dimension, un autre espace.
— Le lieu vers lequel nous marchons ? »
Seul le mugissement du vent dans les corridors de roches alentour lui répondit. Une fine coulée de poussière topaze glissa depuis le sommet du rocher.
« Cet endroit, pourriez-vous le décrire ? Le reconnaître ?
— La rivière dont parlait Sa Sainteté…
— C'est plutôt bon signe, alors. Est-elle encore loin ? Qu'allons-nous y trouver ?

— De l'aide, je l'espère. Il y avait… des gens.
— Quelle sorte de gens ?
— Je l'ignore. (Les lèvres desséchées du capitaine tremblaient.) Je… je n'ai vu, je n'ai perçu que des silhouettes, des mouvements, quelques voix…
— Ces gens, ils vous ont semblé hostiles ?
— Oh, non ! Ils… Le problème n'est pas là.
— Il y avait donc un problème ? »
Lewis secoua la tête, embarrassé. Il se frotta le visage : ses doigts tracèrent des sillons plus clairs dans la poussière ocre qui recouvrait sa peau.
« Ils… ils ne m'ont pas semblé *humains* ! »

***

Gloria avait posé sa tête sur l'épaule de James. Le pasteur s'était endormi depuis une bonne demi-heure déjà, épuisé par sa veille auprès de Cess Rembrardt. L'archipape n'avait pas repris connaissance et semblait même s'être enfoncé un peu plus dans le coma. Il ne manifestait plus aucun signe d'activité onirique : aucun mouvement brusque des membres ni crise de délire, encore moins d'appels, ni d'incantations mystérieuses. Il aurait aussi bien pu être mort.

Désorientée, la Terrienne ne parvenait pas à trouver le sommeil. L'inconfort et l'exiguïté de leur cache la gênaient, et elle ne pouvait s'empêcher de penser aux longues journées de repos et de méditation qu'elle avait passées sur l'île d'Afrika… À ce premier jour où James l'avait accueillie, leurs conversations sous la protection des nanotoiles de camouflage, ces repas qu'elle avait appris à préparer sur le sable blanc et poudreux de la plage, ces instants éphémères de paix et de soulagement qui lui semblaient n'avoir jamais existé ailleurs que dans ses souvenirs. Puis il y avait eu l'attaque, brutale et sournoise, l'explosion qui avait détruit le Sanctuaire et tué ses habitants.

Machinalement, elle mordit dans une barre de protéines, comme si ce simple geste pouvait réussir à la persuader qu'elle était bien vivante. Le goût était atroce pour son palais raffiné d'Immortelle. Elle songea à son peuple, à son destin.

Où sont-ils, maintenant ? Quels crimes Valoras a-t-il eu le temps de commettre avant de s'enfuir comme un rat ?

Le visage doux et serein de Shony emplissait son esprit, mais un visage adolescent, celui qu'il avait près de quatre siècles plus tôt, alors qu'ils vivaient ensemble le commencement de l'incroyable et sanglante épopée du Cocon, et celui de leur lutte commune pour la justice et la liberté. La naissance de leur passion. Elle ferma les yeux. Les traits de son ancien amant se brouillaient. Elle eut beau se concentrer, l'image s'évanouit sans qu'elle fût capable de la faire renaître. Elle n'y comprenait rien. Puis une autre forme jaillit des tréfonds de son âme : une masse lourde, métallique, un point de lumière rouge qui pulsait, menaçant, omniprésent, que jamais un battement de paupières ne parviendrait à effacer…

Rebekka !

Elle était en train de craquer. Son mal coulait hors d'elle. Elle s'était pourtant juré d'être forte, mais personne ne pouvait la voir et son épuisement était tel qu'elle n'avait plus la force de lutter. Il lui sembla entendre un cri au-dehors, un appel. C'était stupide. Il n'y avait personne. Lewis et Kiribati étaient déjà très loin, partis depuis plus de treize jours standards. Elle savait que l'officier n'aurait pas manqué de la contacter par la pensée comme il l'avait déjà fait à plusieurs reprises après son départ, dans les premières journées. Or, elle n'avait plus aucune nouvelle. Peut-être ses capacités télépathiques ne lui permettaient-elles pas de franchir de trop longues distances ? À moins qu'il ne lui soit arrivé quelque chose de grave… *Non.* Elle était sûre que non. Son instinct, aiguisé par des mois d'errance et de désordres, ne pouvait la tromper. Ses sentiments non plus.

Cette fois-ci, elle ne rêvait pas. Il y avait bien du bruit à l'extérieur, trop familier pour être l'œuvre du vent ou du sable en mouvement.

Bon… La seule solution, c'est d'aller voir.

D'une main, elle releva délicatement la tête de James pour la laisser reposer contre la paroi de la niche. Le prêtre grommela quelque chose avant de se recroqueviller pour poursuivre sa nuit. Gloria marcha à quatre pattes vers la première partie de la cavité, puis s'engagea dans le boyau menant vers la sortie. Elle respirait avec difficulté. L'air devenait de plus en plus chaud et épais au fur et à mesure qu'elle progressait. Elle passa la tête entre les racines qui marquaient l'entrée de l'abri.

II

« Cela vient sans qu'on y prenne garde, parce qu'on ne veut pas voir, parce qu'on se refuse à admettre l'idée que bientôt, peut-être, si rien n'est fait, la liberté et la démocratie s'effaceront. Cela nous surprend et nous fait peur. Rendez-vous compte : si jamais nous étions capables de lutter contre le fléau de la dictature qui va s'abattre sur nous, si jamais nous étions libres de résister ou bien de nous soumettre, quel terrible choix pèserait sur nos épaules ! Il est si facile d'être sourd et aveugle... »

Khalaân ABDULLAHIS, *Ce court chemin vers la soumission*,
Mars (années 2940-2942, CS).
In CEG Histoire des arts humains, « Littérature martienne »,
Catalogue Auster, Article 6503, Omnibibliothèque du Quantex.

Fédération des États martiens, Olympus City, 6 août 2940, CS.

Les prisonniers regardaient vers l'est. Une nouvelle étoile venait d'apparaître dans le ciel rosé de Mars, aussi brillante que le soleil en plein jour. Aucune exclamation ne sortait de leurs bouches. Stupéfaits, les gardes du camp de concentration avaient eux aussi relâché leur vigilance. Les plus zélés jetaient néanmoins de rapides coups d'œil sur les mineurs et les rebelles zakkapistes dont ils assuraient la surveillance, dans la crainte de les voir profiter de la situation pour tenter une évasion ou pour se révolter. Mais les déportés n'y songeaient pas. Brisés physiquement et moralement par des semaines de sévices et de malnutrition, ils se contentaient d'observer. Et de prier en silence. Car l'influence des prêtres-soldats du Mouvement était grandissante parmi les athées et les infidèles, tout comme l'espoir de libération et de victoire qu'ils portaient dans leurs prêches clandestins, la nuit, dans les baraquements insalubres et surpeuplés où peu de prisonniers parvenaient à dormir. Un espoir qui se résumait en une phrase : « Le Sauveur va venir, attendez son signal… »

***

Le président Safaris jubilait : pour la première fois depuis sa création, la Loge permanente des conflits se déplaçait collectivement et débarquait sur une planète du Système-Uni pour venir y reconnaître un nouveau pouvoir : le sien. Dans quelques jours, le congrès extraordinaire des colonies humaines s'ouvrirait sous l'égide du Tribunal afin de trancher la question terrienne, de prendre acte du règlement du conflit titanien et de jeter les bases de la future constitution de la Confédération solaire. Chaque nation y serait représentée d'une manière ou d'une autre, à l'exception de la Flibuste, que les plus récents rapports militaires tendaient à considérer comme pratiquement éradiquée du cosmos. Safaris n'avait donc plus aucune raison de douter de son triomphe. Et l'absence de renseignements fiables sur le sort de Khandra n'arrivait pas à entamer son enthousiasme, à tel point qu'il finissait même par supporter la présence de son plus zélé serviteur :

« Monsieur le président, fit la voix mielleuse de Naïm Safrini, c'est un grand jour, assurément ! Vos plans se déroulent à merveille.

— N'est-ce pas ? Monsieur le gouverneur d'Amazonis... »

Le valet plastronna, comme à chaque fois qu'il s'entendait appeler par ce titre. Il se glissa derrière son maître et l'aida à enfiler un long manteau noir dont la coupe militaire achevait de rendre le vieil homme parfaitement antipathique. Le ministre fignolait, lissant avec soin les derniers plis sur ses épaules. Ses mains s'attardèrent, comme s'il cherchait par ce contact à récupérer l'énergie qui émanait du président. Agacé, celui-ci se dégagea sans ménagement et marcha jusqu'à son nouveau bureau, immense, taillé dans l'acajou, marqueté de ronce de noyer et liseré de vermeil, une pièce unique d'artisanat terrien achetée à prix d'or. Il s'affala dans son fauteuil, qui rebondit sur son champ gravifique. Le vitrail du mur s'assombrit. Un éclatant point d'argent brillait au travers...

« Au fait, Safrini, nos amis sont-ils toujours dans l'antichambre ?

— Oui, Excellence. (Il ferma les yeux, faisant mine de consulter son horloge mentale.) Depuis presque une heure, maintenant. Mais je crois que votre frère les occupe.

— Mm... Peut-être devrais-je les faire entrer. Qu'en pensez-vous ? »

Le gouverneur s'accrocha au sourire mauvais de Safaris et partit d'un éclat de rire grinçant et pointu, qui n'avait pas grand-chose à envier aux criaillements des fameux éperviers noirs, animaux emblématiques de l'État dont il avait la charge. Le président écrasa son poing sur la table.

« Bon sang, un peu de tenue ! Où vous croyez-vous ? »

Safrini s'aplatit comme un chiot.

Toujours leur faire sentir le souffle de ma puissance, songea le dirigeant rouge, au comble de l'extase. *Puis les caresser, aussitôt après, pour qu'ils ne sachent jamais sur quel pied danser...*

« Allons... »

Il ordonna d'un geste à son ministre d'aller chercher ses hôtes. Le petit homme rond traversa la vaste pièce, faisant glisser ses pieds sur le parquet de palissandre comme s'il s'était agi d'une patinoire. Les hauts battants de chrome, que des charpentiers venaient récemment d'installer, s'ouvrirent devant lui. Il ne fit pas un pas de plus : le Grand président de la Loge et sa suite s'engouffrèrent dans la salle sans même attendre d'y avoir été invités. Derrière eux, James Safaris trottinait, l'air réjoui.

« C'est un scandale ! vociféra Stuart Olson dont la voix parvenait à peine à couvrir le brouhaha des exosquelettes et chariots anti-g transportant les dix délégués du Tribunal. Comment osez-vous nous traiter de la sorte ? Après les millions de kilomètres que nous venons de parcourir ?

— Cher ami, je suis navré, mentit le président d'un ton mièvre, sans esquisser le moindre mouvement. Si j'avais su que le voyage à bord de votre station suréquipée et ultramoderne avait été si difficile, j'aurais bien sûr envoyé un croiseur des marines pour vous récupérer. Mes soldats se seraient fait un honneur de partager avec vous leurs cabines collectives… »

Olson encaissa l'affront par un silence méprisant. Ainsi, il était fixé : l'ambassadeur Szloti ne lui avait pas menti sur la personnalité du leader martien. Son entrée tonitruante n'avait d'ailleurs pas eu d'autre but que de tester ses capacités de réaction.

« Laissons cela, Excellence, fit-il sur un mode beaucoup plus consensuel. Je pense que nous avons des affaires plus urgentes à régler.

— En effet, en effet. (Le Martien daigna enfin se tourner vers ses visiteurs. Il tendit les mains vers le juge suprême, qui les saisit en retour dans les siennes, forçant son air ravi.) Il y a si longtemps…

— Hm. Pardonnez-moi si je vous offense, mais… je ne me souviens pas vous avoir jamais rencontré, Excellence.

— Oh ? Bien sûr que non, Votre Honneur, je voulais simplement faire allusion aux relations entre ma planète et votre institution. Il y a si longtemps que nous œuvrons ensemble par le biais de nos diplomates pour le bien du Système, et nous n'avons jamais eu l'occasion de nous retrouver l'un en face de l'autre. (Safaris secouait les bras d'Olson comme s'il avait voulu les décrocher de ses épaules.) J'en suis très heureux, surtout en cette occasion.

— Gageons qu'il ne s'agit là que du début d'une longue et fructueuse série d'entretiens, mes seigneurs ! » lança le frère de Safaris, en retrait derrière le chef de la délégation.

Les deux présidents se dévisagèrent. Olson baissa les

yeux le premier. L'éclat qu'il avait aperçu dans les prunelles gris acier du Martien l'avait saisi comme le jet de plasma d'une torche à fusion.

Dans quelle partie nous sommes-nous engagés ? songea-t-il, inquiet. *S'il ne s'agit que de Mars, de sa puissance, nous n'avons rien à craindre. Il suffira d'attendre son déclin, comme ont décliné avant elle toutes les autres nations qui croyaient dominer les hommes pour l'éternité. Mais qui y a-t-il* derrière *cet homme ? Où sont ses véritables intérêts ?*

« Votre Honneur… Vous semblez bien soucieux, remarqua Edmund Safaris. (Il relâcha son étreinte et se recula d'un pas pour l'embrasser de son regard débordant de sollicitude.) Quelque chose ne va pas ?

— Non, rien, Excellence. La… la fatigue du voyage et de la pesanteur.

— C'est vrai. J'oublie souvent que l'existence dans les stations dérivantes comporte quelques contraintes.

— Oui, mais aussi tellement d'avantages.

— L'indépendance totale, en tout premier lieu ! » crut bon de renchérir, dans un rire niais, l'un des juges qui se tenait derrière Olson.

Imbécile ! pensa celui-ci.

Le président Safaris ne put se retenir. Combien de temps un fauve pouvait-il jouer avec sa proie sans céder à ses pulsions de mort ?

« L'indépendance, dites-vous ? C'est un point de vue intéressant. Mais il ne m'a pas semblé – vu le prix exorbitant que nous payons pour vos services – qu'elle figurait au premier plan de vos préoccupations… »

Le gouverneur d'Amazonis piaula, secoué d'un irrépressible fou rire. James se mit à glousser de concert. D'un geste vif de la main, Safaris les fit taire. Il ne pouvait supporter les cris d'un oiseau supplémentaire dans la volière, dans tous les cas pas de la part de son propre frère. D'un seul coup de griffe, il pouvait les égorger l'un après l'autre. Et chacun, dans l'assistance inquiète, commençait à réaliser qu'il ne s'en priverait pas s'il en ressentait soudain le besoin. Ou le simple désir.

« Votre Honneur, commença James Hector Safaris, très solennel, le cabinet de la Présidence fédérale vous écoute. »

Stuart Olson se retint avec peine de chercher autour de lui

si d'autres représentants de l'exécutif martien n'étaient pas cachés quelque part dans la salle de travail. Peine perdue, il le savait. De l'autre côté de l'interminable table de conférence, le conseil se réduisait en fait au leader rouge, à son frère et à cette espèce de courtisan visqueux auprès duquel il n'avait même pas été officiellement introduit, ainsi qu'à deux secrétaires pétrifiés. Olson commençait à se sentir ridicule, flanqué de part et d'autre des magistrats que la Loge, après des heures de chamailleries en orbite, avait désignés pour avoir l'honneur de débarquer sur Mars. En fait d'honneurs, ils subissaient une véritable humiliation. Il se racla discrètement la gorge.

« Son Excellence désire-t-elle que je commence par un point particulier ? Peut-être les modalités du congrès ? D'après la Charte, nous devons réunir les plénipotentiaires après nous être assurés de leurs créances, ce qui risque de se révéler un peu compliqué compte tenu des bouleversements intervenus dans le Système.

— Allons à l'essentiel, voulez-vous ? interrompit Safaris. Les contingences techniques ne m'intéressent pas. Nos ministres régleront cela. Sachez que mon administration est d'ores et déjà mobilisée pour réussir cette cérémonie dans les meilleures conditions.

— Une cérémonie, Excellence ?

— Eh bien, oui ! Il s'agit bien d'introniser ce nouveau Gouvernement central solaire, n'est-ce pas ? L'ambassadeur Szloti m'a fourni un relevé de vos conclusions à ce sujet, très détaillé et très intéressant. Je pense d'ailleurs n'y apporter que de très légères modifications. »

Olson ouvrit plusieurs fois la bouche sans pouvoir proférer aucun son. L'air autour de lui était devenu aussi épais que de la colle. Il ne pouvait plus bouger. Seul le rythme accéléré de la respiration de son voisin de droite parvenait à le maintenir éveillé.

Mais de quoi parle-t-il ?

Les conversations à propos des futures institutions n'avaient, pour le moment, fait l'objet d'aucun projet précis ; à peine des ébauches avaient-elles été soumises à l'appréciation technique et juridique du greffier informatique de la Loge. Même si les grandes lignes des accords secrets passés avec Szloti sur Solaris avaient été avalisées, il avait bien escompté en rester maître d'œuvre. La Loge n'était-elle pas garante des institutions solaires et, comme telle, seule habilitée à échafauder ce genre de plan ? Quelqu'un l'avait doublé. Avec la station en panne dans le cadran primaire martien, sous le contrôle de l'Anneau de défense, il se retrouvait piégé sur la planète. Les images de la destruction par antimatière du premier Tribunal suprême, en 2713, défilaient dans son esprit, comme une alarme : les coupables n'avaient jamais été identifiés et le souvenir de ce précédent tragique pesait dans l'esprit des édiles. Le président martien vint confirmer ses appréhensions :

« Je suis heureux, Votre Honneur, de pouvoir vous annoncer officiellement que j'ai décidé d'accepter le principe d'une candidature martienne afin de supporter la charge de ce nouveau gouvernement. L'issue de la question terrienne ne permet pas d'envisager de solution plus raisonnable. La chute du Cocon et la fuite – Pardon ! – l'exil précipité du Suprême protecteur vers Centauri démontre *de facto* que les Immortels ne sont plus capables d'assurer une tutelle – autre que morale – sur la Confédération solaire. Et vous admettrez avec moi qu'il n'existe pas d'autre puissance – Mars excepté – susceptible d'assumer le leadership de l'humanité. »

Comme dans un rêve qu'il ne contrôlait pas, Olson se vit approuver d'un mouvement de tête. Il perçut un murmure d'étonnement à côté de lui, mais il était déjà trop tard. Le timbre grondant de l'ambassadeur James Safaris résonna dans ses tympans comme le marteau de justice qu'il avait lui-même si souvent abattu du haut de sa chaire, pour trancher les débats de ses pairs.

« Comme le prévoit votre mémento, Votre Honneur, le cabinet fédéral vient de contacter la Veille du Quantex par les canaux diplomatiques officiels, afin que soit organisé, à l'échelle du Système-Uni, le cyber-référendum qui permettra aux peuples de se prononcer avec une totale transparence. Les règles démocratiques doivent être respectées. C'est un préalable que nous, Martiens, ne pourrions voir contester.

— Bien… bien entendu, balbutia le Grand président.

— Nous espérons une réponse rapide et… *positive.* »

Olson se contenta d'un mince sourire. Il restait donc un espoir pour que la Loge reprenne la main dans cette partie de dupes qui se jouait à l'échelle solaire. Car l'accord de la Veille – même s'il n'était pas techniquement indispensable, vu le fonctionnement en théorie parfaitement autonome du méta réseau – serait cependant une caution morale qui influencerait les populations déboussolées par l'extension des combats.

S'il y a une faction que Mars ne pourra pas soumettre, c'est bien la Veille, se rassura le juge suprême. *Je ne vois pas pourquoi ils iraient officiellement soutenir Safaris. Ça n'aurait aucun sens. Ils laisseront faire, sans s'engager. Et nous pourrons alors contrôler la régularité des votes.*

Bien entendu, Stuart Olson n'avait aucun doute sur leur issue : soumises aux pressions militaires et politiques des marines et du CIS, les nations du Système ne se risqueraient pas, à de rares exceptions, à défier leur futur maître. Entre un combat pour conserver leur indépendance, qui avait toutes les chances de tourner au massacre, et une soumission pure et simple, peu d'entre elles hésiteraient. Les exemples des Royaumes lunaires, de Titan et de la Flibuste étaient encore très présents dans les esprits des citoyens solaires, comme sur leurs holoécrans. Ce serait un plébiscite pour Edmund Safaris. Mais si Solaris parvenait à présenter les choses de la manière la plus régulière qui soit – c'est-à-dire sous son total contrôle juridictionnel – les nouveaux équilibres seraient respectés, du moins en apparence.

De meilleurs jours viendraient, le Grand président n'en doutait pas. Tôt ou tard, des crises secoueraient le joug martien. Alors la Loge pourrait se redresser, avec l'aura renforcée que son rôle de protectrice des institutions lui conférerait, pour brandir le flambeau du droit et se présenter en sauveur des libertés individuelles et collectives. Et peut-être gouverner à son tour.

« Excellence, lança-t-il sur un ton ravi, cette opération semble se présenter sous les meilleurs auspices.

— N'est-ce pas, Votre Honneur ? renchérit Safaris. (À sa droite, Safrini sautillait sur son siège comme un perroquet obèse et hystérique sur son perchoir.)

— Une dernière question me taraude, cependant. (Le juge se gratta le menton, l'air pensif. Êtes-vous certains que la Ligue ne va pas contrecarrer nos projets ?

— La Ligue ? s'étonna le frère du président. Mais nous avons nationalisé la Hanse minière, l'extraction et l'exploitation du marsénium. En échange, nous leur avons octroyé le monopole de son transport vers les balises de la

Veille et l'escorte de leurs convois. Je ne vois pas pourquoi les armateurs trouveraient à y redire. Et quelles armes possèdent-ils ? Ils ont besoin de stabilité pour leurs affaires, nous la leur offrons sur un plateau !

— Je vous entends, Excellence, mais la question du règlement financier du passage des Immortels vers Centauri n'est toujours pas tranchée. Elle pourrait peser lourd sur l'articulation que nous allons mettre en place… Imaginez un seul instant que Valoras et les siens ne puissent pas franchir les nodales parce qu'ils ne peuvent pas payer la note, ou que Charon leur refuse l'installation sur Alpha IV ? Après tout, nous ne savons rien de la décision des métactionnaires du Cartel à ce sujet. Ils n'ont même pas encore pris connaissance du rapport de nos investigateurs en mission dans leurs comptoirs alphacentauriens. Nous n'avons que les assurances du Premier magnat Shamen-Artal, ce qui est mince, vous en conviendrez. Nous pourrions nous retrouver avec le problème terrien sur les bras, et de nouvelles exigences du Protecteur. Sa puissance militaire, même affaiblie, ne peut être négligée…

— Sa déroute sur Terre ne lui permet pas d'exiger quoi que ce soit ! pesta Edmund Safaris. S'il doit errer pour l'éternité dans le Système avec ses sujets dégénérés, cela ne me dérange pas. Et s'il décide de revenir en arrière, il trouvera Mars sur sa route ! En tant que Terrien, excellence, vous devriez savoir que les anciennes colonies ont trop souvent plié devant vos semblables. Elles ne l'accepteront plus. C'est terminé ! »

Calmement, Olson croisa ses mains sur la table. Son regard embrassa les trois dignitaires rouges : Safaris irradiait de colère, son frère fulminait en parfaite harmonie ; et le gouverneur d'Amazonis fronçait son nez épaté sous des sourcils en bataille, en signe de totale soumission à ses maîtres.

Qui vous dit que les colonies supporteront davantage le joug que vous êtes vous-même en train de leur imposer ?

Malgré l'envie qui l'en démangeait, le juge s'abstint de poser la question.

12

« Bizarrement, lorsque je me retrouvai face à mes ennemis, lorsque je tins à ma merci ceux qui avaient ordonné le massacre de mon peuple et la destruction de ma planète, alors même que je pouvais – d'un seul ordre – les anéantir, tout sentiment de vengeance m'abandonna. La perspective de leur exécution gratuite m'apparut alors tellement dérisoire, tellement vaine, que je préférai les confier à leurs juges et leur tourner à tout jamais le dos. »

Premier consul Thor MAKKINEN, *Mémoires de la République*, Méthania, Titan (années 2981-2986, CS). *In CEG Histoire des idées*, « Makkinen », Catalogue alpha secundus, Article 66015, Omnibibliothèque du Quantex.

Union économique des Cités astéroïdes, cadran extérieur de Kuiper, 9 août 2940, CS.

Les mains du commodore tremblaient. Le Jovien ne cherchait pas à masquer son appréhension, ni son impuissance. Makkinen appréciait cette sincérité, si rare dans l'univers militaire, car paradoxalement, elle n'interdisait pas le courage, ni ne diminuait le mérite. Et il y avait de quoi avoir peur.

Les chasseurs des Investigateurs avaient envahi les cadrans de la communauté d'astéroïdes. Pas un secteur n'était épargné par leurs intrusions et leurs manœuvres d'intimidation. Arraisonnements de cargos, contrôles de vedettes de croisière, occupations, arrestations... Leur champ d'action n'avait pas de bornes et les Cités s'ouvraient les unes après les autres, sous la contrainte pour certaines, s'offrant pour la plupart comme des prostituées, dociles, avides de la rétribution qu'elles pensaient recevoir. Leurs dirigeants ne réclamaient même pas de se voir notifier leurs actes d'accusation : en courbant l'échine devant les inquisiteurs, ils se déclaraient coupables, sans même savoir de quoi. Ils s'en moquaient. Seul comptait le répit qu'ils obtenaient et qui leur permettait de croire quelque temps encore à leur autonomie. Les Cités n'étaient pas contaminées par la guerre, elles ne se soumettaient pas... Elles transigeaient, comme elles l'avaient toujours fait dans Kuiper, à la différence de leurs semblables de la Ceinture.

Le vice-consul n'avait cure de ces particularités astropolitiques et sociales. Effaré, il constatait le gâchis énorme que la Loge était en train de commettre dans cette partie du Système. Ainsi, rien ni personne n'y échapperait, à moins qu'il n'intervienne. Et il entrevoyait maintenant un peu mieux comment il allait s'y prendre. S'il réussissait à rejoindre le Turtle...

L'incroyable vaisseau était là, tapi quelque part dans sa nasse de matière noire. Son dispositif de furtivité le protégeait, mais limitait également ses possibilités d'évolution. Cette arme avait été conçue pour des attaques surprises, brutales, pour une *blitzkrieg* spatiale, pas vraiment pour la ruse. Or, Thor Makkinen avait opté pour la ruse, seul moyen dont il disposait s'il voulait se faufiler entre les lignes ennemies pour approcher le Turtle. Restait ensuite à se faire reconnaître de son équipage, ce qui ne serait pas non plus une mince affaire. Car si l'invisibilité dont bénéficiait sa nef présentait des avantages évidents, elle recelait aussi certains inconvénients, comme celui d'être désintégré par erreur…

« Ils devraient avoir identifié notre code, pensa-t-il à haute voix.

— Êtes-vous certain, Excellence, qu'ils l'ont bien reçu ? s'enquit le commodore. D'après ce que vous m'avez expliqué de son fonctionnement, le *Titanian Imperium* est isolé des communications quantiques par le corps noir qui le protège.

— C'est pour ça que je vous ai demandé d'émettre également par faisceaux hertziens sur toutes les fréquences.

— Mais comment les ondes classiques pourraient-elles faire mieux ? Je ne comprends pas.

— D'après les données fournies par le sénateur Gorki, les Turtles sont de temps à autre forcés de couper leurs systèmes de protection, quelques heures par mois, pour des opérations de maintenance. Je compte bien que nos messages auront pu se faufiler jusqu'à eux durant ce laps de temps ! »

Le pilote ne semblait pas convaincu. Il tapotait nerveusement des doigts sur sa console.

« Excellence, j'essaie d'envisager la pire des hypothèses. (Makkinen acquiesça dans un silence gêné.) Si nos émissions avaient été reçues, ils nous auraient déjà répondu, d'une manière ou d'une autre. Or, nous n'avons rien. Les fréquences sont saturées par les communications cryptées des Investigateurs. Et puis le Corps ne va pas tarder à déchiffrer nos émissions, si ça n'est pas déjà fait…

— Qu'avez-vous dit ?

— Heu, que j'envisageais seulement…

— Non ! Vous avez parlé des Investigateurs, de leurs communications…

— En effet. Leur brouillage est permanent. Je pense qu'ils parasitent les liaisons dans la zone de Kuiper pour semer la panique.

— Bien sûr ! C'est ça ! s'écria le vice-consul. Comment n'y ai-je pas songé plus tôt ?

— À quoi donc, Excellence ?

— Nous attendons une réponse en codes titaniens, mais

la zone grouille de vaisseaux et de sondes ennemies. Le commandant du Turtle ne va pas prendre le risque de révéler sa présence de manière aussi stupide ! S'il nous a répondu, c'est en maquillant son message, en l'infiltrant au milieu des leurs. Il vous faut donc chercher un code qui semblerait émis par les Investigateurs, mais qui le serait en fait par nos alliés. (Le Jovien avait la tête penchée sur l'épaule droite, affichant un air perplexe. Makkinen lui sourit timidement.) Ne me demandez pas comment procéder ! Je suis un politicien, pas un physicien informatique.

— Si l'on accepte cette théorie, réfléchit à haute voix le commodore, et d'après ce que je connais de vos systèmes de cryptage, il faut trouver une porte d'entrée logique, une sorte de récepteur qui attendrait son enzyme informatique pour déclencher la séquence, l'interprétation, comme... dans un virus.

— Je vous crois sur parole.

— Et nous sommes en l'occurrence cet enzyme. Voyons... Le sénateur Gorki ne vous a-t-il pas donné d'autres indications ? D'autres codes ?

— Gorki ? Je... Non, hésita Makkinen. J'ai... j'ai restitué les données que j'avais reçues ce jour-là en me connectant au Quantex. Vos services secrets ont dû tout analyser : les coordonnées spatio-temporelles des Turtles que nous devions retrouver, les clés d'encodage pour transmettre avec eux, les noms et matricules de leurs équipages, leurs capacités opérationnelles, etc. Je... je ne vois pas ce qu'on aurait pu oublier.

— Bon, soupira le Jovien en se rasseyant sur son fauteuil, je ne veux pas paraître pessimiste, Excellence, mais il va nous être difficile de vérifier votre hypothèse avec le peu de puissance informatique dont nous disposons. Le biordi central tourne déjà à plein régime pour maintenir notre générateur de furtivité en marche. Si je lui demande ça, il risque de disjoncter ! »

Le ministre secoua plusieurs fois la tête. Il cogitait. Une alarme s'était allumée dans son esprit lorsque le pilote avait prononcé le nom du sénateur titanien déchu. C'était là, quelque part dans un fichier.

Gorki... Il m'a donné ce message, ces codes, mais il y avait autre chose. Il... voulait me parler...

L'image du vieux patricien revint à la surface de son

cortex, toujours très floue, parasitée par les bits d'information qui avaient surgi en même temps des semaines auparavant. Les traits du sénateur bougeaient doucement, ses lèvres remuaient, puis son visage s'effaçait, avant de se matérialiser de nouveau. D'une pensée, Makkinen ordonna à ses nanoprocesseurs de faire le ménage et de lui restituer une projection parfaite. Il n'y avait plus de doute possible : Gorki balbutiait quelque chose. Un programme discriminant reconstitua les syllabes qu'il articulait. Cela ne prit que deux secondes : *deux mille cent quarante-neuf... deux mille cent quarante-neuf... deux mille cent quar...*

« L'indépendance ! s'exclama le vice-consul. L'année de l'indépendance de Titan ! 2149 !

— C'est... c'est le code que nous cherchons ? se risqua le pilote.

— Oui, le code de reconnaissance de votre enzyme ! Il doit se trouver quelque part, tournant en boucle dans le brouillard d'émissions des Investigateurs. En binaire, en alphanumérique ou en araméen, je n'en sais rien ! Mais c'est là, sous nos yeux.

— Ça paraît trop simple...

— C'est justement pour ça que nous n'y avons pas pensé et que nos ennemis ne risquent pas de s'y arrêter.

— Bien vu.

— Je pense que le biordi devrait pouvoir orienter sans problème nos traceurs sur cette source, intervint le logaquanticien du bord. Ça ne prendra que quelques minutes. »

***

L'équipage entourait Thor Makkinen, paralysé par la stupeur, leurs silhouettes nimbées d'une étrange lumière mauve. La nef glissait doucement, aspirée par un faisceau électromagnétique dans le ventre du *Titanian Imperium*. Ils ne sentirent aucun choc, ne perçurent aucun bruit. L'éclat diminua avant de disparaître. Une voix féminine, chaude et rassurante, emplit la cabine de l'astronef jovien :

« Bienvenue à bord ! Je suis Iamil, votre protectrice personnelle et collective. Je suis à votre disposition pour répondre à vos questions et vous guider à l'intérieur de votre nouveau refuge. Je vous invite à rejoindre l'équipage de l'*Imperium,* qui vous attend avec impatience. »

Les Joviens se regardèrent un moment, hésitant sur la conduite à suivre. Ils avaient beau être les nouveaux alliés de la République, ils n'étaient pas totalement rassurés de se retrouver ainsi dépendants de la garde astronavale titanienne. Leur nef était prisonnière d'un vaisseau d'une puissance incommensurable : ils n'avaient aucune chance de pouvoir le quitter sans l'autorisation de leurs hôtes.

« Allons, messieurs, lança le commodore à la cantonade. Personne n'a donc envie de voir à quoi ressemble cet appareil ? Moi, si ! Avec toutes les légendes qu'on raconte à son sujet… (Il invita d'un geste courtois Makkinen à passer devant lui.) Excellence, nous vous suivons. »

Le vice-consul s'était depuis longtemps préparé à ce qu'il allait découvrir à bord du Turtle, mais son imagination n'avait pas été à la mesure de ce qu'avaient réalisé les ingénieurs de Japhet.

L'astronef furtif ne ressemblait à rien de connu, ni par ses dimensions colossales, ni par la technologie qui avait présidé à sa construction. On était là à des années-lumière de ce qui se fabriquait dans les chantiers astronavals du Système. Les zones d'habitation, les couloirs de transit, les salles de contrôle, de repos ou de restauration, tout semblait coulé dans un même moule, en une seule et gigantesque structure dont on ne pouvait dire où elle commençait ni où elle se terminait. Aucun joint, aucune rupture n'étaient visibles sur les parois qui, bien qu'elles parussent faites d'une forme de plastacier familière, avaient néanmoins un aspect très particulier : des reflets de mercure, phosphorescents, apparaissaient ici ou là et couraient sur les sols, les voûtes des corridors et les diaphragmes métalliques qui servaient d'écoutilles. D'autres irisations bleutées pulsaient à intervalles réguliers, comme des veines chargées d'alimenter un organisme en fluide vital.

Thor effleura discrètement des doigts le mur circulaire qu'il longeait avec les Joviens, suivant les indications de Iamil. Le contact le surprit : c'était froid et légèrement humide, très doux, comme une peau de reptile.

Ce vaisseau est vivant…

« Vous êtes bientôt arrivés à la salle de commandement, messieurs, fit la voix de la jeune femme. Il ne vous reste plus qu'à franchir le sas de décontamination. Cela ne prendra que quelques secondes et vous ne vous rendrez compte de rien.

— Décontamination ? s'étonna le pilote jovien. Mais nous arrivons d'un environnement parfaitement aseptisé. De quelle sorte de parasites avez-vous donc peur ? Il ne s'agit que d'une machine…

— Bien sûr, répondit Iamil d'un ton indulgent, mais d'une machine qui peut tomber malade. Elle vous accepte en son sein, pour vous protéger : cela vaut bien un petit effort en retour… »

Surexcité, Makkinen ne put se retenir de poser la question qui le démangeait :

« Vous parlez de ce vaisseau comme d'une personne, comme s'il s'agissait d'un… *organisme.*

— Un cyberorganisme, pour être plus précise. Un assemblage moléculaire de divers métaux, de tissus et d'organes biologiques, contrôlé par une intelligence artificielle à mémoire infoluminique liquide…

— En l'occurrence, vous, *Iamil.* Votre nom est moins exotique qu'il n'en a l'air.

— Un vulgaire acronyme, certes, mais je ne suis pas programmée pour ressentir des états d'âme à ce sujet !

— Je n'en doute pas, sourit Makkinen qui, bizarrement, se trouvait plutôt rassuré de savoir qu'une intelligence non humaine gouvernait ce vaisseau. Vous laissez ces tracas à l'équipage.

— Exact. Ce qui me permet de me concentrer sur mes tâches, disons… *domestiques.*

— Et militaires, aussi ?

— Je préfère l'adjectif "opérationnel", Excellence, mais vous vous doutez bien qu'à ce stade, je ne fais qu'appliquer les décisions prises par le commandement de l'*Imperium.*

— Sans aucune latence ? fit mine de s'étonner le vice-consul. J'ai du mal à vous croire…

— Ne l'écoutez pas. Iamil n'en fait parfois qu'à sa tête ! »

L'officier de la Garde était apparu d'un seul coup, lorsque la membrane qui séparait le corridor d'accès du poste de pilotage s'était repliée sur elle-même. Thor Makkinen remarqua, sur sa combinaison de vol brillante comme de l'aluminium, les dizaines d'orifices minuscules qui en piquetaient la surface.

« Je suis l'amiral Sorvinssen, et je suis ravi de vous avoir enfin à mon bord, Excellence.

— Pas autant que moi, amiral, soupira Makkinen en lui tendant la main. Et je suis très heureux de vous rencontrer enfin directement ! Vous êtes le premier Titanien que je vois depuis des mois. C'est… c'est un soulagement.

— Heureusement que nos alliés ont pu vous venir en aide. (L'amiral salua l'équipage d'un coup raide de la tête.) Nous vous devons une fière chandelle ! »

Les Joviens rendirent le salut, mais avec retenue : malgré les circonstances, ils n'entendaient pas se placer *naturellement* sous son entière autorité. L'Alliance solaire démocratique entre leurs deux nations n'était jusqu'à présent rien d'autre qu'un vœu pieux, un élan désespéré d'enthousiasme patriotique qui n'avait pas permis d'éviter les désastres successifs. Même si les Joviens manifestaient aujourd'hui leur foi nouvelle dans ce pacte, leur méfiance quasi naturelle vis-à-vis de tout ce qui pouvait constituer une forme d'allégeance ou de dépendance n'avait pas disparu. Un paramètre que le vice-consul allait devoir prendre en compte. Heureusement, les mois passés auprès de Okashi, sur Io comme sur Europe, lui avaient permis de comprendre un peu mieux leur farouche mentalité .

« Messieurs, lança Sorvinssen d'une voix de stentor, suivez-moi dans le Cœur, le centre névralgique du *Titanian*. Nous avons quelques problèmes à régler… tous ensemble ! »

Le Cœur n'avait pas été baptisé ainsi par hasard. Énorme et parfaitement rond, l'habitacle baignait en permanence dans une douce lumière rouge qui s'intensifiait puis diminuait régulièrement ; un vague soupir était perceptible entre deux pulsations, et les parois vibraient sur le même rythme dans des chatoiements vif-argent. Aucun appareillage classique n'était discernable dans la salle : pas de postes de contrôle bio-informatique, pas de consoles ni de claviers individuels de communication, aucun moniteur holo ou à plasma. La centaine d'opérateurs, vaquait à ses occupations dans un calme et un silence impressionnants qui contrastaient avec l'effervescence habituelle des astronefs du Système. Vêtus de la même combinaison que leur chef, où n'apparaissait aucune distinction de grades ou de fonctions, ils flottaient sur d'invisibles coussins gravifiques, reliés par des câbles de fibres optiques à l'unité centrale : une bulle de cristal de plus de vingt mètres de diamètre posée sur son champ de stase, parfaitement immobile. Son écran sphérique délivrait les flots de données nécessaires au pilotage et à la maintenance du vaisseau : images, diagrammes, fonctions, courbes, lignes de codes énigmatiques…

« Alors, monsieur le vice-consul, qu'en pensez-vous ? demanda Sorvinssen d'un ton bravache. Impressionnant, n'est-ce pas ?

— Je ne sais pas quoi dire. Les prouesses de cette machine m'avaient déjà impressionné lorsque vous nous aviez conviés à cette démonstration au large de Saturne, avec le Premier consul, mais j'étais loin d'imaginer ce qui se cachait derrière.

— Peut-on justement savoir ce qui se *cache* derrière tout ça ? s'enquit le commodore jovien, soudain curieux.

— Je ne comprends pas.

— Voyons, amiral, nous sommes tous deux des militaires, formés aux mêmes technologies spatiales, à quelques différences près. Ceci… (Le Jovien désigna le Cœur d'un geste agacé.) Ceci n'a rien d'ordinaire.

— Il s'agit d'un vaisseau furtif, d'un nouveau genre.

— Nous sommes bien d'accord sur ce point, et… la Loge aussi, visiblement ! »

L'allusion du pilote figea l'atmosphère. Chacun connaissait ici la part de responsabilité des Titaniens – du moins des ingénieurs de Japhet – dans le déclenchement des hostilités : sans la construction illégale des Turtles, rien ne serait sans doute arrivé, du moins pas de manière aussi brutale, ni dramatique. Mais était-il besoin de le rappeler ici et maintenant ? Aux mines défaites de ses alliés, le Jovien comprit qu'il avait mal formulé sa pensée :

« Excellence, amiral, loin de moi l'idée de vous provoquer, mais je ne me sens pas à l'aise à l'intérieur de cette… machine. Et ça n'a rien à voir avec ses capacités furtives ou ses armements. Quelque chose me perturbe, que je ne peux pas exprimer, comme si ce qui nous entourait n'était pas d'origine exclusivement *humaine.* »

Sorvinssen eut un hoquet bizarre et se mit à fixer l'extrémité de ses bottes, également en aluminium. Makkinen regarda encore une fois autour de lui, détaillant ce qu'il voyait. Quelque chose le dérangeait, lui aussi.

« Amiral, demanda-t-il d'une voix sourde, je vais vous poser une seule question, très simple et directe. J'aimerais que vous y répondiez de la même façon.

— Je vous écoute, Excellence, murmura l'officier.

— Lorsque nous avons assisté aux premières manœuvres de cet astronef, en décembre, vous nous avez longuement décrit les capacités techniques de ce vaisseau. Nous avons pu voir en direct de quelles prouesses il était capable. Mais… vous êtes resté très évasif à propos de ses systèmes de fonctionnement, et pas seulement du générateur de furtivité. Ses sources d'énergie, sa propulsion transgémellaire, son étrange capacité à se diviser en sous-unités de combat, et j'en passe. Amiral… Oui ou non, connaissez-vous l'origine des technologies utilisées par Japhet pour construire les Turtles ? »

L'officier se racla la gorge. Il ne quittait pas le ministre des yeux, hésitant entre sa loyauté – qui lui commandait de répondre au seul titulaire de l'autorité gouvernementale titanienne encore libre et en vie – et son devoir de réserve, qui l'empêchait de révéler des secrets importants communiqués par l'Astronavale. Il y avait de toute façon trop de monde pour des explications détaillées.

« Excellence, je dois vous entretenir de certaines choses, en privé. Je… (Il s'inclina devant les Joviens.) J'en suis désolé pour nos amis, vraiment, mais je suis tenu par le sceau du secret militaire.

— Nous comprenons, amiral, répondit le commodore du tac au tac. J'agirais de la même manière si j'étais à votre place.

— Merci. (Il se retourna vers le vice-consul.) Si vous voulez me suivre ?

— Volontiers. »

L'officier s'approcha de la paroi circulaire du Cœur, qui s'ouvrit devant lui comme par enchantement alors qu'aucune marque ne laissait supposer qu'un passage existait à cet endroit. Il s'engouffra dans l'ouverture, imité par Thor Makkinen. Tandis que la cloison se refermait comme une peau en cicatrisation accélérée, une alarme retentit dans la salle. L'un des techniciens fut secoué de violents spasmes, aussi spectaculaires que brefs, puis une image se matérialisa sur la surface sphéroïdale du Cœur, superposée aux autres données : la silhouette, massive et inquiétante, d'un cuirassier martien et de ses escorteurs.

***

« Maintenant, vous savez. »

Pendant les trois heures qu'avait duré son monologue, Sorvinssen était resté très calme, les mains posées sur le dessus de son bureau d'acier, seul mobilier de sa cabine de facture conventionnelle. Pour le reste, le décor était identique à celui du vaisseau : étrange et rassurant à la fois. Le vice-consul n'avait pas bronché, se contentant d'enregistrer les révélations stupéfiantes pour pouvoir y revenir plus tard, lorsqu'il aurait retrouvé sa sérénité. Si jamais son crâne n'explosait pas avant.

Gorki... Pourvoyeur d'une technologie étrangère... extra-terrestre *! C'est incroyable. Les implications...*

« Vous allez bien, Excellence ? »

Makkinen sursauta. Est-ce qu'il allait bien ? C'était difficile à dire... Il venait d'apprendre la nouvelle attendue par l'humanité depuis qu'elle était capable de raisonner et de se projeter, au moins mentalement, dans l'univers. Un officier de l'Astronavale, un soldat de la République, *sa* république, venait de lui avouer sans ambages qu'ils voyageaient à bord d'un vaisseau spatial conçu selon des plans et avec des matériaux fournis par une race extraterrestre avec laquelle le sénateur Gorki – et d'autres ! – entretenait des contacts réguliers et fructueux. Et on osait lui demander s'il allait bien ?

« Qui est au courant de cette histoire ? rugit-il. Au gouvernement ? Parmi la Garde ? Qui a pu laisser faire ça sans rien dire au Premier consul ?

— Le Premier consul devait être protégé, monsieur, répondit d'un ton sec l'amiral.

— Mais de quoi ?

— En cas d'enquête approfondie des Investigateurs, il ne fallait pas qu'on puisse remonter jusqu'à lui, ni jusqu'à aucun membre du Directoire. Nous pensions... nous pensions que l'ignorance était la meilleure défense.

— Parlons-en, de cette enquête ! Il n'y en a même pas eu. Quant à notre défense... Ils nous ont fait taire à coup de bombes et de missiles ! C'est comme s'ils avaient voulu…

— Effacer toutes les preuves, Excellence. »

Thor Makkinen stoppa net ses vociférations. Sorvinssen venait de répondre à la question qui le hantait depuis qu'il avait appris la destruction de Japhet et la chute de Méthania. De l'autre côté du bureau, l'air grave, l'officier insistait, hochant lentement la tête.

« Par tous les anneaux ! Ce que je dois comprendre… La Loge s'est dépêchée de voter une condamnation et de détruire nos chantiers pour cacher cette information ?

— Ils se moquaient des vaisseaux furtifs, dit enfin l'amiral. Je n'en suis pas sûr à cent pour cent, mais je pense que les juges – du moins les mieux informés d'entre eux – avaient peur de quelque chose, de quelque chose de bien plus inquiétant que les Turtles.

— La révélation d'un contact avec une autre civilisation ?

— Peut-être, mais pas seulement.

— Je ne vous suis pas.

— Je crois que Charon est derrière tout ça.

— Charon ! Mars ! La Terre ! Bien sûr, ils ont tous voulu notre peau, s'énerva Makkinen. Mais pourquoi la Ligue plus que les autres ? Les armateurs sont des magouilleurs de premier ordre, je vous le concède, mais je ne vois pas quel intérêt particulier…

— Les nodales, excellence, la technologie TGM et… le *Quantex*. (Makkinen écarquilla les yeux autant qu'il lui était possible.)

— Le… le Quantex ? Qu'est-ce que ça vient faire là-dedans ?

— Les avaries qu'il a subies, le black-out, tout est lié, j'en suis persuadé.

— Lié… à vos extraterrestres ?

— Pas à eux, non, souffla Sorvinssen, dubitatif, enfin pas directement. Excellence ! Ce que je vous dis maintenant relève de ma seule spéculation personnelle, de conclusions provisoires que j'ai tirées des éléments que je connais. Je n'ai pas de preuves. Je crois…

— Allez-y, l'encouragea le ministre.

— Je crois que les armateurs ont fait pression sur la Loge, par le biais de Mars et des Terriens, pour obtenir la destruction de Japhet.

— Alors, c'est une simple vengeance. Après tout, l'un de vos foutus Turtles a bien détruit leurs convois, et son escorte rouge par-dessus le marché !

— Je vous l'accorde, mais qui, Excellence, *qui* a détruit plusieurs de leurs nefs TGM ces derniers mois ? Celle de l'héritier Shamen-Artal dans le système centaurien, par exemple ? Qui a pu bouleverser les communications quantiques au point de les paralyser ? Et qui a fait exploser la Troisième nodale alors que rien n'aurait dû pouvoir empêcher son ouverture ?

— Vous allez un peu vite en besogne, amiral. Les nodales ne sont pas ce que j'appellerais fiables, pas totalement en tout cas. Mais admettons… Ce que vous voulez me faire croire, c'est que la Ligue des armateurs solaires, affolée par des événements d'origine inconnue qu'elle aurait cru bon de relier aux secrets de Japhet, aurait poussé les juges de Solaris à nous condamner ? Et le CIS à désintégrer les chantiers, Encelade, et à livrer Titan aux Martiens ? En manipulant tout le monde ?

— C'est tout à fait plausible, même si je vous accorde que les autres factions ennemies n'avaient pas besoin qu'on les pousse beaucoup pour accepter.

— C'est le moins que l'on puisse dire.

— Qu'est-ce qui vous dérange le plus, Excellence ?

— Pardon ?

— Je veux dire : dans ce que vous venez d'apprendre… La possibilité d'une manipulation astropolitique sans précédent, ou bien l'idée qu'une espèce extraterrestre soit entrée en contact avec l'humanité ? D'après ce que j'en sais, cela remonterait à plusieurs siècles, peut-être des millénaires. Des apports de technologies auraient déjà eu lieu dans le passé : les premiers transistors, la miniaturisation électronique, la fusion nucléaire contrôlée, les nanotechnologies, la propulsion transgémellaire justement, et peut-être aussi les communications quantiques… De nombreuses sources d'observation concordent, les apparitions d'ovnis, les rencontres directes, les accélérations foudroyantes et souvent inexpliquées de la recherche…

— Amiral, lâcha Makkinen dans une sorte de rire bizarre, l'idée, je veux bien l'admettre. La découverte d'un monde habitable dans Centauri, les formes de vie primitive d'Europe, les traces de bactéries et de fossiles martiens, les acides aminés et les chaînes polycarbonées découvertes dans l'atmosphère titanienne… Le fait que la vie existe ailleurs que sur la Terre, cela ne me surprend pas. Et qu'une autre civilisation que la nôtre nous ait visités à plusieurs reprises, je peux en envisager la possibilité. Mais ce qui me dérange au plus haut point, c'est que des citoyens de la République, parmi les plus éminents et les plus intelligents, ont pu vouloir taire cette nouvelle fantastique ! C'est… c'est une insulte à l'encontre de l'humanité tout entière ! »

Sorvinssen eut une quinte de toux. Il ne cherchait pas à masquer son embarras. Il se pencha en avant pour se rapprocher du vice-consul, le dépassant d'une tête, soudain très impressionnant.

« Monsieur, avec tout le respect que je vous dois, je ne suis pas certain qu'il faille révéler quoi que ce soit à l'humanité. Je suis même persuadé du contraire.

— Comment cela ?

— Des… *accords* ont été passés, qui nous lient, nous, les Titaniens, avec nos bienfaiteurs.

— Nos bienfaiteurs ? glapit Makkinen. Après les massacres que vient de subir notre peuple, après l'occupation de notre planète, vous osez les appeler nos bienfaiteurs ?

— Ils ne sont pour rien dans ce qui nous arrive, Excellence.

— Ça n'est pas ce que j'ai cru comprendre en vous écoutant, amiral Sorvinssen ! Les représailles fomentées par la Ligue sont la conséquence directe, selon vous, des accords que vous évoquez.

— En quelque sorte.

— En quelque sorte ? Alors rappelez-vous que des centaines de milliers de nos concitoyens sont aujourd'hui morts ou privés de liberté… Le Premier consul lui-même s'est suicidé, pour échapper à la honte de la défaite.

— Je… je l'ignorais, monsieur, se renfrogna l'officier.

— Ah ! Parce que vos merveilleux amis ne vous ont pas tenu au courant ?

— Je ne suis pas en contact avec eux.

— Non, mais vous baignez vingt-quatre heures sur vingt-quatre dans leur environnement. Ne me dites pas qu'avec leur avance scientifique, ils n'ont pas trouvé le moyen de construire un système de communication suffisamment puissant pour traverser le champ d'énergie noire qui rend ce vaisseau invisible !

— Je… je crois que non.

— Vous *croyez* ? vociféra Makkinen. Vous commandez un astronef d'une technologie étrangère et vous ne savez même pas comment il fonctionne, je me trompe ?

— …

— Êtes-vous seulement sûr d'en avoir la maîtrise ? Ou bien est-ce votre chère Iamil qui mène la danse pour le compte de ses créateurs ? »

L'officier se redressa sur son fauteuil, l'air bien plus préoccupé qu'il n'aurait voulu le laisser paraître. Les accusations du ministre l'avaient touché au cœur et son enthousiasme en avait pris un coup. S'était-il laissé abuser par les assurances réitérées de Gorki et des ingénieurs de Japhet ? Était-il l'objet d'une manipulation qui surpassait ses capacités d'analyse ? Ou bien devait-il continuer à placer sa confiance, aveugle, dans une machine dont il n'avait jamais tout à fait appréhendé le mode de fonctionnement, et dont seule l'intelligence artificielle le garantissait contre tout problème ?

« Excellence, je ne sais pas quoi vous répondre, soupira-t-il, sincèrement désolé. Je… je n'ai pas les informations nécessaires pour tirer une conclusion fiable. Ce que je peux dire, en revanche, c'est que, jusqu'à présent, nous n'avons jamais pris Iamil en défaut. L'*Imperium* fonctionne à merveille et répond à nos attentes. Vu la situation dramatique dans laquelle nous nous trouvons, je crois que nous n'avons pas d'autre choix que de profiter de cette arme mise à notre disposition. Et de ses trois autres petites sœurs éparpillées dans le Système.

— En effet, nos options sont assez réduites, acquiesça Makkinen à contrecœur. J'espère seulement que nous n'aurons pas à regretter ce choix. Je déteste avoir les mains liées… surtout lorsque je ne sais pas qui me les a attachées.

— Je comprends, monsieur, mais n'est-ce pas là le drame de nos existences humaines ? Ne jamais savoir ce qui nous lie ? Le libre arbitre ou la fatalité ?

— Je vous promets d'y réfléchir dès que tout ceci sera terminé, répliqua le vice-consul, très acerbe. Si jamais nous en sortons vivants ! »

Une alarme retentit soudain, emplissant l'appartement de Sorvinssen. Celui-ci ferma les yeux quelques secondes.

Le hululement s'arrêta net. Puis il fixa de nouveau le ministre.

« Excellence, je ne sais s'il faut y voir une preuve de notre soumission à des forces qui nous dépassent, ou bien le signe de notre liberté retrouvée…

— Allez-y.

— Le *Titanus Rex*, le deuxième vaisseau de notre flotte furtive, vient de nous faire parvenir un message depuis le nuage de Oort, expliqua l'amiral, un mince sourire aux lèvres. Nous l'avons reçu en même temps que le vôtre, pendant nos heures de maintenance, et il nous a fallu pas mal de temps pour le déchiffrer. Il s'est porté, il y a une dizaine de jours, au secours d'une flottille de la Flibuste menacée par les Investigateurs. Deux destroyers du CIS et leurs chasseurs ont été détruits !

— Voilà qui a le mérite d'être clair, souffla Thor Makkinen. Cette opération nous range définitivement dans le camp des hors-la-loi…

— N'est-ce pas ce que nous sommes devenus, depuis les arrêts de la Loge ?

— Seulement si l'on accepte l'iniquité de ces décisions. Or, je pense que la force du droit reste de notre côté, parce que nous n'avons pas renoncé à ce qui fait notre âme et notre fierté de Titaniens : ne jamais plier. Après tout, nous ne faisons que nous défendre !

— Excellence, nous sommes au moins d'accord sur ce point. Que désirez-vous que nous fassions, maintenant ? Contre-attaquer ? »

Le vice-consul réfléchit un moment, soupesant les différentes possibilités qui s'offraient. Il mourait d'envie de passer à l'action, c'était certain. Mais les conseils de prudence et de retenue de Okashi résonnaient toujours dans son esprit. Il était trop tôt. Il leur fallait réunir plus de forces.

« Amiral…

— Monsieur ?

— Vous avez mentionné tout à l'heure les trois autres *petites sœurs* de cette machine. Nous venons d'en retrouver une, si je vous ai bien compris.

— C'est exact.

— Savez-vous où se trouvent les deux dernières ? »

Le militaire hésita, avant de lâcher dans un souffle :

« L'une d'elle est encore dans le Système, nous en sommes

à peu près sûrs. Je pense d'ailleurs que nous ne devrions pas tarder à recevoir de ses nouvelles, peut-être lors de notre prochaine opération de maintenance. Quant à l'autre…

— Oui ?

— Il y a de fortes probabilités pour qu'elle soit partie vers Centauri après avoir attaqué le convoi de la Ligue.

— Mais comment ? s'étonna Makkinen. Comment un engin de cette taille aurait-il pu franchir la nodale sans que personne ne l'arrête ? Même en mode furtif, c'est impensable ! »

Le visage de l'amiral s'empourpra. Il n'avait pas tout divulgué. Au point où il en était, il décida que cela n'avait plus d'importance.

« En plus de son réacteur TGM, ce Turtle est équipé de son propre générateur de nodale…

— Quoi ? Vous voulez dire qu'il peut…

— S'accrocher au Ver sans utiliser de porte particulière ; oui, depuis n'importe quel point de l'espace-temps. »

13

« Un des plus frappants stigmates de désagrégation est l'apparition d'un phénomène à l'avant-dernière phase du déclin et de la chute : quand une civilisation se décompose, elle s'octroie un sursis en se soumettant à l'unification politique forcée, sous la forme d'un État universel. »

Arnold J. TOYNBEE, *Study of History*, Terre (années 1934-1961, CS).
In CEG Histoire des Idées, « Civilisations », Catalogue alpha ter, Article 2003677, Omnibibliothèque du Quantex.

Fédération des États martiens, Olympus City, 12 août 2940, CS.

À cent kilomètres du palais, le vaisseau diplomatique de la Ligue s'était posé sur le spatioport de Beagle II dans une gerbe de poussière rouge. L'ombre du mont Olympus pesait sur la base militaire martienne. Les projecteurs à plasma d'ions fonctionnaient jour et nuit, à n'importe quelle saison. Ménalem Ghobal n'était pas vraiment perturbé par l'austérité de l'environnement: il était habitué à vivre dans la perpétuelle lumière artificielle des habitats de Charon, creusés et aménagés dans les anfractuosités du petit astre désolé. La zone militaire dans laquelle il se trouvait maintenant ne l'impressionnait guère. Le Premier magnat, lui, éprouvait plus de difficultés à s'accommoder de cette aridité et de cette noirceur, car il possédait sur la planète centrale des armateurs de vastes et somptueux appartements de fonction; son statut l'amenait souvent à voyager à travers le système et à passer le plus clair de son temps sur les mondes les plus hospitaliers de la Confédération, un privilège que ses pairs ne laissaient pas de critiquer, ni de jalouser.

« Je connais des régions de Mars beaucoup plus agréables », fit-il remarquer au secrétaire qui l'avait rejoint et trottinait à côté de lui sur ses jambes torves, en direction du salon de réception de la base.

Une double haie de commandos Zéro en tenue d'apparat les encadrait. Les coups lourds et parfaitement réguliers de leurs bottes frappant le plastacier du tarmac résonnaient dans le crépuscule.

« Charmant accueil, maugréa Ghobal. Très significatif.

— Vous pensiez que Safaris allait se déplacer en personne?

— Non, Votre Prospérité. (Le nain secoua plusieurs fois sa tête informe, sur laquelle la lumière des projecteurs se réfléchissait comme dans un miroir.) Mais les Temps Zéro ne sont d'habitude pas employés pour ce genre de mission protocolaire.

— Ça signifie peut-être qu'ils ont décidé de manifester une plus grande déférence à notre égard.

— Ou une plus grande défiance... »

Kareem XII ravala sa salive. Les sous-entendus permanents du Plutonien l'épuisaient. Il l'avait rejoint sur sa navette depuis seulement deux semaines, après avoir quitté Solaris, mais le leader astrocapitaliste regrettait déjà les conversations au coin du feu avec ses pairs ambassadeurs, dans les appartements du Grand président de la Loge. Autre chose que les sempiternelles querelles commerciales qu'il fallait trancher entre tel et tel magnat, les prêts à consentir, les ristournes qu'il fallait quémander. On parlait au contraire de l'avenir du Système, du destin de la race humaine. Ce Ghobal n'avait cessé de l'abrutir de statistiques et de projections alarmistes ! La Ligue était sur le point d'imploser, prédisait-il ; les armateurs étaient au bord du gouffre !

L'argent ! Ils ne songent qu'à l'argent !

Le Premier magnat lui-même n'y était pas indifférent. Il avait fait en sorte de ne jamais en manquer, ni du luxe ni du superflu qui allaient avec. L'alliance qu'il allait bientôt proclamer entre son héritière et le jeune Stanford augmenterait de manière spectaculaire les richesses de son conglomérat. Et donc sa puissance. Dans ces conditions, il était plus facile de se placer au-dessus des contingences bassement matérielles et de mépriser ceux qui ne parvenaient pas à s'en défaire, comme le secrétaire du Cartel.

« Au fait, Votre Prospérité, fit ce dernier de sa voix éraillée, où en sont les négociations concernant le passage des Immortels vers Centauri ? »

Surpris, Shamen-Artal posa ses gros yeux jaunes sur le ministre. Il crut un instant voir les couleurs de son maquillage se refléter sur la peau diaphane. Il renifla.

« Vous avez reçu toutes les données, mon cher. Qu'attendez-vous de plus ?

— Oh, simplement quelques précisions sur le prix que vous avez fixé pour le Psychogon et le Génégon.

— Mais enfin ! s'énerva l'armateur. Vous m'avez dit vous-même avant-hier que les administrateurs de la Commission travaillaient jour et nuit pour établir les contrats et déterminer quelles procédures financières nous allions appliquer. Ce n'est pas à moi de fixer les tarifs. Je ne suis pas un épicier. De quoi voulez-vous parler ?

— D'assurances… »

Kareem XII s'arrêta net. Les bourrelets de son ventre et de ses bras continuèrent leur translation dans la faible gravité martienne. Il remua sur lui-même pour rassembler ce qui lui appartenait sous sa robe d'apparat. Les gardes T-zéro s'étaient immobilisés d'un seul bloc.

« Quelles assurances ? Les primes font partie intégrante de nos conventions financières. Vos spécialistes devraient s'en occuper, comme du reste. Je ne vois pas pourquoi vous m'entretenez de ces...

— Je ne parle pas de ces assurances-là, susurra le gnome. (Sa bouche sans lèvres remuait à peine. Les globes de ses yeux luisaient d'une humeur glauque.) Je parle... de celles que vous avez prises pour vous-même. Et peut-être pour vos descendants... »

Le Premier magnat ne respirait plus. Ce nain avait-il flairé quelque chose ? Officiellement, la Ligue avait monnayé au prix fort l'utilisation des nodales : l'ambassadeur terrien auprès du Tribunal, Rujio Atanaka, n'avait pu que s'incliner et accepter – en plus du règlement financier du transfert – de renoncer à toute souveraineté sur la Terre. Les armateurs étaient donc libres d'y établir des bases industrielles et commerciales et d'en exploiter les immenses ressources. Mais en sous-main, Shamen-Artal avait également obtenu de ses alliés martiens l'autorisation de transférer son conglomérat sur la planète mère et d'y fonder, s'il le souhaitait, une nouvelle dynastie avec sa fille bâtarde et son époux. En échange, il s'était engagé à fermer les yeux sur les dérives militaristes de la Loge, notamment sur le recours systématique aux armées rouges pour rétablir l'ordre dans le Système-Uni ; et ce précédent risquait de heurter de plein fouet la susceptibilité des métactionnaires du Cartel à propos de leur indépendance. Si Mars devenait le bras vengeur de la Loge au détriment des Investigateurs, la Ligue – démilitarisée depuis des siècles, mais protégée par les traités successifs – avait à craindre, un jour ou l'autre, de tomber sous la coupe de Safaris sans que personne ne puisse rien y redire. Les guerres des armateurs avaient laissé des traces.

« Mais laissons là ces questions, lâcha Ghobal, magnanime. Nous aurons le temps d'y revenir plus tard. Votre Prospérité est sans doute impatiente de rejoindre notre consulat pour y prendre du repos avant la longue journée qui s'annonce, demain... Une navette nous attend. Les tubes à vide du réseau martien ont été spécialement réservés pour les différentes délégations. Délicate attention, n'est-ce pas ? »

Shamen-Artal encaissa ce nouveau camouflet sans broncher et approuva d'un mouvement raide de la tête. Ils reprirent leur marche, toujours encadrés par les gardes. Sa chaîne auriculo-labiale lui caressait la joue, mais bizarrement, le Premier magnat en trouvait le contact désagréable et agaçant ; ce corps étranger n'était après tout qu'un ornement, un symbole de son rang, peut-être pas nécessairement de son pouvoir. En avait-il d'ailleurs jamais possédé un sur cet agglomérat d'intérêts contradictoire qu'était la Ligue ?

Aux pieds du Premier magnat, le Plutonien se dandinait, poussant des grognements sous l'effort. Son visage blafard et difforme affichait une expression proche de la jubilation.

***

Sagoshan Soa se retint avec peine de ne pas envoyer promener les gardes qui osaient lui réclamer ses codes d'accréditation. Il les leur télétransmit d'un battement de paupière, mais la vérification prit plus d'une demi-heure, et il dut attendre que la délégation du CIS soit identifiée pour franchir à son tour le portique de sécurité. Il regrettait déjà de s'être résigné à endosser son uniforme de cérémonie : cela n'avait pas empêché les Martiens de lui faire subir cette humiliation.

Laissons-les à leurs jeux, se rasséréna-t-il. *Je n'ai pas besoin de leurs courbettes pour savoir quelle est ma place.*

Le Premier inquisiteur pénétra avec sa suite dans le tunnel d'accès à l'esplanade où se tenait le congrès. Le gouvernement fédéral avait choisi d'organiser ce simulacre de négociations interplanétaires dans l'enceinte même du palais présidentiel, un gage de *neutralité* qui en disait long sur le mépris avec lequel Safaris et ses sbires considéraient leurs homologues du Système.

Le corridor spécialement aménagé était large de près de trente mètres, et d'une longueur interminable, mais la foule confuse et bruyante qui se pressait entre ses hautes parois de marbre était si nombreuse qu'on progressait avec peine. Des policiers tentaient de maintenir un semblant d'ordre. Tout ce que le Système-Uni comptait de hauts fonctionnaires, d'ambassadeurs, d'officiers supérieurs, de dignitaires religieux et astrocapitalistes était là, représentant la plupart des nations et des institutions solaires, y compris celles qui n'existaient déjà plus, ou qui avaient été soumises. Ainsi, à quelques pas des Investigateurs, des diplomates sélénites participaient à une conversation très agitée avec trois de leurs homologues titaniens, tandis que derrière eux, des membres de l'UECA suivaient avec intérêt leurs débats.

« Une véritable basse-cour, ricana l'Investigateur général de la 8e légion. Ils ne savent plus où ils en sont !

— Nous non plus, je le crains, maugréa Sagoshan.

— Que voulez-vous dire, monsieur ? (L'officier jouait des coudes pour se maintenir à hauteur de son supérieur. Un chariot anti-g le heurta de plein fouet dans les reins. Il réprima une bordée d'injures lorsqu'il aperçut la toge pourpre d'un membre de la Loge perché dans son harnais de sustentation, à plus de trois mètres du sol. Indifférent, le vieil édile maintenait son allure.) Ils… ils ont perdu leurs mondes, leurs institutions.

— Et nous, nos illusions…

— Je ne vous comprends pas », répondit l'Investigateur, méfiant.

Le Premier fit un geste de la main pour signifier que la discussion était close. Ses subordonnés n'étaient pas assez mûrs pour qu'il les entraîne sur le terrain qu'il défrichait en secret depuis plusieurs semaines. C'était beaucoup trop dangereux. Et il ne savait même pas s'il pourrait trouver des alliés quand le moment viendrait.

Malgré la cohue, la délégation parvint assez rapidement aux emplacements qui lui avaient été réservés par le protocole. Les gens s'écartaient sur leur passage, comme s'ils avaient craint de subir leur colère. Sagoshan constatait avec plaisir que l'aura légendaire du CIS était intacte, du moins auprès de ceux qui ne se posaient pas de questions astropolitiques trop compliquées. Il s'installa dans son fauteuil sans en rajouter. Les regards de l'assistance étaient braqués sur ses généraux : leurs tenues bleu et incarnat, leurs casques de chrome étincelant, leurs longs manteaux d'ours polaire d'où dépassaient des sabres enchâssés dans leurs fourreaux de laque noire. Autour de sa taille, il réajusta son écharpe d'hermine.

Juste en dessous de l'estrade où ils avaient pris place, les différents corps de l'armée martienne se pressaient, innombrables, un chatoiement d'uniformes et de bannières que le Premier inquisiteur avait les plus grandes peines à identifier.

Et pour cause : la plupart des symboles et des armoiries avaient été spécialement créés pour l'événement. S'il parvenait à reconnaître, ici ou là, des éléments plus familiers – les logos des États membres de la Fédération, l'œil sombre de l'Agence de sécurité planétaire – Sagoshan était désorienté. Que révélaient ces surprenants blasons sinon une orientation nouvelle des institutions de la planète rouge, plus archaïque, peut-être d'inspiration féodale ou dynastique, dans tous les cas de moins en moins démocratique ? Cette constatation ne faisait que confirmer ses craintes, alimentées par les échos renvoyés depuis des décades par les espions d'Oberon : Safaris étendait son pouvoir à chaque strate de la société. Profitant du désordre qui régnait dans la plupart des régions – et qu'il semblait parfois entretenir, il installait sa dictature, la parant des formes les plus légales, et dont les diverses forces militaires et policières présentes étaient les fers de lances.

De la part d'un ancien directeur de l'ASP, on ne pouvait s'attendre à autre chose, songea l'inquisiteur. *Mais ce qu'il fait sur Mars ne sera pas forcément transposable au reste du Système.*

Perdu dans ses pensées, Soa n'entendit pas qu'on l'appelait. Le chef de la 8e légion lui secoua l'épaule avec précaution.

« Monsieur, je vous prie de m'excuser, mais quelqu'un demande à vous parler.

— Qui ?

— Un officier martien. Il… il ne s'est pas présenté.

— Qu'il demande une audience officielle auprès du greffier de la Loge ! Personne ne peut s'adresser à un membre du Corps sans avis exprès des juges. Il pourra ensuite se rendre sur Oberon où je le recevrai, si Solaris m'y autorise.

— Je lui ai dit tout cela, monsieur, répondit le général, la voix enrouée, mais il insiste. Il prétend que c'est une affaire urgente. »

Sagoshan Soa tourna la tête dans la direction indiquée par son subordonné : un militaire de très haute taille lui adressa un signe bref, un commandant, apparemment. Il avait l'air déterminé. L'instinct de l'inquisiteur lui recommandait d'être prudent, mais la curiosité était plus forte. Il lui fallait cependant donner le change.

« Je vais aller le voir et lui expliquer moi-même nos procédures. Il sera bien forcé de comprendre !

— Désirez-vous que je vienne avec vous, monsieur ? proposa l'Investigateur général en caressant le pommeau de son sabre.

— Non, restez ici, lui ordonna Soa d'un ton un peu trop bienveillant. Il n'est pas nécessaire d'attirer davantage l'attention sur nous. Ça ne prendra que quelques minutes !

— À votre disposition, monsieur. »

Une déflagration de cuivres et de tambours retentit soudain à travers l'esplanade du congrès, marquant l'ouverture de la cérémonie. Sagoshan en profita pour se lever et rejoindre une allée perpendiculaire au tunnel. En quelques pas rapides, il se retrouva face au Martien. L'homme s'était déjà placé au garde-à-vous et le salua réglementairement, sans déférence excessive.

« Commandant Effkalis, directeur de l'Académie des marines de Deimos. À votre disposition, monsieur le Premier inquisiteur.

— Repos, commandant, marmonna Soa entre ses dents serrées. Je n'ai que très peu de temps à vous accorder. Tout ça n'est pas très… régulier !

— Vous vous doutez bien, monsieur, que je n'aurais pas eu l'audace de vous déranger pour des broutilles. Mais je n'avais aucune chance de pouvoir m'entretenir avec vous en suivant la procédure officielle. Et puis, il y a tellement de monde que j'ai pensé… »

L'inquisiteur le prit par le bras et le tira sans ménagement dans un renfoncement du mur, à l'entrée du souterrain. Ils n'étaient plus visibles depuis l'estrade réservée au Corps.

« Au fait, commandant, au fait !

— Voilà. (Effkalis retint son souffle.) J'ai appris que vous dirigiez en personne les opérations de contrôle et de démantèlement des chantiers illégaux de Japhet, ainsi que l'occupation de Titan et de ses satellites.

— Ça n'est pas ce que j'appellerais un scoop.

— Non, monsieur, mais cela montre l'importance particulière que le Corps attache à cette mission. Je ne me trompe pas, n'est-ce pas ? (Sagoshan ne broncha pas, se contentant de fixer d'un regard dur son interlocuteur. Le commandant toussa, visiblement nerveux, regarda plusieurs fois autour d'eux. Sa voix baissa d'un ton.) Il se trouve que j'aurais dû, normalement, faire partie du corps expéditionnaire des marines qui vous a rejoint là-bas.

L'amiral Aikon m'avait proposé d'être son second, de commander avec lui la plus grande flotte jamais mobilisée par la Fédération… »

Aikon…

L'inquisiteur sentit son intérêt s'éveiller. Il humecta ses lèvres et hocha la tête plusieurs fois, lentement, afin d'encourager Effkalis à poursuivre.

« J'ai refusé cet honneur exceptionnel.

— Pourquoi ? »

La question était simple, mais le Martien fut soulagé qu'elle soit posée.

« Je ne voulais pas cautionner des décisions ni des agissements contraires aux principes qui m'ont été inculqués ! »

Sagoshan n'était pas surpris. Il se demandait simplement pourquoi ce genre de réaction n'était pas apparu plus tôt au sein de l'élite militaire martienne. Il lui fallait cependant se garder de toute précipitation, des manipulations étaient possibles. Il ne devait pas se dévoiler.

« Commandant Effkalis, demanda-t-il sur un ton cinglant, qui vous dit que de tels agissements existent au sein de vos armées qui, je vous le rappelle, sont placées sous mon autorité directe dans les cadrans titaniens ? Vos accusations sont extrêmement graves ! Elles attentent à l'honneur de votre état-major, mais aussi à celui des Investigateurs. Pouvez-vous imaginer un seul instant que je puisse entendre de telles sottises sans réagir ? Les injures contre le CIS, même indirectes, constituent un crime confédéral, que la Charte solaire punit lourdement. Un militaire de haut rang, aussi avisé que vous semblez l'être, ne peut négliger cela… »

Comme il l'avait espéré, la réaction de Jon Effkalis fut sans équivoque :

« Je ne l'ai pas négligée, monsieur, au contraire. J'ai longuement soupesé les conséquences de ma démarche avant de l'entreprendre ! Je sais ce qui se passe sur Titan, les crimes que nos soldats sont en train de commettre. Je sais aussi que leur chef, Aikon Alydéris, n'est motivé que par son seul désir de vengeance, par la haine qui l'aveugle et l'abrutit. Je sais enfin qu'il obéit à des ordres reçus directement d'Olympus et qui violent l'esprit et la lettre du serment d'Humanité que nous avons tous prêté sur la Constitution. Je suis aujourd'hui devant vous pour faire passer ce message : des militaires martiens, de tous rangs, de toutes armes, n'acceptent plus que leur honneur soit sali, ni celui de leur nation et de leur gouvernement. Ils refusent de renier leur serment ! »

Le Martien reprit son souffle. Soa ne voulut pas l'interrompre : il savait qu'il n'avait pas terminé. Ses traits étaient creusés par la peine, l'inquiétude, mais aussi la détermination.

« Quitte à en payer le prix, nous sommes prêts à tout mettre en œuvre pour que l'ordre des choses soit rétabli, l'ordre légal, avant qu'il ne soit trop tard. Ce qui s'est produit sur cette planète est en train de se répéter dans le Système. C'est pour ça que nous avons été convoqués ici, aujourd'hui, dans ce cirque grotesque : pour cautionner une imposture ! Et je ne peux croire qu'un homme tel que vous, monsieur l'inquisiteur, accepte ce diktat sans se poser la moindre question… Vous représentez l'ultime rempart de la légalité dans le Système, vous êtes le bras armé de la Loge, donc de la justice. Vous… vous devez nous aider. »

L'Investigateur le regarda un long moment. Il attendait pour répondre que le bureau d'intelligence du CIS termine de lui communiquer les données qu'il avait demandées par liaison neurale quantique, dès le début de leur conversation.

Qui était vraiment ce Jon Effkalis ? Quels étaient ses états de service ? Ses engagements politiques éventuels ? Ses relations dans et hors de l'armée ? Rien de particulier n'avait retenu l'attention des espions d'Oberon, excepté sa participation à la déroute subie par la flotte rouge devant la Première nodale, quelques mois plus tôt, en tant que second d'un certain Aikon, contre-amiral à l'époque. D'après le rapport d'enquête interne de l'état-major des marines, Aikon avait été tenu pour seul responsable du désastre ; par sa bêtise et sa lâcheté, il avait même précipité le chaos dans le Système en provoquant la riposte foudroyante du Titanian Turtle auquel il avait cru intelligent de s'attaquer. La suite était connue… Chose surprenante, aucune sanction n'avait été prise à son encontre, bien au contraire. Sa promotion cachait-elle l'embarras du nouveau pouvoir pour cette affaire ? Ou bien l'amiral était-il manipulé, destiné à devenir un alibi très crédible si jamais l'on se penchait un jour sur ses exactions ? En attendant, la seule chose qu'on pouvait reprocher à Effkalis était de ne pas avoir eu assez de cran pour tenir tête à son supérieur et l'empêcher, par les moyens légaux que lui octroyait le Code militaire des marines, de commettre l'irréparable. À l'évidence, le jeune officier avait beaucoup appris de cet épisode. Sa hardiesse et sa fermeté ne faisaient aucun doute aujourd'hui.

« Commandant, reprit Soa d'une voix claire, je pense être en mesure de comprendre vos motivations. Elles me paraissent sincères, cependant…

— Elles le sont !

— Cependant, disais-je, vous imaginez bien à quel point les conséquences de vos propos pourraient être graves si d'aventure des personnes moins *patientes* que moi en avaient connaissance.

— Sauf votre respect, monsieur, je ne vous ai pas choisi au hasard. »

Soa poussa un bref soupir. Il n'était pas habitué à ce qu'on lui parle aussi franchement. Ça n'était pas pour lui déplaire. Un signal virtuel retentit dans son cerveau ; ses subordonnés s'inquiétaient de son absence, le cherchaient. Ses traits se durcirent.

« Je ne peux rester plus longtemps avec vous, commandant, ça devient problématique. Quoi que vous ayez en tête, ne faites rien ! (Le visage d'Effkalis s'assombrit. Ses mâchoires se serrèrent.) Pour l'instant… Attendez mon signal.

— Mais comment…

— Le moment venu, vous saurez. Alors vous pourrez agir. »

L'inquisiteur fit volte-face et décampa en direction des tribunes, sans laisser au Martien le temps de poser d'autres questions. Celles-ci se bousculaient pourtant sous son crâne comme des molécules de gaz surchauffées.

Par l'Olympe ! Est-ce qu'il bluffe ? Si c'est le cas, je suis un homme mort… Sinon… Que pourra-t-il faire pour nous ?

L'hymne national de la Fédération retentit soudain sur l'esplanade. Le premier couplet résonna, chanté par mille gorges déployées accompagnées d'un orchestre symphonique de trois mille musiciens :

« Volons, volons vers l'azur rouge,
Portés par le vent de la liberté !
Allons, que nos temps soient farouches.
Jamais, jamais nous ne serons domptés ! »

À son tour, Jon Effkalis regagna sa place, noyé dans les alignements compacts de ses pairs de l'Académie, et se laissa choir sur son fauteuil. Il avait mal au cœur. La tête lui tournait. Les paroles de ce chant… Anachroniques, d'un chauvinisme obscène. *In extremis,* il se rappela que depuis que les hommes aimaient à honorer leurs nations de semblables airs patriotiques, il était de bon ton de rester debout et immobile pendant qu'on les jouait. Et depuis quelques semaines, les nouvelles lois réprimant l'insulte à la Fédération et l'injure publique contre son président étaient passibles de l'emprisonnement à vie. Il se releva aussitôt et se mit à hurler de concert avec la foule mugissante et enflammée.

Puis ce fut l'hystérie !

Edmund Wilbur Safaris venait de faire son entrée. Il marchait seul, le port irréprochable, dans des habits de carmin et de noir d'un luxe inhabituel spécialement confectionnés pour cet instant. Ses ministres suivaient à une distance respectable : son frère, l'air hautain, vêtu d'une vareuse, de jodhpurs et de hautes bottes de cuir noir de facture militaire ; le gouverneur Safrini, plus ridicule que jamais, engoncé dans une robe de soie mauve bien trop ample, écrasé sous un chapeau également trop large et piqué de plumes ; des conseillers divers, parmi lesquels on reconnaissait des membres de l'ancien gouvernement, sans doute enrôlés de force pour donner au peuple quelques garanties de continuité politique, et qui semblaient désorientés. Enfin, piétinant ou flottant sur leurs plates-formes gravifiques une dizaine de mètres en arrière, les représentants de la Loge, précédant les ambassadeurs des mondes solaires…

Au garde-à-vous, sabre au clair, le Premier inquisiteur bouillait. Il se retrouvait là, forcé de rendre les honneurs à des saltimbanques, tandis que l'institution dont il exécutait quotidiennement les sentences en était réduite à faire de la figuration dans une mise en scène délirante et emphatique, pour le seul bénéfice d'un dictateur en devenir.

Et tout ça retransmis sur le Quantex jusqu'au fin fond du cosmos !

Un instant, il eut envie de rire, de balancer son épée et son casque sur la piste où gesticulaient les grands du Système-Uni. Le congrès extraordinaire des Colonies humaines qui s'ouvrait allait entériner – en même temps que de nouvelles institutions taillées pour un seul homme – une nouvelle appellation pour la confédération : le « Gouvernement central solaire », qui serait dirigé par un « Omniexécuteur des lois ». Mais au moins les édiles de Solaris étaient-ils parvenus à sauvegarder quelque chose : leur tribunal continuerait de s'appeler la Loge, même s'il était condamné à devenir une assemblée bâtarde, à la fois chambre législative d'enregistrement et cour d'arbitrage judiciaire.

La confusion était totale, le poids de l'exécutif disproportionné. Les ferments de la dictature universelle avaient contaminé la diaspora humaine pendant des siècles, ils venaient enfin d'achever leur éclosion institutionnelle et légale.

Sagoshan rengaina son sabre et se rassit en même temps que le reste de l'assistance. Il ferma les yeux. Un message s'était affiché dans ses nanoprocesseurs depuis plusieurs minutes, qu'il n'avait pas voulu consulter. Maintenant que les déclamations des différents intervenants commençaient, il avait tout le temps pour s'y intéresser ; il ne fut pas déçu. Alors que Safaris s'évertuait à jouer à l'homme providentiel, pour rafler le pouvoir sous des auspices d'apparence démocratique, ses armées s'éparpillaient dans l'espace interplanétaire pour aller prendre le contrôle des cadrans que les Investigateurs n'avaient pas les moyens de couvrir. Soit les deux tiers des zones habitées. La manipulation ne portait plus de masque…

14

« L'homme hurle ses questions, il entend l'écho de sa propre voix, et, débordant de gratitude, il suit les conseils ainsi reçus. »

Nancy HUSTON, *Dolce Agonia*, Éditions Babel, Alte-Paris, Terre (Année 2002, CS).
In CEG Histoire des arts humains, « Nancy Huston », Catalogue Auster, Article 602253, Omnibibliothèque du Quantex.

Veille permanente du Quantex, 13 août 2940, CS.

Ubiquité ne savait plus comment mobiliser ses pensées pour les rendre efficaces. Il y avait tant à faire, tellement de choses à réparer. Les livraisons de marsénium par les cargos de la Ligue se déroulaient sans trop de problèmes, hormis quelques retards sans conséquences. Les balises émettaient de nouveau, leur flux d'énergie noire avait retrouvé un niveau presque normal, les ponts quantiques s'élançaient à travers le cosmos pour transporter l'information humaine. Pourtant, quelque chose ne fonctionnait pas normalement, des ruptures inexplicables arrivaient encore, qu'il fallait réparer à la hâte afin d'éviter une nouvelle contamination du Système, toujours possible, et qui serait cette fois-ci beaucoup plus désastreuse.

Nous dansons sur un fil, songeait Ubiquité, *un fil qui s'étrécit et se fragilise de seconde en seconde. Et les mailles que nous tissons avec sont trop lâches...*

Des zones les plus reculées du réseau, une même inquiétude sourdait du bruit de fond virtuel, lancinante et contagieuse : où étaient les Veilleurs ? Depuis deux semaines, aucun astroquanticien n'avait réussi à établir un contact avec l'un des dix superviseurs du réseau, comme s'ils s'étaient volatilisés au gré des vents solaires.

C'est pourtant impossible. Ils ne peuvent être détruits, pas plus que nous. Tant que nous pensons, le Quantex existe ! Tant que le Quantex existe, nous sommes capables de penser. Donc...

« Donc nous sommes vivants, Ubiquité. »

« Noble Veilleur ? C'est bien vous ? »

« Celui qui fut Transcendance, c'est exact. »

« Quel bonheur de vous retrouver, de vous sentir de nouveau parmi nous... »

« Nous savions votre inquiétude, Ubiquité, à tous, mais nous ne pouvions nous manifester plus tôt. »

Le Veilleur suspendit sa pensée. C'était là le moyen qu'il avait de manifester une émotion proche de la contrition. Ubiquité s'en trouva déstabilisé. C'était la première fois.

« Nous direz-vous ce qui se passe, Noble Veilleur ? Le réseau va mieux, la montée en puissance est assez régulière. Malgré tout, nous ressentons des soubresauts, des divergences... »

« Il y a des divergences, c'est un fait. »

« Vous doutiez autrefois qu'elles puissent provenir de l'intérieur… Avez-vous appris quelque chose ? »

« Nous nous sommes réunis, Ubiquité – les Dix – en un point et en un moment que personne d'autre que nous ne peut conceptualiser. C'est pour cela que vous ne pouviez plus nous percevoir, même si nous continuions à veiller sur vous… »

Ubiquité déroula une boucle logarithmique de soulagement à l'attention de son supérieur, qui la renvoya sous la forme d'une élégante et apaisante fractale. La compassion…

« J'espère que jamais vous n'avez douté de nous. »

« Jamais, Noble Veilleur, jamais ! Nous… ressentions de l'angoisse. C'était inhabituel. »

« Le cours des choses l'est, lui aussi, Ubiquité. Il y aura donc des mesures exceptionnelles à prendre si nous voulons survivre et perpétuer notre œuvre. »

« Survivre ? C'est donc si grave ? »

« Nous avons résisté à une attaque, mais la prochaine sera bien plus terrible. L'humanité est en danger de mort. Et le Quantex est en première ligne. »

L'astroquanticien était au bord de l'évanouissement. Les particules constituant son psychisme vibraient sur différentes longueurs d'onde, traversées par un flux d'angoisse qu'il avait le plus grand mal à maîtriser. Il parvint néanmoins à se rassembler.

« Très bien, Ubiquité. Vous sentez-vous mieux, à présent ? »

« J'ai repris le contrôle, Noble Veilleur. Cette nouvelle… C'est terrifiant. »

« Nous avons bien cru défaillir, nous aussi. Heureusement, notre collectif était assez puissant pour résister, se défendre. »

« Vous employez des mots de guerre… »

« Nous sommes en guerre, Ubiquité. »

« Mais contre qui ? Quelle faction oserait s'attaquer au Quantex au risque de détruire ses propres intérêts ? Les humains dépendent du métaréseau, même les Pirates, même les Zakkapistes. Ils ne peuvent se hasarder… »

Le Veilleur le contint d'un flot brutal de pensées, réaction plutôt grossière de la part d'un être virtuel, qui témoignait de son extrême confusion.

« Les humains ne sont pour rien dans ce qui arrive, mon ami. Je vous le confirme : la menace vient de l'extérieur du Système, de l'extérieur même de leur… de notre civilisation. »

« C'est impossible. »

« C'est ! Voilà ce qu'il faut retenir, Ubiquité, et nous ne pouvons rien y changer. Il va falloir nous battre ! »

« Mais qui sont-ils ? »

« Nous ne l'avons pas encore déterminé. Mais nous savons déjà que leur puissance est phénoménale, peut-être même au-delà de ce que nous sommes capables de conceptualiser. Et cette guerre fratricide au cœur de la Confédération nous fragilise au plus haut point. Nous pensons que les deux événements sont liés : l'effondrement intérieur préparant l'attaque venue d'outre-soleil. Néanmoins… »

Le Veilleur s'interrompit. De nouveau, il semblait avoir disparu. Ubiquité ne ressentait plus son aura rassurante qui baignait encore, la seconde précédente, sa propre projection virtuelle. Puis il refit surface.

« Nous avons des atouts dans cette bataille qui s'annonce, des armes. Et des alliés… »

« Des alliés ? s'enthousiasma Ubiquité. *Qui ? Où sont-ils ? Quand interviendront-ils ? »*

« Certains sont parmi les hommes… Il va peut-être falloir les aider, mettre notre puissance à leur disposition. D'autres ne le sont pas. C'est… difficile à dire. Nous ne travaillons que sur la base de nos prémonitions. »

« Vos prémonitions ? »

« En cet endroit et en ce temps où nous allons, nous, les Dix, les liens de simultanéité et de causalité s'estompent. Ils peuvent se renverser, ou même s'accélérer. Alors nous pouvons voir plus loin… »

« Ce qui va advenir ? »

« Ce qui pourrait *advenir. L'infinité des potentialités. »*

Ubiquité suspendit sa construction infopsychique. Il n'avait jamais autant regretté de ne plus avoir de corps. Son instinct modélisa une bulle virtuelle d'oxygène qu'il s'empressa d'aspirer…

15

« Un vaisseau qui glisserait – avec le Ver – hors de la faille serait un peu comme un train déraillant à grande vitesse. La seule différence, c'est que la nature exacte du terrain entourant cette voie est impossible à déterminer. D'ailleurs, je ne sais même pas s'il en existe un. Extrapoler sur les conséquences d'un tel incident est donc, selon moi, inutile. »

Maître Yasser THORUS-BALWIND, Conférences sur la propulsion instantanée au travers de la faille gémellaire, Université libre d'Olympus Mons, Mars (années 2427-2430, CS). *In CEG Histoire du système solaire,* « Technologies et arts astronautiques », « Propulsion TGM », Catalogue rhâ, Article 3481191, Omnibibliothèque du Quantex.

Ligue des armateurs solaires, Première nodale, 14 août 2940, CS.

Le Ver n'a pas de fin...

L'idée s'était imposée dans son esprit, et Zidinn El Hadi El Fayed ne parvenait plus à trouver le sommeil. Le message secret de Romus Ghylo, le représentant plutonien auprès de la Loge, lui était parvenu quelques jours plus tôt... Malgré sa simplicité, il avait eu du mal à l'interpréter. C'était inconcevable. Pourtant, il savait maintenant très exactement ce qu'il devait faire s'il voulait conserver son poste prestigieux de contrôleur de la Première nodale. Et peut-être sa vie. L'affaire des déchets du convoi détruit par les Titaniens n'était toujours pas réglée et pesait sur sa tête comme un couperet. Le reste, c'était de l'astropolitique de haut niveau dont il n'avait cure. Il soupira. Les procédures étaient faciles ; les ordres à donner seraient brefs. Personne ne remarquerait rien. Après, il n'aurait qu'à effacer les traces.

À trois cent mille kilomètres de la porte, les cosmogons flottaient dans l'éther, dans un alignement parfait. À bord du vaisseau amiral, Markus II Valoras s'impatientait. Ses derniers courtisans l'entouraient, pitoyables. Ils avaient peur. Le saut qu'ils allaient effectuer ne les emporterait pas seulement à des années-lumière de la Terre, mais à l'autre bout de leur histoire, dont ils ne savaient rien. Les calculs énergétiques étaient terminés, les paramètres minutieusement calibrés, et les transferts des centaines de billions d'eurosols sur les comptes bancaires de la Ligue achevés.

« Voilà, souffla le Protecteur, ces porcs ont eu ce qu'ils voulaient.

— Dans Centauri, nous n'aurons plus besoin de cet argent, fit remarquer Atanaka dont les traits creusés étiraient ses paupières en deux fentes étroites.

— Je me fous de cet argent, seigneur Atanaka ! Ils m'ont fait tomber, ils ont brisé le Cocon. C'est tout ce qu'ils désiraient ! »

L'Asiatique observa le souverain un moment avant de lui répondre. Son visage n'exprimait que de la lassitude, la face visible de l'humiliation, ses cheveux blancs pendaient par paquets épais et graisseux qu'il refusait qu'on coiffe, les rides de son front – à présent totalement dégarni – formaient un labyrinthe compliqué de squames et de taches qui bourrelaient sur l'arête de son nez rétréci, ses lèvres pendaient sur son menton. Le conseiller déglutit avec peine. Que faisait-il encore ici ?

« Sauf votre respect, sire, ce sont les Ombres qui nous ont abattus, les armées zakkapistes. (Il marqua une courte pause.) Il est vrai que les trahisons de Rebekka les y ont aidés.

— Ah ! Ne prononcez plus ce nom devant moi ! hurla Valoras en se dressant sur les ergots que formaient ses bras décharnés. La malfaisante ! Elle… Et l'Accoucheur ! Dans mon dos, ils complotaient ! Ils… ils copulaient, vous m'entendez, Tao ? Ils copulaient ! Pour inonder la Terre de leur progéniture, de leurs clones dégénérés ! Ils ont vicié la Loi de l'Équilibre. MA LOI !

— Elle doit payer, suggéra Atanaka.

— Comment ? Comment l'atteindre ? La Phalange veille sur elle comme une armée d'abeilles sur sa reine ! Ses chasseurs nous escortent, l'état-major de la Flotte lui est soumis, les cosmogons ne sont pas armés. Ils peuvent nous détruire quand ils le veulent.

— Pas tant que vous possédez les Gons, sire. Elle n'osera jamais défier le peuple des Immortels avant que nous ne soyons en sécurité sur Alpha IV. Elle veut ravir votre trône, nous le savons, mais elle ne peut pas frapper maintenant. Ce serait suicidaire. Elle a besoin des banques génétiques et psychiques des Lignées pour accomplir son dessein.

— Les Lignées sont déjà mortes, Tao. »

Dans les entrailles des cosmogons, les Immortels plongeaient dans l'océan de leurs souvenirs pour mieux ignorer un futur qui n'avait pas de nom, au risque de s'y noyer. Les monstres abyssaux de leurs vies antérieures les harcelaient comme des fantômes, nuit après nuit ; les regrets pour ces siècles de luxe et de plaisirs déchiraient leurs âmes, ces jours bénis que l'ennemi leur avait arrachés – comme des jouets à des enfants. Des blessures se rouvraient en eux dont ils avaient oublié l'existence, inextricablement liées à la condition humaine à laquelle ils ne pouvaient plus feindre désormais d'échapper : la finitude, l'abandon. Et pour ajouter à leur trouble, la léthargie provoquée d'habitude par l'amniotis ne parvenait plus à endormir les spectres de Cronos.

Hier, au cœur des Métacités protégées par la Bordure, l'étrange syndrome collectif qui les avait poussés à renier leurs pulsions procréatrices avait encore un sens : la transcription clonée individuelle avait rendu les enfants inutiles, et l'idée même d'en avoir, obscène. Leur éducation éventuelle était apparue comme un gaspillage de l'ère de béatitude offerte par la technologie.

Mais à présent que leurs enveloppes charnelles de rechange avaient été endommagées – lorsqu'elles n'avaient pas été détruites par les Ombres au cours de leurs attaques contre les Gons – les dieux déchus de la Terre ressentaient de nouveau la nécessité de se reproduire, de perpétuer leur race. Et comme tous les actes motivés par d'obscures raisons biologiques, leurs séances de copulation devenaient de plus en plus compulsives, bestiales, fort éloignées des délicieuses parties hédonistes qui avaient eu cours, encore très récemment, dans toutes les sphères de la société eugéniste : des vieillards à l'aube de leur réplication se jetaient sur les femmes passant à leur portée, les viols collectifs se multipliaient sous les regards incrédules, des jeunes filles à peine réincarnées ouvraient leurs jambes à tous les sexes masculins sans se préoccuper du physique ou de la Lignée des porteurs. La peur de disparaître justifiait à elle seule cette orgie sans plaisir. Égarés dans l'espace, les Immortels baisaient dans l'espoir de survivre.

Mais l'histoire s'écoulait. Dans le Système, les anciennes colonies commençaient à oublier ceux qui avaient régné sur elles. L'information était omniprésente, elle nettoyait les esprits des scories du passé. Il n'y avait pas de temps pour la mémoire. Déjà, d'autres suprématies naissaient des nuées de la guerre, d'autres pouvoirs se dressaient pour gouverner le Système dont les détenteurs feignaient encore de s'intéresser aux anciens maîtres. Par charité. Par tradition, aussi. Parce qu'il était difficile de les oublier, surtout lorsqu'on les avait détestés.

Les vastes salles communes étouffaient. Dix millions d'Immortels s'y étaient entassés pour assister à l'avènement de l'Omniexécuteur Edmund Wilbur Safaris. En direct de Mars, les chaînes du Quantex retransmettaient la cérémonie sous tous les angles possibles, dans un flot de commentaires qui allaient de simples constatations d'évidence à des panégyriques audacieux. La peur ne transpirait pas encore, mais la prudence était déjà de mise.

Le visage du président martien s'inscrivit en gros plan sur les écrans : les murmures d'étonnement ou d'indignation se turent. Avec gravité, il s'adressait aux citoyens eugénistes, notamment au tout premier d'entre eux :

« Au Suprême Protecteur du Cocon, Markus II Valoras, je déclare l'attachement éternel qui lie l'ensemble de l'humanité à son peuple et à sa planète. Votre destin, à la fois glorieux et tragique, est ancré dans chaque esprit, fait saigner chaque cœur : non, Immortels, vous n'êtes pas vaincus ! Non, votre exil n'est pas éternel ! Je sais que vous reviendrez, plus forts, plus respectés encore, et que vous trouverez en Centauri la source d'une nouvelle puissance. Peuples du Soleil ! Le congrès extraordinaire qui réunit aujourd'hui librement vos délégués avait pour seul but d'organiser la régence des institutions confédérales solaires, et de permettre à nos antiques géniteurs de rejoindre le havre de leur nouvelle paix, libérés du poids de leurs responsabilités historiques… »

Safaris ne discourait plus. Les mains dressées vers les nuages roses du crépuscule qui baignait Olympus City, il vaticinait. L'holocaméra réduisit le champ. La planète rouge semblait se fondre en son souverain, son regard gris brillait comme de l'acier, dur et glacial. Les traits fins de ses lèvres remuaient à peine. L'imperium se répandait en lui. Arc-bouté sur son trône, Valoras enrageait :

« Comment ose-t-il, cet imposteur ! Quel affront, mais quel affront ! »

Atanaka fulminait en silence. Les plans élaborés avec son frère Rujio avaient échoué : les conspirations menées au détour sombre des couloirs de la Loge s'étaient retournées contre eux. La Ligue, Mars, les Plutoniens, les Sélénites, les Cités, tous s'étaient ligués. Il en était à présent persuadé. Il en venait même à soupçonner les factions pourtant les plus favorables à la Terre d'avoir poussé les Ombres à la révolte, d'avoir armé et financé le MRVO. Et manipulé Upsillo Rebekka…

Cet espion rouge… C'est lui, derrière tout ça ! J'aurais mieux fait d'écouter Iataline au conseil : un seul homme pour abattre la rébellion, c'était un leurre ! Et cette intrusion de l'ASP dans nos affaires intérieures, une violation de notre souveraineté.

Il fixa le visage immense de Safaris.

Voilà où nos renoncements nous ont menés…

« Tao ! rugit le Protecteur en le tirant par la manche de sa robe. Vous répondrez à ma place.

— Votre Majesté ? Je ne comprends pas…

— Au Martien ! Vous répondrez en mon nom et en celui du Cocon à son adresse. Je refuse de lui parler directement. Je ne lui ferai pas ce plaisir.

— Que… que désirez-vous que je lui dise, sire ?

— D'aller au diable !

— Ça n'est pas très diplomatique.

— Et notre déshonneur, vous trouvez qu'il est diplomatique ? »

Le conseiller toussa, gêné. Certes, il comprenait et partageait l'exaspération du monarque, mais il savait aussi qu'il valait mieux ne pas risquer d'humilier – devant des milliards d'humains branchés sur le métaréseau – celui qui était sans doute appelé à présider leurs destinées. Le sort de la civilisation eugéniste n'était pas encore scellé et rien ne permettait de penser que le Cocon, une fois installé sur Alpha IV, n'aurait pas un jour ou l'autre besoin de l'aide de la Confédération solaire. Il fallait conserver certaines apparences.

« Votre Majesté, je répondrai, ainsi que vous me l'avez demandé.

— Fort bien.

— Mais je rendrai hommage à l'Omniexécuteur Safaris, ainsi qu'il sied à un représentant de la plus prestigieuse nation humaine. Notre place dans l'histoire ne nous autorise pas à nous noyer dans la médiocrité, encore moins à nous vautrer dans l'injure. Je sais que Votre Majesté, par-delà sa colère légitime, interprétera mes paroles pour ce qu'elles sont : des marques élémentaires de courtoisie qui n'obéreront pas l'avenir. »

Markus II Valoras acquiesça, dépité. Il ne voulait pas débattre avec son conseiller. C'était inutile. Mieux valait conserver le peu d'énergie qu'il lui restait pour se concentrer sur les épreuves qui l'attendaient lorsqu'il débarquerait, avec son peuple, en son futur royaume. Tao Atanaka se tourna vers l'holocaméra du bord pour faire face au nouveau maître du Soleil.

***

Rebekka attendait.

Elle ordonna aux officiers de quart de plonger le *Ventre de l'Ouragan* dans la stase de combat. Elle ne craignait pas grand-chose : jamais Valoras ne tenterait quoi que ce soit. Les chasseurs Foudre surveillaient la zone du transfert, les armateurs contrôlaient la nodale. Il s'agissait d'une simple mesure de précaution.

À côté d'elle, elle percevait le rythme anormal de la respiration de Lois, l'agitation infime qui l'étreignait. De quoi avait-elle peur ? Leur destin était sur le point de basculer pour s'accomplir, ce dont elle avait toujours rêvé, cette idée que la jeune caporal avait au bout du compte exprimée à sa place : prendre le pouvoir… Dans quelques secondes, le Ver s'ouvrirait et emporterait les Immortels vers leur nouveau destin. Elle les suivrait, apparemment docile, pour mieux frapper quand l'opportunité se présenterait. Bientôt. Très bientôt. Pour cette raison, elle avait fait en sorte avec l'état-major que les cosmogons passent les premiers, avec une escorte armée réduite au minimum. Une fois parvenus de l'autre côté du pont stellaire, les dix vaisseaux seraient entièrement vulnérables, incapables de se défendre contre une attaque, toujours possible, de l'astronef furtif titanien. Personne, dans le Système, ne savait où était passée cette arme depuis qu'elle avait détruit le convoi de la Ligue et sa défense martienne.

Si les Titaniens lancent un assaut de ce côté-ci de la porte, songeait l'Athémis, *nous seront prêts à le repousser. Et s'ils agissent dans Centauri, nous serons prévenus assez tôt pour organiser la contre-attaque à travers la nodale. Les défenses des cosmogons, mêmes faibles, les distrairont quelque temps. Et tant pis pour les pertes…*

Un enseigne l'interrompit dans ses pensées. Le Protecteur désirait lui parler. À contrecœur, elle accepta la connexion.

« Sire ?

— Athémis, avant… avant le saut… Puis-je encore vous faire confiance ? »

Elle le trouvait pathétique. Quatre siècles de domination sans partage, pour en arriver là… À mendier. Il était temps d'en finir.

« Vous le pouvez, Votre Majesté, mentit-elle, vous l'avez toujours pu. »

Le visage émacié de Valoras s'imprima un moment sur son cortex optronique. Derrière lui, la face ovale d'Atanaka apparaissait, jaune, luisante de sueur. Ils avaient peur, comme tous les autres. Peur du passage ? Peur d'elle ? Ou bien des deux ? Un bourdonnement acéré retentit et la transmission s'interrompit net. Le Contrôle supérieur de la Première nodale venait d'enclencher les ultimes manœuvres, isolant les centaines de milliers de kilomètres cubes qui entouraient la zone dans une bulle électromagnétique censée empêcher tout parasitage.

Rebekka reporta son attention sur l'écran circulaire de son vaisseau. Elle avait suspendu les filtres à rayons X et infrarouges de son masque pour mieux suivre, sur la bande visible du spectre, l'évolution des cosmogons – un plaisir qu'elle s'autorisait très rarement.

Le vaisseau mère s'approchait du point de passage, plongé dans une intense lumière mauve. Les neuf autres le suivaient en colonne. La surface iridescente de leurs coques semblait absorber l'éclat produit par les quatre sphères de la nodale. Le tore plasmique contenant le Ver se mit à enfler, démesurément. L'espace vibrait. Jamais la fantastique machinerie cosmique n'avait encore concentré une telle puissance sur une aussi longue durée. Pour la première fois dans l'histoire, dix millions d'êtres humains allaient franchir en même temps l'abîme entre les deux étoiles.

Il y eut un flash. L'ouverture de la faille…

Les formes des cosmogons tremblotèrent, avant de disparaître.

Puis le cosmos se liquéfia.

***

Upsillo Rebekka ne bougeait plus. Elle concentrait l'énergie de ses nanoprocesseurs pour tenter de comprendre ce qui venait de se produire. En vain. Plus rien n'avait de sens, ni de durée. Comme dans un rêve qu'elle ne maîtrisait pas, les informations se mélangeaient, inintelligibles, improbables. Des sursauts de conscience arrivaient pourtant, comme des respirations. L'image surgit avec violence, réfléchie par les capteurs de son filtre optronique : lumière, espace et temps. En un seul point.

Lois gémissait. Les officiers de quart hurlaient.

Quelque chose est arrivé...

Au bout d'un moment, elle reprit le contrôle et repassa en vision infrarouge. La salle de commandement du *Ventre* était plongée dans la pénombre. Les écrans de veille palpitaient, les voyants clignotaient.

Ça va... Les systèmes de secours ont l'air de fonctionner.

De fait, malgré des avaries évidentes, la stase de combat avait parfaitement protégé le destroyer. Mais de quoi ?

« Enseigne ! Rapport sur l'incident. Où en sont les cosmogons ?

— Ser... Je n'en sais... rien, bafouilla l'officier. Il... il n'y a plus rien, dehors.

— Qu'est-ce que vous racontez ? hurla la cyborg en se précipitant vers son pupitre.

— Tout... a disparu. Les vaisseaux, la nodale, la station de contrôle, tout !

— C'est impossible !

— Regardez. »

C'était la voix de Benamil. Depuis son poste, elle avait réussi à brancher une caméra vidéo extérieure de faible puissance, parmi celles qui servaient habituellement à vérifier l'intégrité de la coque du vaisseau. Elle l'avait orientée vers la dernière position connue de la base transgémellaire de la Ligue. Où flottait un maelström de débris indiscernables.

16

« Et je dis et j'affirme à homme comme femme, gardez votre sang-froid, votre calme, en face des millions d'univers. »

Walt WHITMAN, *Feuilles d'herbe* (*C'est moi que je célèbre-48*),
États-Unis d'Amérique, Terre (année 1855, CS).
In CEG Histoire des arts humains, « Walt WHITMAN »,
Catalogue Keats, Article 40021, Omnibibliothèque du Quantex.

Comptoir des armateurs, Alpha City, Alpha IV Centauri, 17 août 2940, CS.

Pour un diplomate, la guerre n'était qu'un concept théorique utile pour faire pression sur la partie adverse. Mais la réalité d'un champ de bataille obligeait souvent à reconsidérer la chose militaire d'une manière moins cynique, ce que Vladimir Arimov était en train d'apprendre à ses dépens.

Depuis deux jours, sa petite armée piétinait devant les remparts du spatioport de la Ligue, à une dizaine de kilomètres de la capitale. L'effet de surprise de la première attaque s'était dissipé et les défenseurs du Comptoir s'étaient rapidement ressaisis. Le nombre des morts et des blessés dans les rangs des rebelles commençait à croître de manière inquiétante. Pour autant, galvanisés par le but stratégique majeur de leur mission autant que par les exhortations de leurs chefs, les combattants zakkapistes et leurs alliés des colonies ne fléchissaient pas : avec ardeur, ils continuaient à se jeter contre les hautes grilles électrifiées du complexe astronautique dans l'espoir de les abattre. En vain.

« Il va falloir trouver un autre moyen, Excellence ! » aboya l'un des capitaines pour couvrir le tumulte des combats.

L'ambassadeur se contenta de hocher plusieurs fois la tête, abruti par cette violence dont il n'avait pas l'habitude. Soudain, malgré la protection de la colline de roches derrière laquelle il avait établi son poste de commandement, le souffle d'une explosion manqua de le flanquer par terre. Son aide de camp le retint de justesse.

« Excellence ? Vous m'écoutez ? »

Des gloutons traversaient le campement en mugissant de terreur, renversant sur leur passage les tentes et les équipements.

« Oui, oui, Loth, je vous ai entendu, s'énerva Vladimir en se redressant. Je... Notre assaut est un échec, je le sais, mais j'ai beau réfléchir, je ne vois pas comment nous allons nous en sortir.

— Hm, pas totalement un échec, monsieur. Nous avons réussi un encerclement parfait. Ils ne peuvent plus recevoir de renforts.

— Par voie de terre, c'est certain. Les forces qui défendent

Alpha City n'ont aucun moyen de secourir le spatioport, sauf à dégarnir dangereusement leurs propres positions. Mais c'est plutôt le risque d'une contre-attaque aérienne qui m'inquiète…

— Les armateurs ne disposent que de cinq vaisseaux pour surveiller la planète, les traités leur interdisent d'en avoir davantage. Et encore, leurs armements sont dérisoires.

— Ils n'ont pas besoin de beaucoup plus pour nous faire très mal. Quelques missiles bien ciblés et c'en sera fini de nous ! Et ces phénomènes, un peu partout… nous les avons tous vus ! Comment savoir si ce ne sont pas les traces d'astronefs plus puissants venus défendre la Ligue ? Mars, peut-être, ou les Investigateurs… »

Le visage fermé, Loth ne semblait pas touché par le ton défaitiste de son supérieur. Surtout, il n'acceptait pas l'idée que les archipapes aient pu se tromper à ce point en le nommant à la tête de l'armée. L'ambassadeur avait peur, c'était évident. Mais il ne lui en voulait pas pour ça : ils avaient tous peur, et les prières psalmodiées chaque matin et chaque soir à l'intention de Saros n'y changeaient rien. Le problème était ailleurs : politicien chevronné, Arimov se trouvait désormais paralysé alors qu'il s'agissait de passer à l'action. Il fallait donc le bousculer, le mener dans la bonne direction, sans s'occuper des scrupules que la hiérarchie imposait trop souvent.

« Les Investigateurs sont bien là, Excellence, confirma Loth, deux nefs TGM. D'après nos agents, ils ont simplement rencontré Yeritu… Quelques heures avant que la Première nodale ne soit détruite. Je ne sais pas s'il faut y voir un lien, mais en tous les cas, ils sont repartis sans se soucier de nous. Et notre attaque était déjà lancée.

— La nodale… Qui a pu faire une chose pareille ? (Loth frappa dans ses mains pour extirper l'ambassadeur de sa torpeur.) Quoi ?

— Monsieur, si nous attendons sans rien faire que les drones de la Ligue nous tombent dessus, nous n'avons aucune chance de l'emporter, encore moins de dérober un vaisseau. Mais une chose est sûre, à l'heure où je vous parle…

— Laquelle ?

— Ils ne les ont pas encore lancés sur nous, ce qui peut s'expliquer de deux manières.

— Allez-y, fit Arimov dont les traits s'illuminaient de nouveau.

— Soit ils ne possèdent aucune de ces armes en état de marche, soit ils ont décidé de ne pas secourir, pour l'instant, la garnison de l'astroport. Dans les deux cas, le résultat est là. Nous devons profiter de cet avantage et lancer une nouvelle offensive, décisive cette fois.

— Mais… nous ne faisons que ça !

— Non ! Nous sommes en train de nous épuiser dans une guerre de position, dans un siège qui nous affaiblit plus que les assiégés. Nous n'avons pas les moyens technologiques, ni la logistique nécessaire pour ce genre de bataille. C'est là-dessus que nos ennemis comptent, et c'est pour ça qu'ils ne cherchent pas vraiment à nous détruire. Le temps travaille pour eux et ils le savent.

— Que… que proposez-vous, Loth ?

— Détourner leur attention en concentrant le gros de nos attaques sur une position qu'ils savent être la plus vulnérable : l'entrée principale du site, par exemple. Et dans le même temps, faire pénétrer un commando par l'arrière, à l'endroit même où cela semble impossible, vers leur bunker de commandement. Une fois à l'intérieur, nos gars s'occuperont de récupérer un cargo comme vous l'a demandé le Concile.

— Il nous faut des hommes d'un grand courage pour accomplir cela. Ils risquent…

— Akkah ! Saros nous donnera ce courage.

— Mais qui les…

— J'irai, Excellence, pendant que vous organiserez la diversion. »

Et Loth partit en direction des dernières sections de combat restées en arrière-garde, pour donner ses ordres en trois ou quatre beuglements. Vladimir mit quelques secondes supplémentaires pour digérer ce qu'il venait d'entendre puis, la mort dans l'âme, il prit le chemin défoncé par les bombes qui le menait vers le front. Réconfortantes, les ondes télépathiques de Selyame III inondaient son esprit, comme si l'archipapesse avait su, à cet instant précis, qu'il en avait besoin.

***

J'étais peut-être trop sûr de moi, songea Loth alors qu'il rampait pour s'approcher du blockhaus où s'était retranché le commandement militaire de l'astroport.

Le béton hérissait ses barres de métal rouillé comme autant de piques destinées à embrocher d'éventuels assaillants. Pour le commando, franchir les grilles extérieures n'avait guère posé de difficultés, la manœuvre de diversion semblant, pour le moment, remplir parfaitement son rôle. Les tirs des défenseurs étaient concentrés sur l'entrée. Mais des chevaux de frise recouvraient le no man's land qui séparait encore les guerriers des contreforts du bunker, en rangs si serrés qu'il était impossible d'envisager de sauter par-dessus, sans parler des mines qui devaient parsemer l'étendue au hasard.

« Qu'est-ce qu'on fait, Loth ? demanda l'un des hommes.

— On n'a plus qu'à foncer, droit devant.

— Là… là-dedans ?

— Tu vois une autre solution ?

— Heu, peut-être… Les gloutons.

— Tu es sérieux ?

— Ben… Avec leur hauteur au garrot et la cuirasse de peau qu'ils ont sous le ventre, la largeur de leurs pattes, à mon avis, ils peuvent résister aux barbelés sans trop de problèmes.

— Et les mines ?

— Tu connais ces bestioles : dès qu'ils entendront les premières explosions, ils vont se mettre à foncer sans se poser de questions. Il nous faudra juste les maintenir dans la bonne direction. On… certains arriveront bien à passer au travers…

— Ouais… Ça peut fonctionner, même si l'idée de les sacrifier ne me plaît pas trop.

— D'un certain point de vue, Loth, ils sont dans la même galère que nous : si la Ligue ou d'autres nations astrocapitalistes prennent possession de cette planète, tôt ou tard, ils disparaîtront. Au mieux pour finir dans un zoo… »

Loth acquiesça. La démonstration du soldat l'avait convaincu. Il fit reculer son escouade jusque derrière la barrière de confinement et siffla les cornacs cachés dans les fourrés avec leurs montures. Certains d'entre eux renâclèrent par principe, mais la plupart obéirent sans broncher : c'était dans leur tempérament. Et discuter l'ordre d'un gradé zakkapiste était peut-être plus risqué que d'accomplir la mission suicidaire qu'il commandait. Les pachydermes se redressèrent les uns après les autres, s'ébrouant des feuilles et des branches sous lesquelles ils s'étaient enfouis pour supporter la chaleur, puis les vingt membres du commando grimpèrent sur leurs dos avec leur armement. D'un geste du bras, Loth lança l'attaque.

Comme prévu, ce fut une hécatombe. Mais Loth et cinq survivants de la brigade parvinrent au bout du compte à prendre position au pied du bunker, protégés d'un côté par le rempart de béton d'où les défenseurs ne pouvaient les atteindre, et de l'autre par la masse chaude et puante des animaux qui succombaient à leurs blessures dans des barrissements abominables. Ils n'eurent aucune peine à balancer leurs grenades à plasma et leurs shrapnells par les meurtrières trop larges des canons que servaient les miliciens de la Ligue. Des détonations sourdes ébranlèrent le sol et les murs. Le sort des défenseurs était réglé. Et la voie libérée pour le reste des attaquants menés par Arimov.

***

Certains parmi les Exilés ne s'étaient pas trompés : les Autres n'avaient pour seule motivation que le mal. La guerre qui se déroulait sur le quatrième monde – juste à la verticale de l'Arche plongée en stase sous-dimensionnelle – en était la dernière preuve. Pour autant, aucune décision n'avait été encore prise quant à l'intervention prônée par la minorité. Malgré les affres du regret et les errements du voyage, les Anciens avaient réussi à conserver leur influence et seul leur importait à présent l'élevage de la nouvelle génération qui croissait de manière accélérée. L'urgence commandait : dans quelques Durées, les descendants devraient être sortis de leurs cocons et rendus à la vie sous le double soleil, sur ce monde que les Lieurs leur avaient promis comme gage de leur patience, de leur abnégation. Un monde qui n'avait pas encore été libéré de l'emprise des Autres…

Si la Coexistence s'imposait de nouveau au peuple en lui offrant le seul refuge qui lui permettrait de prolonger la race, elle exigeait aussi la patience et peut-être même – concept qui faisait vibrer une onde douloureuse – le pardon ; pour les fautes commises, qui ne l'avaient été que par erreur et par méconnaissance, jamais par volonté de nuire. D'ailleurs, n'était-ce pas là l'ambiguïté qui caractérisait les Autres ? Cette capacité étrange à répandre le mal, à s'en repaître, tout en chérissant les valeurs essentielles qui nourrissaient le Lien : harmonie collective, compassion et beauté ?

Alors, intervenir ? Mais dans quel but ? Et à quel prix ? Les Lieurs ne voulaient pas répondre. Pas encore. Ils attendaient. Une réaction…

L'Arche vibrait. La sous-dimension qui la protégeait des sens étrangers se tordait sur elle-même. Quelque chose la pénétrait, violait son intimité subatomique. C'était impossible. Pas ici. Ni maintenant. Personne. Aucune race hors du Lien.

À moins que les Autres n'aient découvert la faille…

17

« Je vois l'homme prostré courbé sous le fardeau des chiffres fatidiques ! Et le marais, où le veau d'or est embourbé, se nourrit d'innocents et de vierges impudiques ! »

Henri VINCENOT, *Le Pape des escargots*, France, Terre (année 1972, CS).
In CEG Histoire des arts humains, « Henri VINCENOT », Catalogue français, Article 6691150, Omnibibliothèque du Quantex.

Loge permanente des conflits, cadran neutre martien, 18 août 2940, CS.

Convoqué !

On l'avait convoqué, lui ! Kareem XII Shamen-Artal, le magnat des magnats, le premier des armateurs, devant la Loge, séance tenante, comme un vulgaire repris de justice... C'était inconcevable. Mais vu la situation, il ne pouvait que répondre à cet ordre.

Il s'avança au centre de l'estrade circulaire, qui se mit aussitôt à flotter et à tourner à faible vitesse sur elle-même. L'impression désagréable de se retrouver embroché sur la tige d'une rôtissoire lui traversa l'esprit. Kareem secoua la tête. La dernière fois qu'il avait mis les pieds sous cette coupole, les délégations de la quasi-totalité des nations solaires l'entouraient. Il avait alors joué l'un des principaux rôles, l'un des plus faciles, aussi : celui de l'accusateur. Maintenant, il allait devoir se défendre, seul, et tenter d'expliquer les raisons d'une catastrophe dont il ne savait rien de plus que ces magistrats courroucés qui allaient l'ensevelir sous leurs questions.

Les regards des quarante-neuf juges pesaient sur lui. La chaire du Grand président s'était déplacée pour s'arrêter presque au-dessus de sa tête : si jamais la nacelle se décrochait, il serait écrasé comme un insecte. Il n'y avait aucun risque que cela se produise, mais il savait ce qui motivait cette mise en scène : la Loge entendait manifester sa puissance de manière spectaculaire, d'autant plus que la proximité inhabituelle avec les armées martiennes rendait ses membres très nerveux.

Ils ne se défouleront pas à mes dépens, se promit Kareem XII.

Sans prévenir, le greffier virtuel du tribunal déclencha les hostilités :

« Votre Prospérité, vous avez été mandé pour comparaître en tant que témoin principal dans l'affaire de la Première nodale. La cour attend vos explications ! »

Le dignitaire astrocapitaliste se rengorgea dans sa robe verte et rouge, parfait prolongement de son tatouage facial. Il n'était pas décidé à leur faciliter la tâche. L'un après l'autre, il parcourut les maillons de sa chaîne de pouvoir, les faisant rouler entre ses doigts boudinés comme les perles d'un chapelet, tirant sur le lobe distendu de son oreille.

« Répondez ! » hurla Stuart Olson.

Shamen-Artal sursauta, non parce qu'il avait été surpris ou effrayé par la vocifération du Grand président, mais parce que l'estrade, sous ses pieds, venait elle-même de rebondir.

« Votre Honneur, lança-t-il au bout d'un moment, j'ignore quoi vous répondre. La… *tragédie* s'est produite il y a quatre jours seulement. Les données dont je dispose sont très fragmentaires, transmises par les Colonies plutoniennes qui ont dépêché sur place une équipe de secours depuis la base de la Deuxième nodale. Mais il faudra plusieurs jours avant que…

— Cela, nous le savons ! Les survivants de la catastrophe nous ont eux-mêmes prévenus. L'important pour nous est de déterminer si vous-même, en tant que chef de la Ligue – et donc principal responsable de la sécurité des voyages trans-gémellaires – étiez au courant d'un risque de défaillance de la nodale.

— Bien sûr que non ! s'indigna le magnat.

— Nous avons des informations contraires sur ce point, répliqua l'un des juges, perdu dans la foule hostile de ses confrères.

— Oui, cette opération a été bâclée, renchérit un autre. Peut-être même n'aurait-il pas fallu la lancer !

— Mes seigneurs, la Ligue n'a accepté le transfert des Immortels que sous la pression de votre assemblée ! C'était votre décision. Nous n'avons fait que mettre notre technologie à votre disposition afin de permettre le règlement de la question terrienne. Je ne puis accepter ces accusations…

— Votre Prospérité, nous avons choisi cette option parce que nous vous faisions confiance, intervint Stuart Olson.

— Et nous n'aurions pas dû ! protesta un édile. La destruction de la Troisième nodale aurait dû nous servir de leçon : les armateurs viennent de nouveau de démontrer qu'ils ne sont plus capables d'assurer la pérennité du système. Cette technologie leur échappe…

— Parce qu'elle est étrangère ! Nous l'avions dit…

— C'est vrai

— Qu'on leur retire le monopole de la Régie !

— Oui ! Oui ! »

Les travées s'enflammèrent les unes après les autres. Les magistrats désiraient un coupable qui endosserait leurs propres erreurs : ils pensaient le tenir. Certains paramètres leur échappaient pourtant, que le Premier magnat s'empressa de leur rappeler :

« Si vous dénoncez les conventions qui nous lient depuis des siècles, les conglomérats n'attendront pas longtemps avant d'armer des flottes de guerre pour défendre leurs convois. Ils en ont les moyens technologiques et financiers. Le fait que Mars ait été autorisé à escorter nos vaisseaux en lieu et place du CIS constituait déjà, en soi, un accroc important au traité de 2518. Mais en brisant, en plus, notre monopole sur les nodales et sur les transits de civils, vous renversez l'équilibre du Système. Et vous vous privez en même temps d'énormes ressources fiscales : dans ces conditions, il est évident que la Ligue ne versera plus l'obole due à la Confédération solaire pour le transport des passagers ! »

Ce dernier rappel les fit taire. La menace était claire et précise. Dans l'univers institutionnel humain qui se délitait à une allure vertigineuse, les juges suprêmes ne pesaient pas grand-chose ; seules les grandes puissances économiques, financières et militaires avaient quelques chances de tirer leur épingle du jeu. Et Solaris n'en faisait pas partie : la cour ne possédait rien d'autre qu'une vague aura juridictionnelle qu'on s'empresserait de lui retirer si d'aventure elle devenait trop encombrante. Stuart Olson le savait, et sa récente conversation avec Safaris avait achevé de l'en convaincre : pour maintenir son rang, la Loge devait faire profil bas et manœuvrer en sous-main. Cette convocation du Premier magnat sous la pression de ses pairs était donc une erreur, ses propres émotions l'avaient trahi. Mais des millions de ses frères immortels avaient péri. Comment aurait-il pu rester de marbre ?

« Son Excellence Rujio Atanaka, ambassadeur du Cocon, sollicite une audience extraordinaire, intervint le greffier de sa voix synthétique.

— Qu'il entre. »

Le dignitaire surgit d'un seul coup sur l'estrade pour se précipiter sur Shamen-Artal, qu'il empoigna par le col de sa robe.

« C'était un coup monté ! Avouez, Votre Prospérité. Avouez !

— Excellence ! s'écria Olson en se dressant sur sa chaire, arrêtez tout de suite ! Vous déshonorez la Loge en agissant ainsi. Vous vous ridiculisez ! »

Le Terrien mit de longues secondes à se maîtriser. Les poings crispés sur la soie de l'habit, les dents serrées, les lèvres pincées en un rictus abominable, il avait planté son regard voilé de larmes dans celui de l'armateur, qui lui renvoyait son propre reflet, jauni et terne. Le dégoût le submergea. Il repoussa le magnat, qui oscilla sur ses jambes, trop grasses pour résister.

« Je n'ai pas peur du ridicule, lança-t-il sur un ton de défi en faisant volte-face, encore moins du déshonneur ! Mon peuple vient d'être exterminé, ma planète conquise… Il ne me reste rien d'autre que la haine !

— Je vous comprends mieux que quiconque, acquiesça Olson. Je suis l'un de vos frères et…

— Oh ? Est-ce bien vrai ? railla Atanaka. Je l'avais presque oublié, vu les décisions prises par cette… *cour,* que vous présidez. »

Le magistrat se renfrogna. L'attaque le touchait de plein fouet. En acceptant la charge qui était aujourd'hui la sienne, il avait cru pouvoir rompre les liens avec son passé d'Immortel, prendre une hauteur suffisante pour s'affranchir du nationalisme, devenir un citoyen solaire à part entière. Or, il réalisait qu'il n'avait jamais été rien d'autre qu'un représentant de la planète mère, nommé à la Loge des conflits par Markus II Valoras pour défendre les intérêts du Cocon. Et qu'il avait échoué. Il se rassit et demanda à l'ambassadeur s'il avait des nouvelles récentes :

« Seule une partie de la flotte eugéniste et de la Phalange semble en être ressortie indemne. Les cosmogons se sont… volatilisés. Dix millions de personnes…

— Mais… peut-être ont-ils survécu quelque part, se risqua Olson, soudain très blême. Des vaisseaux de cette taille ne peuvent disparaître ainsi. Ils ont certainement réussi à ressortir de l'autre côté du Ver, mais peut-être ne peuvent-ils pas encore communiquer avec nous. »

Kareem XII s'approcha avec prudence de l'ambassadeur terrien. Il leva la tête vers le Grand président. Un silence de mort planait sur la cour.

« Votre Honneur… Excellence… Je crains qu'il n'y ait peu d'espoir, fit-il d'une voix sourde. D'après les messages reçus par la Seconde nodale, il semble que le relais du côté centaurien a lui aussi été détruit lors du transfert.

— Ce qui signifie ? demanda Olson d'une voix blanche.

— Que le Ver s'est décroché pendant l'explosion pour se perdre dans l'espace-temps. Avec les vaisseaux qui le chevauchaient. »

***

Dans l'antichambre réservée aux plénipotentiaires, Shamen-Artal rongeait son frein. Les juges lui avaient ordonné de se retirer, le temps de leurs délibérations. Il leur faisait confiance : malgré l'absence d'informations, ils trouveraient bien un sujet à disséquer pendant des heures, voire des jours, se perdant dans des débats abscons qu'ils étaient les seuls à apprécier. Mais que pourraient-ils décider ? De supprimer les avantages acquis par la Ligue depuis des siècles ? Ils s'imaginaient peut-être en avoir le pouvoir, mais le Premier magnat doutait fort qu'ils aient la folie suffisante pour commettre une telle bévue, surtout sans preuves. De commander alors une enquête aux Investigateurs, tout en plaçant la Seconde nodale sous leur protection ? C'était l'option la plus probable. Et la plus favorable : son déroulement prendrait des années, et les batteries d'avocats de Charon auraient tout le temps de bâtir une défense solide, accumulant ou inventant les éléments à décharge, détruisant ce qui pouvait nuire au Cartel. Une fois l'émotion retombée, plus personne ne se préoccuperait des conclusions du CIS. La priorité serait très vite donnée aux échanges avec Centauri, sur lesquels les Investigateurs veilleraient scrupuleusement. L'astrocapitaliste respira.

Je n'aurai pas d'autre occasion de détourner leur attention...

La dernière station TGM encore en état de marche était officiellement placée sous le contrôle de la Communauté des colonies plutoniennes. La Loge et le CIS allaient donc devoir traiter avec leur représentant sur Solaris, Romus Ghylo. Or celui-ci, malgré la convocation urgente qu'il avait reçue, n'était pas revenu de Mars, une attitude de défiance qui augurait mal de sa collaboration future avec la Cour. Kareem aurait pu, bien entendu, joindre Ménalem

Ghobal afin de prendre des nouvelles de son concitoyen plutonien. Il aurait également pu lancer à ses trousses ses espions disséminés sur le territoire de la Fédération rouge. Mais il préférait laisser faire, ne pas s'impliquer davantage dans cette affaire. La Ligue, par la seule menace que représentait sa puissance, avait des chances réelles de ne pas subir de foudres trop violentes de la part du tribunal solaire. Malgré les catastrophes successives des deux nodales placées sous son contrôle, les juges n'oseraient pas l'attaquer de front. La situation des Plutoniens, elle, n'était pas aussi confortable : la charge qui leur incombait revêtait à présent une importance stratégique majeure, et Shamen-Artal doutait fort que leurs dirigeants se soient attendus à supporter un tel fardeau lorsqu'ils avaient, autrefois, tapé de leurs pieds et de leurs mains déformés sur son bureau pour l'obtenir.

Voilà ce qui arrive quand on s'efforce d'être plus grand qu'on ne l'est en réalité, songea-t-il avec délectation.

La face globicéphale du Premier secrétaire du Cartel s'imprima dans son cortex synthétique. Une communication urgente. Hasard ? Shamen-Artal en doutait.

« Je vous reçois, Ménalem. Que se passe-t-il ?

— Romus… Romus Ghylo !

— Eh bien ?

— Il vient d'y avoir un attentat ! En plein cœur d'Olympus ! Contre l'hôtel qui abrite les délégations au congrès. Des centaines de morts. Son corps vient d'être retrouvé dans les décombres… »

18

« Comme Kierkegaard fut le premier à le suggérer, nous ne pouvons jamais savoir avec certitude à qui iront nos prières, ni de qui nous viendront les réponses. Au moment même où nous pensons être au plus près de Dieu, nous sommes peut-être en train d'aider le diable. »

Norman MAILER, écrivain, *Le Nouvel Observateur*, Alte-Paris, Terre (année 2003, CS).
In CEG Histoire des idées, « Guerre des civilisations », Catalogue noir, Article 5544, Omnibibliothèque du Quantex.

Alpha V Centauri, zone indéterminée, 20 août 2940, CS.

Ils étaient arrivés au terme de leur course. Un lac, peut-être une mer, s'étendait devant eux, masse vert sombre qui portait jusqu'à l'horizon. De forts courants semblaient la parcourir d'est en ouest, lui donnant davantage l'aspect d'un fleuve, aux dimensions improbables.

Sur la rivière du monde…

Lewis se rappela sa vision fugitive avant le crash, ces bandes de couleur qui ceinturaient l'astre à différentes latitudes, d'un pôle à l'autre, et cet anneau équatorial aux éclats bleu et olive. Quelle distance avaient-ils parcourue ? Il ne pouvait l'estimer avec précision, cinq ou six cents kilomètres, peut-être ; privés de satellites-relais, ses capteurs de position ne lui étaient plus d'aucune utilité. De plus, les paysages traversés étaient tellement bouleversés et variés que la perception de leur étendue ou de leur hauteur s'en trouvait faussée, sans compter la chaleur qui perturbait les sens. Ils avaient débouché dans cette immense plaine qui descendait en douceur jusqu'à la rive fraîche et boisée, grouillante de vie.

« C'est magnifique, murmura Kiribati.

— Oui. Cela en valait la peine, au moins pour le spectacle.

— Mais nous ne sommes pas venus pour ça.

— Non… »

Le Martien regarda autour de lui. Des arbres au feuillage bleuté, touffu et odorant formaient un rideau compact le long de la berge. Des cris, des piaillements, tombaient des frondaisons. L'eau était agitée d'innombrables ondes concentriques, comme si des poissons s'amusaient à en percer la surface de leurs bouches. De fait, des myriades d'insectes argentés vrombissaient au-dessus de l'étendue liquide, proies faciles pour d'éventuels prédateurs aquatiques. Il faisait doux. L'air était pur, revigorant. Des fragrances caressaient l'odorat des deux hommes : santal, eucalyptus, conifère, vanille… Les éléments se mêlaient dans une atmosphère bucolique et printanière inespérée après des jours passés dans le désert. Comme un présent, une récompense, telles ces oasis de l'ancienne Terre ou de la planète rouge terraformée. C'était parfait. Trop parfait.

Il se mit à pleuvoir. D'abord des gouttes éparses et lourdes qui s'évaporaient avant même de toucher le sol surchauffé.

Puis de longs fils liquides, qui s'unirent bientôt en rideaux de plus en plus denses. Ils ondulaient et léchaient les visages des deux hommes de leur étoffe humide, se balançaient mollement devant leur regard. L'air lui-même semblait se transformer en une épaisse soupe de gaz, irrespirable, dont le goût de pourriture saturait leurs papilles. Les formes autour d'eux devenaient imprécises, se confondaient en une masse vert-de-gris, bouillonnante.

Lewis agita les bras devant lui pour écarter les turbulences qui voulaient l'engloutir. Il sentit la main de Kiribati sur son épaule. Le sable frémissait sous ses pieds. La mer rugissait. Un vent puissant soufflait. Le Terrien cria quelques mots qui se perdirent dans la tempête.

C'est impossible, pensa-t-il. *Le temps ne peut pas changer aussi vite...*

Une lassitude l'envahit alors, dont la soudaineté et l'intensité le surprirent, comme si l'univers entier se déversait en pluie sur ses épaules. Il se figea et ferma les yeux pour ne pas s'évanouir. La tête lui tournait. Il tenta d'inspirer profondément, mais une quinte de toux le fit se replier sur lui-même. Les molécules de l'air paraissaient grossir, se matérialiser autour de lui. Elles semblaient douées d'une vie propre, cherchaient à pénétrer dans ses narines, sa bouche... Pour l'étouffer ! L'angoisse commença de l'étreindre, d'abord insidieuse, puis de plus en plus accablante. Son esprit gelait, ses capacités de réflexion ralentissaient dangereusement.

Ce... Qu'est-ce qui... se passe ?

Il haletait. Son cœur battait la chamade et son corps ne semblait plus obéir aux ordres qu'il lui donnait. Il était paralysé. Alors ce fut la peur... Comme un serpent, elle se tordit dans chaque circonvolution de son cerveau, chaque fibre de son être, pour se muer en terreur pure, inhumaine... Son esprit ne pouvait rien tenter pour raisonner. Il voulut crier, appeler Kiribati, mais il ne sentait plus rien. Il n'avait plus aucune force. Il était planté là, seul, sur la rive de ce monde inconnu. Ses nanoprocesseurs flanchèrent. Il sombra.

***

Lewis marche dans l'ombre portée par le double soleil. Ses pieds nus se posent dans des traces de pas encore fraîches, sur le sable du sentier qui escalade la montagne. Il fait chaud. L'air est humide. Des moustiques bourdonnent à ses oreilles. Il les chasse avec des grands mouvements de bras qui l'obligent à relever la tête. La canopée s'étend loin au-dessus de lui, et au-delà, l'émeraude d'un ciel inconnu. Il est inquiet. Et puis il y a ces empreintes qu'il suit depuis des heures, peut-être des jours, il ne s'en souvient pas. Alors il accélère le rythme, essaie de se concentrer sur le seul effort de sa marche pour ne penser à rien d'autre. Le chemin s'étrécit encore pour former devant lui une raie de lumière verte qui déchire la forêt comme un rayon laser. Il voit une silhouette, très loin. Il lui semble la reconnaître, que ses formes évoquent quelque chose en lui, quelqu'un. Alors il appelle, plusieurs fois, il crie. En vain. Cela n'a pas d'autre effet que de le fatiguer davantage. Il comprend qu'il n'a aucune chance de rattraper l'apparition. C'est douloureux. Peut-être une simple émanation de son esprit. Il a peur. La jungle est hostile… Que s'est-il donc passé ?

Ses souvenirs le ramènent au moment de sa fuite, à bord de la galère, avec ses compagnons, puis à leur chute sans fin sur Alpha V, dans un tourbillon de flammes, de chocs et de cris. Ont-ils péri ? Est-il mort, lui aussi ? Il ne s'en souvient pas. Soudain, il entend son propre rire qui rebondit sur la voûte des arbres : comme si l'on pouvait se souvenir de sa mort… Alors, qu'arrive-t-il ? Cet endroit ? Ce temps ? Il poursuit sa marche, il court maintenant, c'est la seule chose qu'il n'a pas encore essayée. Il lui semble que la forme devant lui a grossi, comme s'il s'en était rapproché. C'est ça. C'est… *elle*. Gloria. Il l'appelle. Il hurle son nom. Elle ne se retourne pas. Peut-être est-elle trop loin… Non, il est sûr que non. Elle ne veut pas se retourner. Il la voit déboucher dans une clairière, baignée par un étrange éclat. La lumière, blanche et pure, tourne brusquement, baisse de plusieurs tons jusqu'à devenir glauque. Les buissons et les arbres se déforment, vrillés sur eux-mêmes comme sous l'effet d'une langue de feu invisible. Il n'y a pas un bruit, pas un chant d'oiseau, pas même le bourdonnement rassurant des moustiques. Le silence dévore tout. Seul le choc de ses pas résonne dans son esprit. Ses paupières sont lourdes, le brûlent. Il les ferme pour pleurer.

Lorsqu'il ouvre de nouveau les yeux, il est dans la clairière. Une source jaillit en son centre. L'eau s'étale en une petite mare limpide sur l'herbe rase qui lui caresse les pieds, comme une dalle de cristal dans un écrin de verdure. Les deux étoiles luisent à la verticale de la trouée. Et dans la lumière bienfaisante qu'elles répandent, deux enfants sont assis…

« Approche, Lewis, dit le garçonnet à la peau noire et au crâne nu, vêtu d'une robe blanche.

— N'aie pas peur, ajoute sa jumelle au teint de lait assise à sa droite sur l'herbe, qui lisse soigneusement les pans de sa robe noire.

— Qui… qui êtes-vous ? » murmure Khandra en s'avançant avec lenteur.

Il a l'impression de poser les pieds sur une épaisse couche de coton. L'angoisse a disparu.

« Nous sommes ceux que tu cherches depuis longtemps, Lewis, répond l'enfant.

— Tu peux nous appeler les… *Lieurs* », ajoute la gamine dans un sourire enjôleur.

Les Lieurs… Ceux dont parlaient Rembrardt…

« C'est cela, Lewis. Enfin… à peu près.

— Mais… comment connaissez-vous mon nom ? (Les deux gamins partent dans un fou rire. Le Martien s'esclaffe lui aussi. Il s'assied à moins d'un mètre d'eux, confiant, rassuré.)

— Nous avons lu tes pensées, explique la fillette, qui penche la tête vers lui en une moue étrangement sérieuse. Comme tu as appris à le faire, toi aussi. (Lewis hésite, tente une incursion mentale, mais rien ne se produit. Seulement l'écho de sa pitoyable expérience.) Sauf que tu ne le peux pas avec nous !

— Vous êtes venus m'aider ?

— Non, Lewis, c'est toi qui viens pour nous.

— Mais… (Il secoue la tête) Je ne suis pas ici par hasard, n'est-ce pas ?

— Il n'y a pas vraiment de hasard, tu sais, répond le gamin, jamais. Mais où crois-tu donc te trouver ?

— Voyons, je… Sur la cinquième planète de Centauri. Mon vaisseau s'est écrasé et…

— Tu parles des apparences, rien que des apparences.

— Non, je sais bien ce qui s'est produit, rétorque Khandra un peu véhément. J'ai perdu plusieurs de mes compagnons, ils sont morts. Ce ne sont pas des apparences !

— Tu ne peux en être sûr, insiste la fillette. Mais laissons cela pour l'instant. Il y a plus urgent. Il va falloir plonger...

— Plonger ? Mais où ? demande Lewis en désignant la clairière de ses bras agités. Dans cette mare ?

— Dans la Rivière du Monde », répondent en chœur les deux enfants.

Et Lewis plonge.

Il fait noir. Le néant tout autour. Il ne ressent qu'une impression d'absence, une solitude absolue, absurde. Les enfants ont disparu, comme la clairière, comme la sensation physique d'exister. Il fait noir... Mais faut-il qualifier ainsi cette sensation ? Ici – ou ailleurs – le noir est l'absence de *tout*...

« Dites quelque chose ! Que se passe-t-il ? Que m'arrive-t-il ? »

« Tout ce que tu peux imaginer », répond une voix qu'il ne reconnaît pas, ni féminine, ni masculine, peut-être pas humaine.

« Qui... qui êtes-vous ? »

Il n'éprouve pas d'angoisse. Seulement de la curiosité.

« Nous avons déjà répondu à cette question. Mais toi, Lewis, toi ! Qui es-tu ? »

« Mais je... De Mars, je viens de Mars. Je suis un soldat. Qui voulez-vous que je sois d'autre ? »

« Seulement ce que tu veux bien être. »

La réponse tombe de nulle part et de partout à la fois.

« Mais... Je... je ne sais pas qui je pourrais être d'autre ! »

« Tu acceptes enfin ton ignorance, c'est bien. Tu sais très bien ce que tu es, mais tu en as peur. Pourquoi n'essaies-tu pas de voir plus clair en toi-même, d'être plus serein ? »

La curiosité s'efface peu à peu. Derrière, il y a...

« La peur ! C'est la peur qui te bloque, je te l'ai dit. De quoi as-tu donc peur ? »

« Je ne sais pas... »

« Fais un effort ! »

« J'ai... j'ai peut-être peur de... moi. D'être moi... »

« Pourquoi ? »

« J'ai peur de ne pas arriver à faire ce à quoi l'on m'a destiné. »

« Parce qu'on t'aurait destiné à réaliser quelque chose ? C'est présomptueux... »

« Les Zakkapistes… Ils… ils m'attendent. »
« Qui sont-ils ? »
« Des hommes. Ils souffrent… »
« Tous les hommes souffrent, Lewis, tous les êtres vivants. »
« Oui, mais je crois… enfin… je crois que je peux les aider à alléger leurs souffrances. »
« Comment ? »
« En devenant… leur guide, quelque chose dans ce genre. »
Il n'est pas sûr de lui. Il veut l'être mais il ne le peut pas.
« C'est bien plus que cela, Lewis. Être guide n'est qu'une formule. Tu dois être le symbole d'une nouvelle étape à franchir. » La curiosité revient. L'avidité. « Toi seul peux la découvrir… »
« Mais je ne peux pas… »
« Cesse de t'inquiéter. »
« Mais je suis seul… SEUL ! Regardez : tout est noir ! Ma tâche… Elle m'effraie. Mon père est mort en emportant son secret. Je n'ai pas eu le temps de lui parler, de le questionner. Et ceux qui le connaissaient me manipulent : les archipapes, les Martiens, les Eugénistes. J'ai déjà échoué sur Terre. Je me suis fait avoir. J'ai si peur d'échouer encore ! Je suis seul… »
Il sent quelque chose… Des larmes ?
« Tu ne seras plus jamais seul. »
La réponse le rassure, le guérit aussitôt de ses tourments. Il veut en savoir plus.
« Tu as marché. Tu as vu la rivière. Et tu y as plongé… »
« La Rivière du Monde… Les enfants. Je me souviens. »
Un écho lointain dans son être, un écho bizarrement… humide. Mais quel est donc l'organe qui l'informe de cette sensation ?
« La vérité provoque la douleur… Ton espèce doit le comprendre et l'accepter. Tu souffriras encore. »
« Vous avez l'air de vous en réjouir. »
« Je me réjouis de la souffrance des hommes, je me réjouirai sans cesse de la tienne. J'espère que tu souffriras beaucoup ! »
« Pourquoi ? »
Cynisme ? À moins qu'il ne s'agisse, là encore, d'une simple illusion.

« Parce que de ta souffrance, de vos souffrances viendront la vérité, TA vérité, la vôtre. Et vous saurez, enfin. »

« Je saurai quoi ? »

Il est exaspéré.

« Tu sauras qui tu es et ce que tu dois accomplir. Tes semblables sauront où tu veux les mener. Ils sauront l'espoir qu'ils peuvent embrasser, la voie du Lien. »

« Le Lien… oui… Le Lien ! Je me souviens. Et je serai seul pour accomplir ça ? »

« Tu n'as pas bien compris. Tu n'es déjà plus seul. »

« *Qui* êtes-vous ? »

La curiosité, encore. Et l'inquiétude.

« Je suis là, je suis, c'est tout ce qui importe. »

« Vous me l'avez déjà dit. Vous évitez de répondre ! Êtes-vous… *Dieu* ? »

Un rire, fulgurant, presque électrique.

« Quelle prétention ! Je suis, ou plutôt, nous sommes… des sortes de consciences. Je/Nous veille/veillons sur toi. Et sur ta race. Depuis les origines du monde. »

Peut-il s'agir des Veilleurs ? Est-il perdu sur le Quantex ? Mais comment aurait-il pu s'y fondre, par quelle liaison ?

« Combien êtes-vous ? »

« Trop nombreux, depuis bien trop d'éons, pour être décomptés… Mais ça n'a pas d'importance : je/nous ne fais/faisons qu'un, de toute façon. »

« Êtes-vous réels, vivants ? »

« La réalité, la vie… Ces concepts me/nous sont étrangers, maintenant. Ils ne l'étaient pas… *avant.* Mais cesse de te poser des questions inutiles. Ne cherche donc à résoudre que tes propres énigmes. »

« Vous intéressez-vous aux autres hommes… de la même façon qu'à moi ? »

« À certains d'entre eux, oui. »

« Pourquoi ? »

« Je/Nous m'inquiète/nous inquiétons du devenir des êtres qui ont compté, qui comptent ou qui compteront. »

« Dois-je considérer votre sollicitude comme un honneur ? »

Il est intrigué. Doit-il se sentir fier ?

« L'honneur… Je/nous ne sais/savons pas si l'on peut parler d'honneur en ce qui te concerne. La tâche que le destin t'a imposée est tellement lourde ! Ton épreuve ne fait que commencer… D'autres hommes avant toi, à d'autres époques, ont défriché le chemin sur lequel tu marches. Tu dois poursuivre leur œuvre, car tu es proche du but. »

« Sinon, si je ne réussis pas, si je refuse, que se passera-t-il ? »

De nouveau, l'angoisse… Mais il s'agit d'une autre angoisse, qu'il a perçue très fugitivement, extérieure, différente de la sienne. Ce pourrait-il qu'il ait ou qu'ils aient peur ?

« Ferme tes yeux, Lewis, laisse glisser ton âme sur la Faille et… regarde. »

Il a confiance. Il s'exécute. Et son esprit bascule à la vitesse de la lumière…

Il voit des étoiles, des constellations qui s'imbriquent les unes dans les autres, des novae ensemençant l'espace ; des soleils morts, bruns et minuscules, d'autres qui naissent ; une infinité d'astres autour desquels tournent des mondes, des mondes nus, stériles et froids ; des géantes gazeuses dont les couleurs lui sont inconnues ; des protoplanètes embrasées par des feux intérieurs, déformées par les impacts météoritiques ; des disques d'accrétion dans des nuages d'hydrogène. Il voit le souffle de l'univers, se laisse porter par sa danse infernale qui l'emmène toujours plus loin dans le temps et l'espace. Il ne peut plus rien faire, ni penser, encore moins résister. Mais il a confiance, il sent que les Lieurs sont là.

Et le voyage se poursuit. Les étoiles se concentrent autour d'un cœur sombre, s'organisent, s'agglutinent en amas, en bras, en spirales. En une galaxie. Il flotte au-dessus de cet océan de lumière dont l'exquise beauté l'absorbe.

Alors il se laisse tomber, plongeant à travers la Voie lactée comme dans un lac à l'onde claire. Il survole le Soleil… la Terre, Mars, Jupiter, Titan, les mondes de ses frères qui souffrent et se débattent ; il voit leurs combats, il voit la guerre, les batailles, les morts, les massacres, la laideur. Un instant, il comprend ce qu'il fait ici, pourquoi les Lieurs l'ont amené ici : pour appréhender l'ampleur du désastre, l'impérieuse nécessité de la tâche qu'il doit accomplir. Mais le voyage continue. Il quitte le Système pour se retrouver en un éclat de pensée dans Fomalhaut, il frôle la surface d'un monde à l'agonie qui brûle et se consume. Il sait ce qui s'est produit là. Et voici Centauri, ses soleils vert et blanc, une planète où la vie foisonne, où les hommes se sont installés pour y poursuivre leur expansion et y apporter leurs conflits… Il voit le cinquième astre, il voit la carcasse calcinée d'un vaisseau, ses semblables qui s'affairent autour, qui tentent de survivre. Il sait ce qu'ils font là, ses compagnons, il n'est même pas surpris d'apercevoir sa propre silhouette qui marche dans un désert, avec Kiribati. Et il croit voir Yuro… Oui ! C'est bien lui, là-bas, sous un bosquet d'arbres rachitiques, il respire, il vit, il n'est qu'à quelques centaines de mètres des autres naufragés. Lewis tente de les appeler, de leur faire signe, mais il n'a pas le temps. Déjà il repart vers l'inconnu.

Sa vitesse s'accélère. La galaxie se désorganise en un tourbillon d'énergie inépuisable. Sa vision se transforme, il ne ressent plus qu'une succession de flashes stroboscopiques qui se mêlent pour former un tunnel, comme l'intérieur… d'un ver. Avec une multitude de possibilités. Des intersections l'attirent, d'autres le repoussent. Il se laisse flotter. Enfin, d'autres mondes apparaissent, semblables à la Terre ou bien à Alpha IV : il voit des mers, des océans, des fleuves, des chaînes de montagnes, des continents, des îles et des villes, plus qu'il ne peut les compter, avec leurs habitants, leurs cultures, leurs rites, leurs systèmes… Des races, des espèces, des intelligences nouvelles, parfois curieusement semblables à la sienne, parfois déconcertantes, à peine identifiables. Il voit des créatures somptueuses, d'autres grotesques, des êtres vivant dans les airs, se nourrissant de gaz, s'agglutiner en sociétés de milliards d'individus, en une seule entité, en un esprit collectif et unique. Il voit encore des monstres tout droit sortis du Crétacé terrien, marchant dans la savane sur des chemins de marbre, dissertant tranquillement du temps et de sa signification ; puis des cités fantastiques dont les constructions grimpent sur des kilomètres à l'assaut du cosmos et à côté desquelles les villes de la Terre ne sont que des bourgades misérables ; des océans peuplés de nénuphars sur lesquels dérivent des amas d'algues conscientes et leurs symbiotes cétacés. Il voit l'infinité des chemins de la vie…

« Maintenant, tu comprends », dit le petit garçon.

Son voyage s'est achevé aussi brutalement qu'il avait

commencé. Il n'en ressent aucun malaise, aucune conséquence. Mais il sait, oui, il comprend.

« Si tu ne réussis pas, tout ce que tu viens d'appréhender risque de disparaître.

— Comment pourrais-je être la cause de tout cela ? proteste Lewis. C'est injuste. Je n'ai rien fait qui…

— Tu ne peux être la cause. Il n'existe qu'UNE cause ! Mais tu es l'un des instruments choisis par le destin pour modifier les effets de cette cause… Il y en a eu bien d'autres avant toi, comme ton père et tes ancêtres, que la nature avait bénis en les dotant de capacités nouvelles pour ton espèce. De toi, de ta vie, de tes actes dépendent et dépendront beaucoup de choses ! Le Lien. Et avec lui, toute la Coexistence.

— La Coexistence ?

— L'harmonie galactique, qui rassemble les êtres et les civilisations.

Tout ce que j'ai vu, songe Khandra. *C'est donc cela…*

« Oui, Lewis, répond la fillette. Et encore n'en as-tu perçu qu'une infime partie.

— L'humanité… fait-elle partie de cette *Coexistence* ? »

Le silence, de nouveau. Puis une sorte de soupir…

« Qu'as-tu ressenti, Lewis, au-delà de la surprise et de l'émerveillement ? Qu'as-tu ressenti vraiment en découvrant ces mondes et leurs peuples ? »

Lewis se concentre, cherche les possibilités, mais il sent qu'il n'en existe qu'une, dont l'évidence l'effraie, par tout ce qu'elle implique…

« La… la paix, répond-il simplement. La paix…

— Éternelle et universelle, renchérit le garçon.

— Mais quel est le rapport ? »

Il comprend, alors même qu'il vient de poser la question. Il comprend.

« L'humanité n'est pas en paix, elle ne l'a jamais été, expliquent en chœur les enfants. Son échec est presque unique dans l'histoire galactique. Elle doit absolument retrouver l'unité perdue lors de son évolution, sinon, tant qu'elle sera duale, elle ne pourra pas intégrer la Coexistence. Et tant qu'elle ne pourra pas l'intégrer, la Coexistence ne sera pas en paix, car les menaces sont trop grandes.

— Des menaces ? Les hommes vous menacent ?

— Tu dois le savoir, Lewis. Lis dans ton cœur : tu es un homme. Nous menaces-tu ? »

Khandra se laisse submerger par sa foi, sa propre connaissance de l'âme humaine. Il sait, oui, il sait ce que les hommes peuvent faire. Il l'a vu, il l'a vécu, il l'a fait, il l'a aimé : la guerre, la mort, la haine, la torture, le mensonge ; mais aussi la joie, le pardon, l'amour. Oh oui ! L'amour : il l'a fait. Avec elle. Cette autre part de lui-même qu'il veut absolument retrouver. Pour s'unir à elle. Les deux principes… Pour l'harmonie…

« Tout ton être sait pourquoi tu nous menaces, pourquoi la Coexistence a peur de vous. Mais en même temps… elle vous attend, vous espère. Elle sait que vous pouvez vaincre vos propres démons, que vous pouvez encore ne pas succomber comme d'autres races avant vous. Elle… elle a besoin de vous, votre énergie vitale est l'une des plus puissantes que la nature ait jamais créées ! Vous manquez à l'accomplissement et vous devez nous rejoindre sur la voie du Lien. Sinon…

— Sinon ?

— D'autres… d'autres *choses* se produiront.

— Quel genre de choses ?

— Il te faut partir, maintenant.

— Répondez-moi ?

— Tu dois rejoindre les tiens…

— Attendez !

— Mais avant, tu dois savoir ceci… »

Un choc.

Brutal. Inouï !

Comme une onde mentale qui se brise sur le socle auquel il est soudé, au milieu du néant. Il sait. Il a vu, mais l'onde le bouscule, s'acharne à le désagréger, grain de conscience par grain de conscience. Ses pensées se dissolvent en un furieux bouillonnement de rancœurs.

L'impuissance.

Sa raison n'aboutira pas. Il ne se souviendra pas. Pas tout de suite. Il aura seulement l'intuition.

Alors, il sombre.

Pour remonter vers la surface…

19

« Allakmen ! Ainsi périra le Tyran.
Ainsi viendront les nouveaux temps ! »

Chant de ralliement zakkapiste, origine terrienne vraisemblable (XXVe siècle, CS).
In CEG Histoire du système solaire, « Terre », « MRVO », Catalogue tau prime, Article 99700, Omnibibliothèque du Quantex.

Lieu et date indéterminés.

Un vertige le conduisait vers l'infini, une spirale de concepts inaboutis qui, boucle après boucle, l'emprisonnait dans ses propres névroses, le condamnant à en subir à jamais les sévices.

Partout et nulle part.

Rien… Et tout.

Le temps glissait sous lui. Les univers l'engloutissaient dans les replis de leurs probabilités. La matière s'était dissoute. La lumière n'était plus qu'énergie. Et l'énergie elle-même s'évaporait.

Il lui semblait entendre des rires, peut-être des hurlements. Des plaintes. Il lui semblait reconnaître des voix… Et bien d'autres choses inconnues, mais pourtant familières, qui surgissaient de l'abîme de silence où son esprit s'enfonçait peu à peu.

Alors, pour la première fois, Markus II Valoras eut peur de comprendre le véritable sens du mot *immortel*…

20

« Certains nous disent que le Cocon est un nouvel âge d'or.
Mais l'or est la cause de toutes les guerres.
Alors combien de temps connaîtrons-nous la paix ? »

Shony BERGMAN, Discours d'introduction à la Loi d'urgence de l'An 370,
Agora extraordinaire du Cocon, New Manhattan, Terre,
An 370 de l'Équilibre (année 2800, CS).
In CEG Histoire de l'art humain, « Terre », Catalogue gamma secundus, Article 1102, Omnibibliothèque du Quantex.

Magnitogorsk, UECA, cadran central de Kuiper, 1er septembre 2940, CS.

« Séréna !
— Hotto… »
Les anciens amants s'étreignirent aussi fort que le premier jour. Lamjic posa délicatement ses lèvres sur celles de la jeune femme, dans un élan qu'il voulait simplement amical. Dembozi le serra dans ses bras. Elle pouvait sentir son corps sous l'étoffe de soie de son habit, elle voulait enfouir son nez dans le creux de son cou. Son parfum… Le passé revenait. Enfin. Les domestiques détournaient leurs regards. Ils s'écartèrent l'un de l'autre
« Jamais je n'aurais cru te revoir un jour, susurra-t-elle.
— Ça fait combien de temps ?
— Seize mois solaires, une semaine et quatre jours.
— Hm, c'est Viviame qui a dû tenir ce décompte, n'est-ce pas ? (Dembozi se contenta de sourire, sans acquiescer.) Elle n'a pas compté les heures ? Cela m'étonne, ricana Lamjic.
— Elle a arrêté lorsqu'elle a pu enfin percevoir ton image et ta voix. Maudit réseau ! Je ne comprends pas pourquoi ça fonctionne aussi mal. Heureusement que vous avez pu recevoir le message de Viviame, ton gouvernement et toi.
— Le… le Quantex n'y est pour rien, hésita le prince. Nous avons bien capté les mises en garde de Cérès… enfin, de Viviame, lorsque tout s'est remis à fonctionner, mais il a fallu que nous restions isolés. C'est pour ça que vous n'aviez pas de nouvelles.
— Vous isoler ? Mais pourquoi ? Des Investigateurs ?
— Heu… pas tout fait, Séréna. En fait, ils nous ont protégés. »
Dembozi tiqua. Quelque chose sonnait faux dans le ton de Lamjic, dans son récit, quelque chose qui lui faisait soudain très peur. Comment aurait-il pu, lui, accepter l'aide des sbires du CIS, alors même que leurs croiseurs faisaient régner l'ordre terrible de la Loge partout dans l'Union ?
« Explique-toi, Hotto. S'il te plaît. »
Le jeune homme se racla la gorge et détourna les yeux. Un grondement ébranla la cité. Comme à chaque heure, les fusiojets s'enclenchaient pour raccrocher l'astéroïde sur son orbite.

« La Douma a décidé de livrer les Pirates et les rebelles qui s'étaient maintenus dans nos ports malgré nos avis d'expulsion, avoua-t-il.

— Quoi ?!

— Nous ne pouvions résister plus longtemps aux pressions du Corps, Séréna. Il nous fallait protéger nos intérêts, notre popul…

— Vos intérêts ! hurla Dembozi dont l'ébène du visage virait au violet sombre. Ah ! Tu les cites dans le bon ordre, ces intérêts, Lamjic, avant même ton peuple !

— Je t'en prie. Ne fais pas un drame pour quelques corsaires en déroute ! Et les Zakkapistes, eux, ne nous ont apporté que des difficultés. Cérès n'aurait jamais dû leur accorder sa protection, même en secret. C'était… une erreur.

— Cérès a peut-être commis une erreur, mais toi… Toi ! Tu les as livrés, articula Séréna, le regard vide.

— Pas moi, crut bon de préciser le prince, la Douma…

— Qui mange dans la main de ta famille depuis deux siècles. »

Lamjic ne se démonta pas pour autant. Il s'évertua à convaincre la jeune femme, la meilleure amie de sa fiancée, du bien-fondé de ses choix. Il ne voulait pas perdre sa confiance, pas maintenant. Il avait déjà perdu son amour autrefois… Et il ne voulait surtout pas risquer de perdre en plus celui de Viviame. Il nomma les unes après les autres les villes dérivantes de Kuiper – et elles étaient nombreuses – qui avaient pris l'option de la collaboration, comme si la passivité était à ses yeux une garantie de moralité.

Pour Séréna, l'issue devenait évidente : l'Union économique des Cités astéroïdes était morte, tiraillée entre les multitudes d'intérêts contradictoires qui agissaient depuis sa création comme autant de forces centrifuges. Dans la Ceinture, s'ils n'avaient pas encore trahi leurs grands principes indépendantistes, les notables commençaient à se replier sur leurs possessions et à s'enterrer dans les galeries de leurs astrolithes dans l'espoir d'échapper au désordre. Les Pirates étaient partis d'eux-mêmes ; ce qui, bien évidemment, avait évité à la Diète de prendre une décision dramatique à leur sujet, mais ne l'avait pas pour autant convaincue d'adhérer à l'alliance titano-jovienne. Quant aux fidèles de Saros – que la plupart des dirigeants de l'UECA considéraient comme de vulgaires terroristes ayant échappé à leur contrôle – si on ne les avait pas dénoncés, on ne les avait pas non plus protégés des perquisitions et des rafles des Investigateurs. À de rares exceptions près, comme sur Vesta, la cité de Viviame, ou sur Katangaya, la sienne.

Le pragmatisme, songea la jeune femme, dépitée. *C'est ce foutu pragmatisme qui nous a fait renier nos valeurs...*

Elle regarda Lamjic. Il était toujours aussi beau, aussi séduisant. Le feu de la passion brillait encore dans ses yeux. Mais quelle énergie pouvait bien l'alimenter ? Séréna se souvenait de ses nuits d'étudiante passées à refaire l'univers avec le prince, entre deux étreintes passionnées. Puis à leur nécessaire séparation, puisqu'ils avaient décidé de suivre des chemins politiques différents. Où était cette ardeur, à présent, celle de l'engagement idéologique dans ce qu'il avait de plus pur ? Diluée dans quel conformisme ? Un politicien, comme ceux de la Ceinture, voilà ce qu'il était devenu.

Compromis, compromission !

Ses regrets de n'avoir pu l'aimer plus longtemps s'envolèrent. Au moins, elle n'aurait pas effectué ce voyage éprouvant entre les deux ceintures pour rien. Quant à Viviame d'Alméranda, son amie, sa sœur, au-delà de l'immensité qui l'avait maintenue physiquement séparée de Lamjic, un précipice bien plus vertigineux encore venait de s'ouvrir devant elle, que la princesse de Vesta ne se résoudrait jamais à franchir : celui de la trahison.

21

« D'où, demain, ce probable ministère de la peur qui dominera, du haut de ses satellites et de ses antennes paraboliques, le très démodé ministère de la Guerre, (...) depuis l'essor d'un hyperterrorisme qui ne nécessite même plus la masse des divisions blindées et dont le système d'armes est principalement constitué par l'ensemble des moyens de communication de masse retourné contre l'adversaire. »

Paul VIRILIO, *Ville panique*, Éditions Galilée, Alte-Paris, Terre (année 2004, CS).
In CEG Histoire de l'Humanité, « Guerres et évolution », Catalogue IX ter, Article 70045, Omnibibliothèque du Quantex.

Olympus City, Fédération des États martiens, 2 septembre 2940, CS.

Les tirs de mortiers plasmiques avaient succédé aux attentats. Tapis sous leurs nanotoiles de dissimulation urbaine, les snipers du MRVO fauchaient les forces de l'ordre par grappes entières dès que leurs unités posaient les bottes sur le sol. Les cadavres s'entassaient le long des murs des quartiers résidentiels. Dans les faubourgs, des commandos rebelles attaquaient les camps de détention pour en libérer les prisonniers, qui venaient alors grossir leurs rangs. Pris au dépourvu, désorganisés, les services de secours de la capitale tentaient de répondre aux appels des citoyens affolés, mais les hôpitaux ne pouvaient plus faire face. Les commerces ne fonctionnaient plus. Les administrations, les universités, les écoles, les théâtres étaient fermés, le trafic des tubes à vide très perturbé, lorsqu'il n'était pas totalement suspendu.

Relayées par des cybernetworks incapables de maîtriser le flot d'informations contradictoires qui leur parvenaient, les rumeurs amplifiaient la panique. Le souvenir des pluies de sang meurtrières de juin brûlait encore dans les mémoires, sans parler de l'attentat de Tharsis, l'année précédente, qui semblait avoir sonné le déclenchement de cette invraisemblable série de catastrophes naturelles et politiques. Depuis, les attaques, même sporadiques, n'avaient pas cessé. On parlait d'invasion… Certains prétendaient que le départ de la 3e flotte et de ses 55 000 hommes, commandés par l'amiral Aikon, avait affaibli les systèmes de défense de la Fédération. Pourtant, quelle armée, quelle nation seraient suffisamment puissantes – et insensées – pour oser s'attaquer à la planète de la guerre ? Les plénipotentiaires étrangers se précipitaient vers les spatioports pour fuir, sans attendre la prochaine cérémonie d'intronisation du président Safaris. Mais les services de l'Immigration interdisaient le décollage des paquebots civils. Perchée sur son orbite, la Loge elle-même avait reçu l'ordre de l'Anneau de défense de ne tenter aucune manœuvre. L'angoisse et la confusion paralysaient la population, déjà déstabilisée par l'absence de réaction des autorités. Et derrière les hauts remparts de plastacier du nouveau palais présidentiel, le gouvernement tergiversait. Edmund W. Safaris enrageait :

« Liquidez les poches de résistance ! Je veux voir les têtes de ces criminels attachées aux grilles de la place d'Aonis avec du barbelé !

— Heu, Aonis est occupée par la défense civile qui vient d'y installer ses postes médicaux avancés, crut bon de préciser le secrétaire d'État à la Sûreté fédérale. Je ne sais pas si cela aura un grand retentiss…

— C'est une image, imbécile ! mugit le président en abattant ses deux poings sur la table de conférence. Safrini !

— Excellence ?

— Amazonis ! Que se passe-t-il en Amazonis ?

— Heu, heu… Tout va à peu près bien, excellence, mentit le gouverneur de plus en plus obèse, qui s'agitait à sa droite, très mal à l'aise.

— À peu près bien ? À peu près bien ? Vous vous foutez de moi ?

— Eh bien, je… non, excellence, jamais je ne…

— Par l'Olympe ! Vous accouchez, oui ? Ou vous voulez que je vienne moi-même vous décoller la langue avec une torche à fusion ?

— Quelques incidents, excellence, quelques attaques sans conséquences, s'empressa de piailler Safrini qui ne savait plus comment éponger sa sueur grasse avec les manches de sa chemise. Rien… rien à voir avec ce qui se passe ici ! »

C'était la phrase de trop. L'affront subit était déjà difficile à supporter pour Safaris. Mais en tant que futur Omniexécuteur des lois chargé d'administrer le prochain Gouvernement solaire, il ne pouvait endurer que son plus zélé serviteur ose, même par pure bêtise, lui rappeler que sa capitale concentrait sur ses murs l'essentiel des assauts ennemis. Le président télétransmit son ordre. Un garde Temps Zéro, rangé derrière le chef de l'État, orienta le canon de son fusil MPHV vers Naïm Safrini, qui s'écroula sur son fauteuil, assommé par une décharge d'infrasons. Safaris se rassit, visiblement calmé.

« Et maintenant, messieurs, j'attends des propositions précises pour mettre un terme à l'anarchie. Sinon, je n'hésiterai pas à faire taire ceux qui cancanent sans réfléchir comme de la volaille… »

***

Au moins sa séance quotidienne d'essayage parvenait-elle à le calmer… un peu. Les couturiers l'agaçaient, à se courber et à s'ébattre ainsi autour de lui avec leurs paires de ciseaux, leurs aiguilles et leurs bobines de fil. Pourquoi avait-il accepté de se prêter à cette mascarade ? Certes, son costume de sacre dépasserait en beauté et en magnificence tout ce qu'un uniforme militaire de l'état-major pourrait jamais lui offrir ; l'habit serait sans aucun doute à la hauteur de son nouveau statut, bien plus impressionnant que celui porté lors du congrès. Mais tout de même… Des techniques plus modernes lui auraient certainement permis de ne pas perdre de temps. Un T-zéro annonça le gouverneur d'Amazonis…

Par l'Olympe…

« Qu'il entre ! » vociféra Edmund Safaris.

Safrini pénétra sur la pointe des pieds dans la chambre du président. Il avait l'air groggy. Le garde avait peut-être un peu forcé la dose pour l'endormir…

« Excellence, vous êtes… C'est au-delà des mots.

— Alors, ne dites rien ! Ce sera plus simple. »

Le laquais s'approcha de son maître, se demandant bien comment il allait aborder le sujet qui l'amenait ici. Ces derniers temps, le caractère déjà très difficile du dirigeant martien n'avait cessé de s'assombrir et de se durcir, jusqu'à devenir parfaitement imprévisible. Safrini venait de l'apprendre à ses dépens.

« Vous avez de bonnes nouvelles, j'espère ? soupira Safaris en arrachant d'un coup de coude maladroit le pan de tissu bleu roi qu'un des artisans s'échinait à faire tenir sur sa poitrine. Pardon… Alors ?

— Excellence, je… La situation paraît se stabiliser. Les combats se font plus rares et l'action des marines a changé la donne. Les rebelles refluent dans les quartiers périphériques.

— Très bien.

— Cependant, l'état-major insiste pour que vous donniez l'ordre aux Temps Zéro d'intervenir. Cela réglerait l'affaire en quelques heures et…

— Je le sais ! Mais cela ne ferait aussi que galvaniser le MRVO, qui ne manquerait pas d'interpréter ce geste comme un signe de ma faiblesse. Les commandos n'agiront qu'en dernier recours.

— Comme il vous plaira, excellence, acquiesça le ministre. (Il affichait une mine de plus en plus gênée.) Cependant, il y a… il y a autre chose. »

Safaris congédia les tailleurs. Il avait tenu dix minutes entre leurs mains. À ce rythme, le costume ne serait jamais prêt à temps, ce qui n'était pas un problème : il lui suffirait de retarder la cérémonie de quelques jours.

« Je vous écoute, monsieur le gouverneur. »

Naïm Safrini se tourna vers la double porte de l'entrée, que gardaient de chaque côté deux soldats. Une créature hideuse, aux yeux ronds et glauques fichés dans une tête difforme se tenait sur le seuil, souriant de ses minuscules dents pointues. La peau blafarde et distendue de son crâne réfléchissait la lumière des éclairages gravifiques.

« Que… C'est quoi, cette mascarade ? s'étrangla Safaris.

— Excellence… (Safrini trébucha en reculant vers la porte.) Oh ! Je… je vous présente le secrétaire de la commission du Cartel de la Ligue, Ménalem Ghobal. Il a insisté pour s'entretenir avec vous.

— Il a… *insisté* ? Pour s'entretenir ? (Les yeux du président étaient au bord de leurs orbites, son visage congestionné.) Et vous l'avez conduit ici ? Dans mes appartements privés ? ! »

Il allait exploser ! Si son plus proche conseiller se permettait d'outrepasser ainsi ses instructions les plus fermes en matière de sécurité, qu'en serait-il alors de ses autres subordonnés ? Il n'eut pas le temps de laisser libre cours à sa colère. Sans y avoir été invité, le gnome fit quelques pas dans la pièce ; les gardes n'avaient pas bougé. Safaris prit une profonde inspiration et leur donna l'ordre, par son implant neural, de se saisir de l'importun.

« Ce ne sera pas nécessaire », fit le visiteur d'une voix étrangement suave.

Il se tourna vers les soldats, qui quittèrent la pièce en refermant les portes derrière eux. Stupéfait, Safaris chercha le gouverneur des yeux, mais ce dernier s'était éclipsé. Cette fois, c'était sûr : on en voulait à sa vie. La tentative d'assassinat du camp de réfugiés d'Orkato lui revint en mémoire.

« Mais comment… comment osez-vous ? Que voulez-vous ?

— Hm, rencontrer le nouveau chef de l'humanité, rien de plus.

— Je… Hm, je… je ne suis pas encore désigné pour…

— Allons, excellence, ne tournons pas autour du pot ! Tout s'est déroulé jusqu'à présent comme vous l'aviez prévu, n'est-ce pas ? La Loge a obéi, la Veille vient de publier les résultats du référendum – évidemment favorables, les autres nations se courbent pour vous manger dans la main… Et la Ligue consent à vous rendre cette visite pour vous féliciter.

— La Ligue ? Vous ? Je me serais attendu à voir le Premier magnat, fit remarquer Safaris qui reprenait contenance. (Il fit quelques pas vers son bar et se servit un verre de vin.) Puis-je vous offrir quelque chose ? »

Ghobal eut un ricanement bizarre et pencha la tête sur le côté. Il frottait ses mains tordues l'une contre l'autre.

« Nous ne buvons pas souvent, sur Pluton. Il y a tellement de choses que nous ne faisons pas comme vous… »

Le Martien releva la tête. Ainsi, ce qu'on disait était vrai : en plus de leur physique particulier, ces êtres avaient des mœurs très différentes du reste de leurs semblables, à tel point que ceux qui les côtoyaient finissaient par douter de leurs origines humaines. Hormis quelques spéculations scientifiques peu sérieuses sur les mutations génétiques que la population plutonienne aurait pu subir sous l'effet d'un environnement hostile, personne, cependant, n'avait pu apporter la moindre preuve dans ce domaine.

« Ne vous inquiétez pas de ça, poursuivit le nain. Pas maintenant. Vous en aurez tout le temps…

— Fermez-la, avec vos énigmes ! riposta le président, de plus en plus déconcerté.

— Hm, la solution à ces énigmes pourrait peut-être sauver votre pouvoir, excellence.

— Je… je ne vous comprends pas. »

Safaris s'écroula sur un canapé. Son corps, tout à coup, subissait un état d'épuisement qu'il n'avait encore jamais connu. Son esprit lui semblait fonctionner au ralenti. Cet être… quelque chose émanait de cet être. Le gnome fit des pas minuscules vers lui et s'assit à sa gauche.

« Pas besoin de comprendre, siffla-t-il de sa voix enrouée. Il vous suffit d'accepter.

— Accepter ? (Safaris haletait.) Mais… quoi ? Accepter quoi ?

— De payer le prix. (Les globes oculaires de la créature parurent s'agrandirent encore, démesurés, alors qu'ils se fixaient sur le Martien comme sur une proie.) Pour ce que vous avez obtenu : le pouvoir sur Mars. Et pour ce que vous obtiendrez bientôt : le pouvoir sur tous les hommes, et les deux systèmes.

— Ah… Allons, c'est inepte, réfuta mollement Safaris en agitant ses bras comme s'il avait voulu chasser l'apparition qui s'acharnait contre lui. Le pouvoir… je l'ai ramassé seul, sans… sans l'aide de personne ! »

Ghobal se pencha sur le leader rouge et le tira par la manche. Il se hissa jusqu'à son oreille pour murmurer, dans un chuintement :

« C'est ce que vous croyez. »

22

« Tout ce que tu étais,
Ton âme, ton cœur, ton rang,
Ton heure qui a sonné,
Les combats qui commencent,
La revanche, la vengeance,
Les temps maudits sont devant toi ! »

Martial GATWICK, *Poèmes des Heures Sombres*, Tranquillité-Gamma, Lune (années 2938-2942, CS).
In CEG Histoire de l'art humain, « Lettres », Catalogue Keats, Article 3366, Omnibibliothèque du Quantex.

Franches Colonies alphantes, région des Cascades, Alpha IV Centauri, 5 septembre 2940, CS.

Lorsque Lewis ouvrit les yeux, il ne fut pas surpris de découvrir le visage de Gloria. Elle avait veillé sur lui pendant deux ou trois heures, le temps nécessaire pour qu'il sorte de sa transe. Puis elle lui avait calmement raconté leur sauvetage par des combattants zakkapistes, à bord d'un vieux cargo dérobé à Alpha City. Le plus difficile avait été de lui faire comprendre que Yuro, lui aussi, avait été retrouvé, à une dizaine de kilomètres de la zone du crash du *Yan-Zolo*, inconscient mais vivant. Personne, cependant, n'avait d'explication à ce qui restait un véritable miracle.

Arimov, de son côté, doutait que de semblables prodiges puissent se reproduire. Il avait réussi à ramener son vaisseau au-dessus de Primalande, donc en plein cœur de la zone contrôlée par la Ligue, et il ne savait plus quoi faire. Il ne disposait d'aucun moyen technique pour joindre le Concile et prendre de nouvelles consignes. Le cargo était en effet en cours de réparation lorsque ses hommes l'avaient volé, et ses systèmes de communication débranchés. En outre, les liaisons psy avec les archipapes ou leurs acolytes ne fonctionnaient pas non plus. Sa protectrice ne s'était plus manifestée depuis des jours. Retourner à l'unique spatioport de la planète sans savoir s'il était toujours aux mains des rebelles était beaucoup trop risqué, et tenter un atterrissage sur une aire non matérialisée bien plus encore. C'était l'impasse.

« Décidément, je ne suis pas doué pour le combat, murmura l'ambassadeur dans sa barbe.

— Je ne dirais pas cela, fit Lewis en s'asseyant à ses côtés à l'arrière du cockpit. D'après ce qu'on m'a révélé, vous venez même de démontrer le contraire.

— Mon seigneur ! Pardonnez-moi ! lança Vladimir en se précipitant sur le sol de métal pour se prosterner devant le Martien. Pardonnez-moi ! »

Khandra ne réagit pas immédiatement. Depuis son réveil – ou plutôt son retour, comme il préférait nommer ce qu'il avait vécu – il savait qu'il lui faudrait s'habituer à ce genre de manifestations de déférence, qui confinaient parfois à l'idolâtrie. Malgré sa répugnance, il devait jouer le jeu. Mais c'était pour le moment au-dessus de ses forces. Il tira Arimov par le col de sa combinaison et le força à le regarder droit dans les yeux.

« Excellence, vous et vos hommes venez d'accomplir un exploit ! En trois semaines, vous avez traversé le quart de ce système sur une machine bonne pour la casse, sans aucune expérience de ce type de mission, et vous nous avez retrouvés alors que nous étions séparés les uns des autres par des centaines de kilomètres. Vous nous avez évité une mort certaine, et sans vous faire prendre ! Je connais beaucoup de valeureux marines qui se seraient plantés dès le départ. Je n'ai donc rien à vous pardonner.

— Mon… mon seigneur… C'est… (Le patricien semblait effrayé.) Je… je ne sais pas comment vous parler, vous… traiter. Vous… le Sauveur… »

Lewis partit d'un grand éclat de rire.

« C'est donc ça, Vladimir ? Vous me demandez pardon parce que vous craignez ma colère si jamais vous ne réagissez pas exactement comme vous devriez le faire en ma présence ? C'est bien ça ? Parce que je suis un dieu, ou quelque chose d'approchant ? (Arimov hocha la tête, penaud.) Je vais vous décevoir : je ne suis qu'un homme, voyez-vous, le descendant d'une lignée un peu différente des autres, j'en conviens, mais sans certitude aucune qu'elle ait un jour reçu l'onction divine. Je ne fais pas tomber la foudre ! Si le destin – ou quelque chose d'autre – me pousse à remplir une mission qui dépasse mon propre entendement en utilisant mes dons, eh bien, je m'y plierai. Mon refus entraînerait davantage de problèmes, et peut-être beaucoup de morts inutiles.

— Je suis heureux de vous entendre parler ainsi, mon fils. »

Le dos courbé, Cess Rembrardt se tenait dans l'écoutille reliant le poste de pilotage aux quartiers de repos. Sous sa capuche, son regard avait retrouvé cette bienfaisante lueur dorée qui avait tant impressionné Gloria la première fois qu'elle l'avait rencontré. L'archipape semblait en parfaite possession de ses moyens, ce que confirmèrent aussitôt son ton et ses mots :

« J'ai pu parler avec le Concile. Le magnat provisoire Yeritu est passé à la contre-offensive : il a repris le spatioport et marche avec sa milice vers nos montagnes. Nos forces évacuent les Cascades.

— Mais… où irons-nous ? s'étonna Vladimir. C'est notre dernier refuge…

— Ne vous inquiétez pas. Nous avons encore quelques solutions de repli. »

Khandra fixa le religieux un long moment.

C'est vrai qu'il vient d'ici, se rappela-t-il. Puis, lui adressant directement ses pensées :

— *Votre Sainteté, je sais maintenant pourquoi vous teniez tant à ce que nous venions sur Centauri.*

— *Il était temps. Les choses vont aller très vite. Vous connaissez le but exact de votre mission.*

— *Oui… mais j'ai peur de décevoir vos attentes.*

— *Que voulez-vous dire ?*

— *Je… je ne suis pas certain qu'il y ait un dieu derrière tout ça. La Coexistence…*

— *Laissons cette querelle, Lewis. L'important est ce que nous allons faire ensemble, pas ce que nous interprétons.*

— *Donc, vous êtes d'accord avec Kiribati : tout n'est qu'une question d'interprétation des événements.*

— *Kiribati… Oui, peut-être bien. Je ne lui ai jamais reproché de penser ce qu'il pense, ni le but de ses recherches. J'ai… simplement voulu le protéger de mes frères et sœurs du Concile, et par là même défendre notre dogme, la pierre angulaire de notre combat. Si l'on y touche, si on la fragilise, c'est tout l'édifice bâti depuis mille ans qui risque de s'effondrer…*

— *Je l'ai compris.*

— *Donc vous serez notre guide.*

— *C'est la meilleure manière d'utiliser votre religion.*

— *Notre foi !*

— *Non. Votre religion ! Une exploitation rationnelle, institutionnelle et militaire de la foi qui n'a pas d'autre but que de maintenir votre clergé au pouvoir.*

— *Cela semble vous déranger, vraiment.*

— *Seulement si la nature de ce pouvoir le porte à exploiter les fidèles. Mais si l'Église de Saros a pour mission de répandre la parole de mon ancêtre pour sauver et libérer l'humanité, alors je suis prêt à lui apporter mon soutien. Y compris en rendant certaines réalités plus magiques qu'elles ne le sont.*

— *C'est tout ce que j'espérais. Mais vous comprenez aussi ce que cet engagement peut entraîner, n'est-ce pas ?*

— L'accélération du chaos...

— Oui.

— Et le commencement de ce que vous nommez l'Expiation.

— Oui, Lewis, la nécessaire rédemption des hommes pour les fautes commises. Après seulement, ils pourront intégrer la Coexistence et...

— Ce n'est pas tout à fait ce que j'ai compris du message des Lieurs, Votre Sainteté.

— Ils sont souvent obscurs...

— Sujets à différentes interprétations, s'empressa d'ajouter Lewis. *Nous y revenons...* (Rembrardt ne répondit pas.) *Comment savoir alors si votre interprétation, celle du Concile notamment, est meilleure que la mienne ?*

— Elle n'est pas très différente.

— Elle pourrait l'être, comme celle de vos prêtres-soldats qui seront chargés d'exécuter vos fatwas.

— C'est déjà le cas, mon fils. Ils savent ce qu'ils ont à faire. Qu'est-ce qui vous tracasse donc tant ? De quoi avez-vous peur ?

— Que certains d'entre eux détournent vos paroles, qu'ils interprètent vos ordres à leur guise, peut-être pour parvenir à leurs propres fins.

— Cela ne se peut pas ! Le Temple ne tolère aucune...

— Ah non ? Allez dire cela au fils du prêtre-colonel Walgroove, sur Terre ! Posez-lui la question, si vous parvenez à l'atteindre dans les gouffres de l'au-delà ! Il s'appelait Anton...

— Toujours cette histoire ! C'était un accident.

— C'était un crime ! Commis par un fanatique qui a détourné votre doctrine dans son seul intérêt.

— Il a fait tomber le Cocon, à New Manhattan ! Il a libéré les Ombres dont il avait la charge. S'il a choisi de sacrifier son fils, c'est parce qu'il a dû l'estimer nécessaire...

Lewis bondit sur l'archipape et l'empoigna par la capuche de sa robe. Vladimir Arimov, atterré, ne tenta rien pour empêcher ce geste sacrilège.

« Vous n'étiez pas là, Votre Sainteté ! hurla le Martien. Vous n'avez pas vu ce que cet homme a fait ! »

Rembrardt ne broncha pas, stupéfait par la réaction de Khandra. Comment le fils de Saros pouvait-il se laisser submerger par une telle violence à son égard ? À moins que cette réaction ne fût justement le signe révélateur de son énergie combative retrouvée ? Dans ce cas, c'était plutôt positif. L'archipape sourit. Ses yeux brillaient d'un éclat malicieux.

« Mon fils, je sais ce que Walgroove a fait, les crimes que des milliers d'autres combattants du Mouvement ont commis. Le Concile le sait. Vos ancêtres le savaient aussi, votre père…

— C'est pour ça qu'il a cessé le combat ! Hani Rupper me l'a dit : il ne voulait plus cautionner ces dérives autocratiques et sanguinaires. Et je ne le ferai pas davantage.

— Lewis, Lewis ! Ce n'est pas ce que le Concile vous demande, ce n'est pas ce que les Lieurs vous conseillent…

— Ils ne m'ont rien conseillé du tout », souffla le Capitaine en rejetant le dignitaire en arrière.

Celui-ci reprit aussitôt sa contenance. Arimov vint prudemment se placer derrière lui, désemparé. Lewis le regarda fixement : un instant plus tôt, l'ambassadeur se prosternait devant lui ; à présent, il retournait dans le giron protecteur du grand prêtre, parce qu'il ne comprenait pas la nature du combat auquel il était en train d'assister.

La chair est plus forte que l'esprit, réfléchit Lewis*, la peur les motive plus que la foi…*

« Vous pouvez encore reculer, murmura Cess Rembrardt, visiblement embarrassé. Si vraiment vous doutez de nos capacités à…

— Je ne peux pas reculer, Votre Sainteté, je ne peux plus ! Pas après ce que je viens de vivre sur la Rivière…

— Nous tentons de maîtriser au mieux nos troupes, malgré les difficultés que cela représente, vu l'échelle spatiotemporelle sur laquelle nous évoluons. Les combattants de Saros, dans leur majorité, ne sont mus que par l'ardent désir de sacrifier leur existence à la cause.

— Tant qu'ils se sacrifient eux-mêmes, cela ne me pose pas de problèmes, se moqua Lewis. Lorsqu'ils sacrifient leurs semblables, c'est un peu différent…

— Bien sûr, jamais au cours de vos missions pour le compte de Mars, vous n'avez sacrifié *certains* de vos semblables ? répliqua l'archipape, acerbe.

— Je… Vous mélangez tout. Il s'agissait de missions militaires.

— Les Zakkapistes qui se battent sur les mondes de nos deux systèmes accomplissent eux aussi des missions militaires, Lewis. Ils obéissent à des ordres ! Et oui, de temps en temps, des gens sont sacrifiés au cours de leurs opérations. Dites-moi en quoi la nature des ordres qui conduisent à ces dérapages changerait quoi que ce soit à cette injustice ? Un ordre venu d'Olympus City serait-il moins critiquable qu'une fatwa rendue par le Concile ? Et les conséquences de son exécution plus excusables ? Dommages collatéraux inévitables d'un côté, et crimes contre l'humanité d'un autre ?

— Peut-être parce que la philosophie qui préside à ces décisions n'est pas la même », tenta de répliquer Khandra, sans trop savoir où il en était de ses propres convictions sur le sujet.

Le Martien savait sa réaction trop instinctive. Il défendait encore la renommée des armées de Mars, le serment qu'il avait prêté jadis, tout en se demandant si les préventions démocratiques et légalistes dans lesquelles il n'avait cessé de baigner n'avaient pas été, après tout, autre chose que des leurres bien commodes pour masquer la seule motivation de son gouvernement : maintenir et accroître l'influence des Rouges dans le Système-Uni. Rembrardt lui asséna la réponse :

« La philosophie ne sert les politiciens qu'au mieux des intérêts qui les animent ! Croyez-vous que le Serment d'Humanité de vos marines les empêche d'appliquer les décisions criminelles de leur état-major, de Safaris ? Pensez-vous que les habitants de Méthania méritent moins que d'autres leur innocence ; qu'à ce compte-là, le sacrifice de leur liberté et de leurs vies devienne quantité négligeable ? Le pensez-vous, Lewis ? »

Khandra baissa les yeux un court instant, puis il fixa l'archipape. Une fois encore, le dignitaire venait de lui donner une leçon, de le pousser dans ses derniers retranchements moraux afin qu'il réalise que les chemins vers la vérité étaient décidément bien plus tortueux qu'on ne l'y avait habitué. La démocratie martienne venait de faire la preuve de son échec, de son incapacité à résister à la dérive autoritaire. D'un certain point de vue, le système théocratique qui se profilait avec l'avènement du Temple de l'Expiation Humaine, en germe dans la doctrine zakkapiste, ne risquait pas de prêter à confusion. Ce qui, paradoxalement, fournissait à Lewis une certaine marge de manœuvre :

« Je dois m'adresser au Concile, lança-t-il sans ambages. Davantage que quiconque, j'en ai le droit.

— Vous en avez même le devoir, mon fils. Mais je préfère vous prévenir…

— Oui ?

— Ne vous attendez pas à des manifestations débordantes d'enthousiasme. Certains… certains archipapes doutent encore de la réalité de vos origines, de la force de vos pouvoirs.

— Votre Sainteté, vous savez ce que je pense de mes pouvoirs. Je les mets à votre disposition, par la manière qui vous semblera la plus efficace. Je vous aiderai également en matière de stratégie et de tactique. Et puis j'irai me battre ! Si certains de vos confrères doutent, tant mieux. Cela les rendra peut-être un peu moins arrogants. (Rembrardt secoua la tête.) À vous de les convaincre, puisque vous avez vous-même compris qui j'étais, sur l'île d'Afrika.

— Ils vous suivront quand même.

— Pourquoi ?

— Parce qu'ils n'ont pas le choix. »

***

La jungle était impénétrable.

Mètre après mètre, les défricheuses de la Ligue creusaient un semblant de piste, mais les miliciens rencontraient d'énormes difficultés pour y faire avancer leurs chars et leurs scooters gravifiques. Perché sur son chariot blindé, Aveed Yeritu commençait à regretter d'être venu jusqu'ici. La région des Cascades était une *terra incognita* abandonnée depuis des décennies aux Franches Colonies et à ceux qui les gouvernaient en sous-main. Le magnat provisoire sentait le mont Zabur peser au-dessus de sa tête ; et d'autres menaces, aussi, contre lesquelles il venait d'abattre ses dernières cartes. Dans une trop grande précipitation.

La Première nodale était détruite. Son plan avait réussi, au-delà de ses espérances. Pour autant, ses chances d'être secouru par Charon étaient infimes : le CIS allait sans aucun doute mettre la main sur la Seconde nodale, dernière porte entre les deux systèmes. Et Ménalem Ghobal ne lèverait pas le petit doigt pour lui, au contraire : le Plutonien n'hésiterait pas à le livrer pieds et poings liés à la Loge, si d'aventure les Investigateurs découvraient la vérité sur l'origine et le mobile de l'explosion de la machine transgémellaire.

J'ai été stupide ! se lamentait le magnat. *Nos intérêts ici ne sont plus ceux du Cartel ! J'aurais mieux fait de laisser venir les Immortels, de m'entendre avec eux pour exterminer les colons... Valoras m'aurait récompensé pour lui avoir livré les archipapes. J'aurais pu devenir le maillon essentiel de son pouvoir, l'un des plus influents dignitaires du Cocon. Peut-être...* (Il soupira.) *Peut-être aurais-je pu devenir l'un des leurs...*

Aujourd'hui, il était là, à la tête de ses troupes, résolu à se venger de l'humiliation subie à l'astroport en massacrant jusqu'au dernier ces fanatiques crasseux grimpés sur leurs tas de graisse ambulants, Arimov en tête. Et jamais leur divinité fantaisiste n'aurait une chance de les protéger.

« Nous approchons, Votre Prospérité, l'informa le chef de son escouade.

— Très bien. Ouvrez le feu !

— Mais nous sommes encore trop loin...

— Ouvrez le feu, c'est un ordre ! Brûlez-moi cette forêt et tout ce qu'elle abrite : leurs cabanes, leurs temples, leurs animaux, leurs femmes et leurs gosses ! »

Le milicien acquiesça en silence, l'air désabusé. Les réserves d'énergie des tanks n'étaient pas assez importantes pour se permettre ce genre de gaspillage, d'autant plus que les défenses d'Alpha City avaient été dégarnies pour renforcer le corps expéditionnaire. Si jamais les colons ripostaient...

Quelques minutes plus tard, les lances à plasma des chars se mirent à cracher leurs langues de feu rouge. Et la forêt s'embrasa.

***

Après d'âpres négociations menées par-delà le gouffre cosmique séparant Alpha Centauri du Soleil, les archipapes avaient fini par convaincre la Veille de leur prêter main-forte. Les Veilleurs n'avaient rien demandé en échange, mais ils avaient tenu à s'assurer des motivations profondes du Concile zakkapiste : défendre l'humanité contre les menaces qui planaient sur elle. Le reste ne les regardait pas. De toute manière, ils n'avaient guère d'autre choix : les alliés potentiels n'étaient pas si nombreux. Sur leur ordre, les astroquanticiens virtuels du réseau avaient aussitôt suspendu les transmissions non urgentes et concentré l'énergie de millions de balises quantiques sur le transfert simultané d'un seul et unique message.

Reclus dans leur grotte, les dignitaires du Temple priaient pour le succès de cette opération décisive. Leurs chants vibraient en harmonie. Ils n'avaient jamais été aussi près d'accomplir les desseins de Saros. Ni aussi près de succomber. Les miliciens de la Ligue ne marquaient aucun répit dans leurs assauts et les défenses tombaient les unes après les autres. La seule présence du fils du Sauveur – ramené à bon port par Yuro qui, à peine remis de ses émotions, avait pris les commandes du vaisseau de sauvetage pour le poser sans encombre à quelques kilomètres de la base – suffisait à peine à remotiver les troupes. Dehors, la jungle continuait de brûler.

Isolé dans une cellule adjacente à la salle du Concile, Lewis Khandra se concentrait. Rembrardt venait juste de terminer les opérations de connexion à la borne de relais quantique que les Zakkapistes entretenaient clandestinement depuis des années. Le prélat posa un regard paternel, presque tendre, sur le Martien.

« C'est le moment, mon fils, murmura-t-il, votre rendez-vous avec l'histoire… »

Khandra sourit. Dans quelques minutes, il s'adresserait à ses semblables, du moins à ceux munis d'une liaison nanocérébrale permanente, soit près de 60 % de la population du Système. Le Quantex véhiculerait sa voix, son regard, ses souvenirs, ainsi que les éléments soigneusement sélectionnés par le Concile. Cess Rembrardt, connecté lui aussi, l'assisterait, prêt à intervenir si les choses se passaient mal. Son message serait bref, d'ordre très général, mais les millions d'adeptes zakkapistes à travers le Système se chargeraient ensuite, sous la conduite de leurs prêtres, de le relayer et de l'expliquer, pour que les hommes comprennent enfin que l'heure de leur libération avait sonné. Et qu'ils n'avaient pas d'autre choix que de s'en remettre aux décisions des archipapes.

Lewis ferma les yeux. Le pont quantique se matérialisa dans son esprit alors qu'il focalisait son énergie psychique. Il sentait une présence à ses côtés, une aura bienfaisante ; quelque chose, quelqu'un veillait sur lui, certainement Rembrardt… Il s'avança un peu plus. Il était maintenant au bord de l'univers, à la jonction de deux systèmes stellaires. L'onde d'énergie noire pulsait, prête à l'emporter sur des années-lumière. Il percevait déjà le bruissement de ces millions d'âmes qui n'avaient même pas conscience de son existence. Et en quelques soupçons d'éternité, il allait devoir les convaincre.

Quelle présomption, pensa-t-il encore.

***

Une boule de roches en fusion poursuit sa course folle dans le Système de Fomalhaut.

Décroché de sa trajectoire par l'ouverture incontrôlée de la Troisième nodale et le coup de butoir du Ver, l'astéroïde a vitrifié la surface de la planète, piégeant à jamais ses habitants dans l'Arche céleste sur laquelle ils s'étaient rassemblés pour leur cérémonie millénaire de commémoration. Ils doivent alors quitter leur étoile originelle pour trouver refuge ailleurs dans la galaxie, sur un monde choisi pour eux, au sein de la Coexistence. Les Exilés voguent à travers l'éther sur cette route difficile, le long de la faille infragémellaire, guidés par les Lieurs.

En chemin, ils comprennent.

La raison de leur chute…

Qui sont les responsables : ces Humains qui sont *autres*, ceux-là même que la Coexistence, malgré ses tentatives d'approche et ses études interminables confiées à différentes expéditions sur leur planète depuis de longues Durées, s'est toujours refusée à intégrer en son sein. Sans pour autant en rejeter la possibilité… Cette espèce différente, particulière, si repoussante parfois, mais tellement fascinante. Au potentiel unique.

Maintenant, les hommes voient.

Lewis Khandra-Saros leur révèle le secret des secrets, mettant fin à cette errance solitaire qui dure depuis leurs origines, depuis des centaines de milliers d'années terrestres. Il se déverse en eux, force leurs remparts, leurs doutes, leur scepticisme…

L'humanité n'est pas seule. Elle vient d'en avoir la preuve en commettant la plus funeste des erreurs ! Il existe une autre espèce, une autre civilisation née sous cette étoile que nous avons voulu atteindre, mais que nous n'avons fait que détruire. Et il y en a des milliers d'autres à travers la galaxie et au-delà. Je suis Celui qui sait...

Alors les Humains, du moins les plus clairvoyants d'entre eux, commencent à envisager l'ineptie de leur propre condition. Ils se souviennent de leurs millénaires de souffrances, dans leurs âmes et leur chair. Ils sentent ce sang qui bouillonne dans leurs veines et qu'ils ne savent que répandre. Les sacrifices. Le gâchis. L'inutilité de leurs luttes sans fin. Maintenant, ils écoutent et ils voient, ils se projettent vers l'avenir de mort qu'on veut leur imposer. Et enfin, ils refusent.

Tant de mondes, autour d'autres étoiles, vivent en paix et en harmonie les uns avec les autres. Pourquoi nous ferions-nous la guerre entre frères ? Cela n'a plus de sens. Nous devons résister, renoncer à suivre les Ogéhems dans leurs entreprises de mort, refuser notre propre fatalité et nous engager sur la Voie du Lien. Si nous échouons, alors les forces qui œuvrent dans l'ombre de nos esprits nous emporteront.

Il n'y a pas d'autre voie que la sainte Église de Saros. Je serai votre guide. Et vous serez mon peuple.

23

« C'est cela, le nihilisme : si le mal n'existe pas, tout est permis. Le nihiliste actif (le terroriste) ne recule devant rien. Le nihiliste passif (nous) laisse faire. Si le mal n'existe pas, tout est bien, et en premier lieu le nihiliste lui-même, qu'il se croie narcissiquement missionné par Dieu ou qu'il se prenne pour un être suprême. »

André GLUCKSMANN, philosophe, *Le Point*, Alte-Paris, Terre (octobre 2004, CS).
In CEG Histoire des idées, « Terrorisme », Catalogue lambda, Article 2004522368, Omnibibliothèque du Quantex.

Ventre de l'Ouragan, *cadran neutre de Varuna, 6 septembre 2940, CS.*

C'était insupportable !

L'aura surpuissante de Khandra restait imprimée dans son cortex. Malgré ses tentatives, elle ne parvenait pas à l'en chasser.

Rebekka poussa un hurlement, saisissant tout ce qui était à portée de ses mains : bulles holographiques arrachées à leurs champs de stase, mémos, gobelets, armes et même un officier de quart qu'elle propulsa à travers la cabine sur une dizaine de mètres. Le malheureux s'écrasa aux pieds de Lois, qui était restée impassible.

Dès la fin du message du Sauveur, la jeune clone n'avait pas perdu de temps pour se mettre à l'écart de la cyborg, dont elle avait pressenti la réaction hystérique. Ses craintes étaient largement justifiées. Cette fois, il lui serait difficile de calmer l'Athémis.

« Des millions de kilomètres ! rugit Rebekka. Des centaines de millions de kilomètres à travers le Système pour rattraper ce traître ! Et il vient me narguer, maintenant, avec ses délires messianiques ! »

Benamil s'abstint de tout commentaire. Sa supérieure paraissait pour le moment ne pas se soucier d'elle, dévorée par une rage qu'elle ne cherchait même plus à maîtriser. Sa paranoïa l'aveuglait. Sa vanité l'empêchait de comprendre ce que signifiait réellement l'intervention spectaculaire de Lewis Khandra.

Comment peut-elle croire qu'Il ne s'adressait qu'à elle ? se demanda Lois. *Il ne se souvient même pas qu'elle existe ! Il a parlé pour nous, pour notre liberté…*

Elle s'approcha de Rebekka. Le temps était venu.

« Ser…

— Quoi ? Qu'est-ce que tu veux ?

— Il faut lui faire payer.

— Qui ? (Le masque de la cyborg ressemblait à une mosaïque de pixels frénétiques.) Comment ?

— Le Martien… Il vous provoque. Il veut vous attirer dans un piège. »

L'Athémis parut se calmer un peu. Elle fixait ses mains énormes qui tremblaient. Son exosquelette était agité d'un semblable tressaillement, inhabituel. Les servomoteurs des articulations couinaient sous la tension que ses muscles et ses tendons leur imposaient. Son organisme était au bord de l'implosion.

« Il sait que nous le pourchassons, poursuivit Lois, flegmatique. (Discrètement, elle avait ouvert la fermeture de sa combinaison afin de dégager la naissance de sa poitrine.) Nous l'avons suivi jusqu'ici, depuis la nodale, jusqu'aux confins de la Flibuste. Ses connexions quantiques ne peuvent nous tromper.

— Mais il n'est plus là, idiote !

— Précisément. Mais qu'avons-nous trouvé à sa place ? La plupart des îles pirates détruites et les chaloupes de sauvetage des Investigateurs à la dérive.

— Qu'essayez-vous de me faire croire ? Khandra n'a pas pu, seul, avec la misérable navette qui le transportait, s'attaquer aux destroyers du CIS, rétorqua l'Athémis que cette conversation semblait apaiser. Vous dites n'importe quoi, caporal !

— Je dis qu'il nous a laissé assez d'indices pour nous amener ici, alors même qu'un vaisseau furtif titanien venait de secourir les derniers défenseurs du Cercle. Les témoignages des survivants concordent : les Investigateurs ont succombé aux morsures d'un Turtle.

— Alors, selon vous, le Rouge serait…

— À bord de ce vaisseau. C'est de là qu'il a dû lancer son message aux hommes, peut-être aidé par la puissante source d'énergie de l'astronef. »

Lois se tut un instant. Elle n'était pas certaine de ses conclusions. Elle n'y avait pas vraiment réfléchi. Seule lui importait la possibilité de calmer l'Athémis, de détourner son attention avant de passer à la seconde phase de son plan. Il n'y avait plus qu'à espérer que Rebekka mordrait à l'hameçon.

« Enseigne ! hurla-t-elle à l'attention du nouvel officier de quart qui venait de prendre le service de son collègue indisposé. Mobilisez tous nos traceurs. Je veux retrouver cette nef titanienne.

— Mais Ser…, balbutia le soldat, son système de furtivité nous empêchera de la détecter.

— Je le sais, imbécile ! Mais eux nous détecteront, en remontant jusqu'à la source de nos traceurs, jusqu'au *Ventre*.

— C'est… c'est un plan très risqué.

— Oh ? Parce que vous trouvez que les Immortels n'ont pas couru de risques en tentant de franchir la nodale ? »

L'officier ne broncha pas et déclencha mentalement les séquences de recherches spatio-temporelles profondes. Lois apporta la touche finale :

« Ser ?

— Quoi encore ?

— Que ferons-nous des restes de la Flibuste que nous n'allons pas manquer de rencontrer ? Leurs galères ? Peut-être les îles qui auront survécu aux Investigateurs ?

— Vous faites bien de m'en parler, répondit Rebekka, le sourire mauvais. Venez avec moi sur mon chasseur : nous allons nous amuser un peu ! »

Lois s'offrait.

Autant que l'Athémis le désirait.

Entre deux salves de protons, parmi les explosions des barges de secours bondées de réfugiés de la Flibuste, la géante possédait enfin sa créature. Après des mois de jeux et d'épreuves sadiques, la jeune femme s'efforçait de donner l'impression qu'elle cédait, qu'elle livrait son corps après avoir abandonné son âme. Ses sensations étaient confuses : répulsion, angoisse, mais aussi une fébrilité que provoquait, peut-être, une forme inattendue de désir. Elle pouvait faire cesser ce trouble dès qu'elle le déciderait. Elle savait désormais comment.

Mais pas encore. Pas maintenant.

Elle voulait d'abord jouir, s'enfoncer totalement dans cet abîme de félicité, car pour la première fois sans doute, elle maîtrisait le jeu.

La cyborg se délectait, laissant glisser son corps de métal entre les cuisses de la soldate. Elle exsudait une sueur minérale, puante. Le contact de son masque optronique sur sa peau poussait Lois aux bornes de l'intolérable.

Assez !

Benamil serra de toutes ses forces le cou de Rebekka, emprisonnant son buste et ses épaules dans l'étau formidable de ses cuisses. La géante parut d'abord apprécier cette initiative. Puis le doute, l'inquiétude la saisirent : elle commença à se débattre, à proférer des jurons, des menaces.

Lois raffermit sa prise autant qu'il lui était possible et déclencha l'arme secrète qu'elle avait bricolée…

Pendant un temps interminable, elle crut qu'elle n'y parviendrait pas, qu'elle échouerait là, dans sa tentative de renverser le cours des événements. Et qu'elle en mourrait aussitôt. Puis elle sentit la couche de plastacier du masque ramollir sous le feu puissant des puces à convection magnétique cachées sous la paume de ses mains. La gorge offerte de l'Athémis se mit à frémir sous ses doigts dans une insoutenable odeur de peau et de chair calcinées. Le clone concentra toute son énergie et la carotide céda dans un bruit sec. La géante émit un gargouillis. Son faisceau lumineux se brouilla, s'affola, passant d'une couleur à l'autre comme si ses nanoprocesseurs en perdaient le contrôle.

Benamil relâcha son emprise et la tête de la cyborg percuta lourdement le sol de la cabine. Son corps tremblait, secoué de spasmes que l'exosquelette – soudainement livré à lui-même – ne faisait qu'amplifier en une pantomime grotesque et dérisoire. Un murmure confus s'éleva de sa bouche dégoulinante de salive et de sang :

« Pas… mou… rir… »

Lois se releva.

Son corps était brûlant. Des bleus énormes marquaient ses cuisses et ses seins. Elle caressa son sexe douloureux, comme pour s'assurer qu'elle n'avait pas rêvé. La chef de la Défense avait bel et bien tenu sa promesse… Ce coït furieux et mortel. Elle se pencha vers la géante à l'agonie et, de la voix si douce et si sensuelle qu'elle savait plaire à sa dominatrice, chuchota la devise des soldats eugénistes :

« Qui parle de mourir, ser ? Il ne s'agit que de renaître… »

24

« Nous sommes assis sur une frustration fondamentale. La mondialisation modifie l'attente des gens, mais ne leur donne pas les capacités de les satisfaire. (...) Les plus pauvres se révoltent moins contre l'exploitation par le capitalisme que contre le fait que le capitalisme les ignore ! »

Daniel COHEN, économiste, *L'Express*, Alte-Paris , Terre (année 2004, CS).
In CEG Histoire des idées, « Mondialisation », Catalogue aleph, Article 7001, Omnibibliothèque du Quantex.

Ligue des armateurs solaires, Charon, 10 septembre 2940, CS.

Dans l'ombre moite de son bureau, Ghobal écarquillait ses gros yeux troubles. Le spectacle affiché par le réseau holographique de la défense orbitale lui donnait le tournis. Les magnats arrivaient de partout, de chaque recoin du Système, et pas seulement les dirigeants des conglomérats et leurs aréopages de conseillers : des stations dérivantes géantes convergeaient vers la capitale de la Ligue, par centaines, des dynasties astrocapitalistes entières avec leurs parentèles de dizaines de milliers de sujets portés au comble de l'affolement.

Pour la première fois peut-être dans son histoire, Charon méritait vraiment son titre de siège central du Cartel, mais vu la tournure prise par les événements, il n'était pas certain qu'elle le garderait encore longtemps. Le secrétaire de la Commission frissonna. Ce qui ne lui arrivait jamais.

Tout va trop vite. Ai-je commis une erreur ?

Les archipapes venaient de marquer un point décisif, imprévu : le message de Lewis Khandra-Saros avait fait l'effet d'une goutte de plasma incandescent lâchée sur un nuage d'oxygène.

Déjà fragilisées par les derniers soubresauts du Quantex et par l'extension des combats à la plupart des mondes, les compagnies interplanétaires d'assurance et de réassurance avaient fini par imploser lorsque la destruction de la première nodale et l'annihilation des Immortels avaient été confirmées : seul dignitaire terrien survivant de la catastrophe, l'Accoucheur s'était empressé – au nom du Cocon et par total désintéressement personnel ! – d'en exiger la réparation, ce qui avait entraîné l'effondrement des conglomérats cyberfinanciers, incapables d'honorer leurs contrats ; dans un jeu pervers de dominos, les holdings industriels et commerciaux déclaraient leur faillite les uns après les autres. Affolés depuis des semaines par la perspective de ne pas rentabiliser leurs investissements colossaux sur Alpha IV Centauri – dévolue par le congrès extraordinaire de Mars et par la Loge à ses futurs propriétaires immortels – les métactionnaires du Cartel n'avaient pas tardé à vendre leurs avoirs, accélérant l'infernale spirale. Puis les cours du marsénium avaient plongé à leur tour : malgré la nationalisation de la Hanse minière par Safaris, les magnats les plus puissants possédaient encore de nombreuses réserves qu'ils avaient bien compté pouvoir écouler au marché noir ; à présent que la déficience de la technologie du transfert transgémellaire était prouvée, leurs millions de tonnes de minerai ne valaient guère plus qu'un tas de cailloux. Et les besoins de la Veille pour alimenter les balises du Quantex ne suffiraient pas à rétablir le déséquilibre, encore moins à combler les déficits abyssaux qui se creusaient à chaque picoseconde.

Ghobal dodelinait de sa grosse tête.

Ses dents acérées claquaient les unes contre les autres, par un mécanisme instinctif qu'il ne cherchait pas à réfréner. Personne ne pouvait le voir. Aucun armateur. Aucun humain.

Je n'aurais pas dû faire disparaître Ghylo, réfléchit-il. *En admettant que les Investigateurs aient pu remonter jusqu'à lui, personne ne se serait intéressé à son rôle dans l'explosion de la porte. Il n'aurait été perçu que comme un élément accélérateur du chaos. Je n'ai fait qu'attirer l'attention de Shamen-Artal : il n'a jamais cru à cette histoire d'attentat.*

Au demeurant, cette erreur n'était pas si grave. La mystérieuse Communauté des colonies plutoniennes regorgeait de candidats bien plus habiles que Romus Ghylo, l'ancien ambassadeur auprès de la Loge, qu'il conviendrait de lâcher bientôt dans le Système-Uni afin d'en accélérer la destruction. Et en dernier recours, Ghobal conservait, par l'intermédiaire de ses compatriotes chargés du contrôle de la Deuxième nodale, un moyen de pression formidable sur le Cartel. L'astrocapitalisme était en train d'agoniser dans l'ultime phase de son expansion, victime de ses contradictions intrinsèques et de la cupidité sans bornes de ceux qui le servaient et s'en servaient. Et avec lui, l'humanité allait faire un bond de plusieurs siècles en arrière. Il n'y aurait plus qu'à la cueillir comme un fruit mûr pour la presser jusqu'à la dernière goutte.

À moins que ces Zakkapistes…

« Ghobal !!! »

L'appel sonna dans son esprit comme l'explosion d'une supernova. Il accepta la liaison, et le visage livide de l'héritier Stanford s'afficha dans son néocortex. Avec celui de la bâtarde Fal-Koshimori, toujours à ses côtés.

« Vos Prospérités, c'est un immense soulagement de vous savoir en vie.

— Ça suffit, ronfla Mirimas. Kareem XII vient de nous informer de certains problèmes vous concernant : si vous comptez nous rouler dans la farine comme tous les autres, c'est peine perdue. Nous savons qui vous êtes ! »

Ça m'étonnerait.

Il les laissa venir à lui, un peu plus. Ils n'allaient pas tarder à franchir le pas, à lui offrir ce qui lui manquait.

« Le Premier magnat vous a-t-il contacté ? Avez-vous reçu ses ordres ?

— Hélas, non ! mentit le gnome. Je me suis empressé de revenir ici lorsque j'ai constaté la dégradation de la situation. Il est resté sur Mars, je crois, pour assister au couronnement de l'Omniexécuteur Safaris. Et depuis, je n'ai pas de nouvelles. Certainement le Quantex qui…

— C'est inepte ! Jamais mon père n'oserait abandonner les siens ! glapit Margrett. Et le Quantex n'a rien à voir là-dedans. »

Ghobal ne pouvait pas rire, mais il en était proche. La jeune femme ne cherchait même plus à cacher sa véritable identité, son ascendance.

« Le Premier magnat agit peut-être simplement par devoir de prudence, mes enfants. De nombreuses menaces pèsent sur lui, comme sur vous. Je ne suis d'ailleurs pas censé être au courant de votre présence ici, ni… *de votre existence*, chère Margrett. Mais il y a plus urgent : la concentration actuelle des tycoons et de leurs sujets autour de Charon ne me dit rien qui vaille. Ça ne s'est jamais produit.

— Que craignez-vous donc qu'ils tentent ? demanda Stanford, toujours énervé mais un peu moins véhément. Un coup d'État ?

— C'est envisageable. C'est même très probable. Mais vous en savez assez sur ce point. »

Le jeune homme se garda de répondre. Les instructions de Shamen-Artal étaient claires : il fallait respecter les étapes du plan élaboré par son père, ne pas se précipiter. S'ils voulaient prendre le pouvoir absolu au Cartel, il fallait respecter les formes institutionnelles.

« Le putsch n'est pas dans les habitudes des armateurs, insista Stanford. De plus, ils n'ont pas d'armes. Les traités l'interdisent !

— Les traités sont faits pour être contournés, cher Mirimas. Consultez les bases de données de votre conglomérat : elles vous éclairciront beaucoup sur cette question épineuse de la défense, et vous offriront peut-être de nouvelles perspectives…

— Que… que voulez-vous dire ?

— Le coup d'État, Mirimas, c'est vous qui pouvez le tenter ! Vous en avez la légitimité, avec votre future épouse. Et vous en aurez l'énergie, la volonté. (Les crocs de Ghobal s'entrechoquèrent dans un éclat métallique.) Je crois que c'est à peu près ce que désirait votre père et je peux vous expliquer comment procéder… »

***

Une unique salve d'antimatière avait suffi à pulvériser la huitième plantation orbitale d'hydroponiques de Charon, une impulsion très brève, de quelques millionièmes de seconde seulement, qui avait en même temps paralysé d'effroi la masse tonitruante des armateurs. Disséminées au hasard dans les cadrans orbitaux primaires et secondaires de la Ligue, soigneusement camouflées au cœur d'équipements informatiques et électroniques en apparence inoffensifs, les quatre batteries furtives envoyées par Ordas Stanford juste avant de mourir pesaient maintenant comme une menace sur les têtes déboussolées de ses anciens pairs. Et son fils, le Cinquième magnat Mirimas Stanford, venait de les faire taire. Il allait maintenant pouvoir parler en leur nom.

Sa nouvelle chaîne auriculo-labiale s'agita dès qu'il forma le premier mot. Ménalem Ghobal avait pensé au moindre détail…

« Vous n'aurez pas d'autre avertissement. C'est le prix à payer, si vous voulez retrouver la stabilité qui manque à vos affaires ! »

À sa droite, Margrett frémissait d'émotion. Enfin, elle tenait sa revanche : elle allait, elle aussi, récupérer ce qui lui était dû, ce pouvoir suprême que sa mère n'avait pas eu le temps de conquérir et que son beau-père, timoré et peut-être trop corrompu, laissait filer comme du sable entre ses doigts ouverts.

« Les votes réunis de mon conglomérat, de celui de la dynastie Fal-Koshimori et de celui du Premier magnat – qui m'a chargé de m'adresser à vous en son nom – atteignent 45,85 % de la totalité des voix du Cartel. C'est une majorité relative, certes, mais je ne doute pas qu'elle deviendra absolue dès que les plus clairvoyants d'entre vous auront compris où se trouvent leurs intérêts. La petite démonstration militaire de tout à l'heure n'avait pas d'autre but : vous apporter la preuve que la Ligue peut enfin se suffire à elle-même ! Nous pouvons réunir dans nos mains les éléments indispensables à notre puissance : l'argent, l'industrie, le commerce et la force ! Nous pouvons nous libérer des traités qui nous enchaînent, puisque ceux qui les ont créés sont tombés : le Cocon, Titan, la Lune et d'autres. La chute des cours et la panique sur les marchés ne sont rien, rien ! (Il marqua une courte pose, le temps de savourer son effet.) Nous devons maintenant revenir à l'essence de nos métiers : ajouter artificiellement de la valeur à ce qui est indispensable aux hommes pour nous enrichir et jouir du superflu ! C'est ça, l'astrocapitalisme ! »

Un tonnerre d'applaudissements et de vivats fit trembler les lambris de l'hémicycle où s'étaient entassés, parfois à deux ou trois par siège, les prélats de la Ligue. Stanford jubilait. Margrett Fal-Koshimori souriait timidement, un peu inquiète d'un revirement aussi soudain de leur fortune : qui pouvait lui assurer que, dans quelques semaines sinon quelques jours, on ne viendrait pas destituer son futur époux aussi facilement qu'il s'était porté au sommet du Cartel ? Certes, le plan imaginé par Ordas et son allié Kareem XII semblait fonctionner au-delà de leurs espérances, mais le regard glauque et libidineux de Ghobal – qui la fixait depuis sa chaire juste en dessous d'elle – ne faisait qu'accroître le doute de la jeune armatrice. À quoi jouait donc le Plutonien ? Quels véritables buts l'animaient ? La voix de stentor de Mirimas la ramena à leur nouvelle réalité.

« La solution à nos problèmes se trouve sur Terre ! La planète mère a été laissée à l'abandon par ceux qui en avaient la charge, sans espoir qu'ils y reviennent jamais, nous le savons. Elle est en proie au chaos, à la guerre, et si les Zakkapistes l'emportent là-bas, ils l'emporteront partout dans le Système. L'appel de leur prétendu messie ne peut que confirmer ces craintes !

— Mais que proposez-vous exactement, Votre Prospérité ?

lança quelqu'un dans la foule agitée. Quel intérêt aurions-nous à nous préoccuper de la Terre ?

— Ses richesses sont inestimables, et elles nous sont interdites depuis l'avènement de l'Ère de l'Équilibre, depuis cinq siècles ! Rappelez-vous notre histoire, les humiliations que nous a fait subir le Cocon : il est temps d'aller chercher là-bas ce que nous ne pouvons plus trouver dans l'espace, un champ pour notre expansion.

— C'est un retour en arrière ! (Des appels s'élevaient de partout, des protestations, des acquiescements.) Un reniement de nos valeurs.

— Pourquoi pas ? Le Système-Uni implose, Mars va bientôt tout contrôler. Nous pouvons récupérer la planète mère, prendre notre revanche.

— Oui ! Oui !

— C'est vrai ! renchérit Stanford. Pensez à ce que sera notre existence là-bas, celle de nos héritiers. Des contrées infinies, des villes somptueuses à reconstruire, des océans, des montagnes !

— Mais comment faire avec le MRVO ? Et les Immortels qu'il y a encore, là-bas ?

— Ça suffit ! Nous nous servirons des uns pour contrer les autres, c'est tout ! » rugit Ménalem Ghobal en abattant ses mains blanches et déformées sur son pupitre.

Le roulement guttural de sa voix avait saisi tout le monde. Jamais encore le Premier secrétaire ne s'était laissé aller à une telle manifestation de colère. Réalisant son erreur, le gnome se ravisa :

« Mes seigneurs (Il se retourna vers Stanford pour le saluer d'une révérence forcée.), Votre Prospérité, ces… ces questions sont accessoires, trop techniques pour être débattues ici. Et il n'y a pas d'urgence…

— Imbécile ! meugla un armateur. C'est la banqueroute interplanétaire et vous osez affirmer qu'il n'y a pas d'urgence ?

— Vous vous moquez de nous…

— Oui ! Il est là depuis trop longtemps pour se rappeler qu'il nous doit son poste… »

Mirimas comprit qu'il devait voler au secours du Plutonien, car si Shamen-Artal et son père lui avaient souvent présenté le ministre de la commission comme un fusible bien pratique à faire sauter en cas de contestation, le moment n'était pas encore venu de le laisser se faire étriller par les magnats. Il avait d'autres boucs émissaires à leur jeter en pâture.

« Le... le Premier secrétaire veut simplement dire que notre installation sur Terre va prendre des années ! Et qu'en attendant, nous devons réfléchir ensemble à notre stratégie et réunir les moyens pour l'appliquer.

— Alors dites-le nous clairement, Votre Prospérité : devons-nous fabriquer des vaisseaux de guerre ? »

La question fit l'effet d'une attaque aux infrasons. L'assistance se figea d'un bloc, les clameurs et conciliabules se turent. Les regards étaient braqués sur le Cinquième magnat, sa fiancée, sur Ghobal : le conglomérat Stanford avait le premier violé l'interdit qui maintenait la Ligue dans son carcan légal. Mirimas lui-même venait de lancer les feux dans son discours, peut-être plus par exaltation que par réelle clairvoyance ; il n'avait évoqué cette dangereuse ambition collective que dans le but de détourner l'attention de son coup de force. Or, il avait touché les armateurs au cœur : les attaques des Zakkapistes ou des Pirates, la paralysie de la Régie solaire, les arraisonnements abusifs des Investigateurs, les défaillances répétées des escortes martiennes... les événements ne pouvaient que lui donner raison ! S'il ne confirmait pas ses propositions audacieuses, ses pairs ne lui pardonneraient pas de les avoir humiliés en les forçant à plier sous la menace de ses canons invisibles. Ils ne perdraient même pas le temps de le renverser : ils quitteraient Charon pour tenter seuls leur chance de refaire fortune, reclus sur leurs bases stellaires dérivantes.

La chute de la Ligue...

Margrett lui saisit la main. Elle était glacée. Stanford n'avait pas le choix : il devait sauter dans le gouffre.

« Mes seigneurs, je soumets à votre vote le principe d'un plan général d'armement de nos conglomérats et la dénonciation unilatérale des traités qui nous lient à un Système-Uni moribond. Je demande également un mandat permanent afin d'entamer des négociations avec le nouveau Gouvernement central solaire et l'Omniexécuteur Safaris. En attendant l'entrée en vigueur de ce plan et ses premières concrétisations sur le terrain, le Cinquième Conglomérat met à la disposition du Cartel l'ensemble de ses prototypes de matériel militaire... En espérant que d'autres l'imiteront ! »

25

« Ma chère sœur a rejoint l'esprit sain du Sauveur. C'est une juste récompense après une vie de souffrances et de lutte. Et c'est la preuve ultime que l'abnégation, bien plus qu'un abandon, est un présent aux autres dont seules les plus grandes âmes sont capables. Saurai-je me montrer digne de son enseignement ? »

Frère-mercenaire Tando KALUMA, *Chroniques de l'Avènement*, Cité sacrée de Seettle, Terre (années 2948-2955, CS). *In CEG Histoire du système solaire,* « Avènement du Temple », Catalogue lambda, Article 6441, Omnibibliothèque du Quantex.

Gouvernement provisoire des Villes d'Ombre, New Manhattan, 20 septembre 2940, CS.

Pax s'effondra dans la poussière qui recouvrait le sol de l'ancienne agora, la gorge tranchée d'une oreille à l'autre. Un affreux gargouillis jaillit de son larynx noyé de sang, un cri de terreur qu'il ne se souvenait déjà plus d'avoir poussé, mais que ses poumons remplis d'air continuaient d'alimenter par simple réflexe. Il gigota encore un moment, sa tête roula devant son épaule droite. C'était fini. Patrick Walgroove renifla, essuya son couteau d'assaut sur le treillis de son aide de camp avant de le ranger, puis il entreprit de camoufler grossièrement le cadavre sous les décombres du trône du Cocon.

Pas la peine de fignoler, se dit-il, *personne ne viendra fouiner là-dedans.*

Il n'éprouvait aucun remords – c'était contraire à ses principes et à ses habitudes – seulement un peu de tristesse d'avoir dû se séparer d'un homme aussi fidèle que Pax, mais beaucoup trop curieux. Et sans imagination. Le projet de son chef le dépassait : il n'aurait jamais eu aucune chance d'y trouver sa place. Dire qu'il avait fallu qu'il se connecte au Quantex sur l'une des bornes de l'ancienne tour du Cocon ! Le message du Sauveur avait bouleversé le soldat : il s'était mis à poser des questions, à s'inquiéter des répercussions possibles sur les peuples des Ombres, de la nécessité de porter, sur tous les continents, la parole divine nouvellement révélée afin de faciliter l'avènement de la théocratie zakkapiste.

Walgroove n'en était déjà plus là.

Autoproclamé archiprêtre général, il venait de créer un gouvernement provisoire pour mettre un terme au désordre militaire, religieux et économique qui ravageait la Terre depuis la chute de Valoras. Il n'avait jamais obtenu l'aval – encore moins la bénédiction – de la poignée d'archipapes qui tentaient, ici et là, de résoudre les difficultés des survivants. Mais de nombreux soldats du Mouvement l'avaient suivi, fascinés par son charisme, enthousiasmés par le récit de ses exploits guerriers. Et sans doute, aussi, mus par la crainte de subir ses foudres. Les prêtres, eux, renâclaient ; les frères et sœurs-mercenaires se divisaient sur la question de le soutenir ; le peuple s'agitait, entre l'espoir d'être enfin commandé et secouru, et l'inquiétude de devoir endurer de nouvelles catastrophes. Car le calme était loin de revenir : les restes de la Défense eugéniste harcelaient certaines zones rebelles ; des Immortels hébétés s'épanchaient par millions hors des Métacités devenues inhabitables pour venir grossir les camps de réfugiés, provoquant des heurts, alimentant la haine et la panique ; les pillages se multipliaient, les razzias, les demandes de rançon, les règlements de compte. La famine et les épidémies s'emparaient de régions de plus en plus nombreuses.

L'ordre ! Il faut remettre de l'ordre. Et pour ça, il faut trouver des soutiens, des relais pour mon pouvoir…

Patrick Walgroove sortit de l'Agora à pas rapides pour retrouver son état-major, qui l'attendait sur la place de l'Équilibre, au pied de la tour du Cocon. Il fallait agir, et vite. La nouvelle de l'intervention du Fils de Saros sur le Quantex n'allait pas tarder à se répandre parmi la populace, et les religieux qui avaient pu s'en trouver informés directement grâce à leurs capacités télépathiques ne manqueraient pas de l'exploiter pour le compte du Temple, afin de préparer l'Expiation et l'instauration de l'archipontificat zakkapiste. Une perspective qui l'avait toujours révulsé, lui, le chef militaire, pour qui la force des armes valait mieux que la puissance supposée des âmes. Il fallait agir, même au prix de la guerre civile.

***

Pour Cielernik, la catastrophe était déjà là.

Seettle était devenu le champ de batailles mystiques où des centaines de cultes néozakkapistes, sortis de l'imagination débordante de leurs créateurs, s'acharnaient à détourner les sources de la foi pour mieux les capter à leur seul profit. La milice de Walgroove prenait un malin plaisir à monter les uns contre les autres ces clergés, aussi ridicules que corrompus : elle en utilisait certains pour percevoir l'impôt révolutionnaire et les taxes nouvelles qu'elle inventait, au fur et à mesure que croissaient les besoins de ses membres ; elle en supprimait d'autres, à coups de MPHV, au hasard de ses pulsions meurtrières collectives, pour faire régner la peur.

Ce qui fonctionnait parfaitement.

La sœur-mercenaire avait dû fuir le premier camp, avec une dizaine de fidèles, protégée par Tando Kaluma, qu'elle devait chaque jour retenir afin qu'il n'aille pas se faire tuer bêtement en tentant d'apporter un peu de justice là où ne régnaient que la barbarie et l'abjection.

« Ça ne sert à rien, mon frère, tu le sais, insista la vieille femme alors que le géant lui apportait un bol d'eau fraîche sous sa tente. Pas maintenant.

— Akkah ! Quand cela, ma sœur ? Quand tous auront péri ? Ou qu'ils auront renié leur foi pour ces hérésies ? Embrassé la cause de l'usurpateur ? Quand ?

— Le Sauveur nous a parlé… Tu… tu l'as entendu comme moi, Tando.

— Je ne sais pas ce que j'ai entendu, soupira le mercenaire. Je ne sais vraiment pas.

— Tu doutes de Lui, à présent ?

— Non, je doute de la nature exacte de Son message. Il est venu, porté par le Quantex. Vous l'avez bien ressenti, n'est-ce pas ? »

Cielernik se rallongea sur sa couche, à bout de forces. Ses lèvres desséchées dévoraient son visage maigre et osseux. Kaluma écarta une mèche de cheveux blancs sur son front.

« Oui, mon frère, fit-elle d'une voix éraillée. Mais je crois qu'il a utilisé le réseau pour être plus efficace, pour toucher davantage de gens. Voyons, Tando, tu sais bien que nous ne sommes pas nombreux à posséder le don, le Lien…

— Certes, ma sœur. Mais l'avantage du Lien, c'est qu'il ne peut pas être corrompu. Enfin… (Elle le dévisageait d'un œil sombre. Il soupira.) Je sais : nous avons eu nous aussi des problèmes après la chute de l'île, peut-être à cause des radiations d'antimatière. Mais tout est redevenu normal depuis. Je ne dirais pas la même chose des communications quantiques.

— Je… j'ai peur de ne pas te suivre…

— Le réseau a déjà failli s'effondrer une fois, expliqua le moine, l'air grave. Cela prouve qu'il n'est pas infaillible, que des… perturbations peuvent l'affecter.

— Mais la Veille est là pour parer à ce genre de problèmes.

— Justement ! Quelle valeur accorder à la parole de notre Sauveur lorsqu'on sait que les Veilleurs sont susceptibles d'intervenir sur le Quantex quand bon leur semble ? Ne pourraient-ils pas tenter de modifier la teneur du message ? De le parasiter ?

— Encore faudrait-il qu'ils y aient intérêt ! s'emporta la sœur. La réputation de moralité des Veilleurs est proverbiale et…

— Pardonnez-moi, mais la morale ne tient pas longtemps face au danger. D'après ce que nous en savons, le Quantex a failli disparaître, s'arrêter complètement. Qui peut dire que les Veilleurs – dont l'existence dépend entièrement de la pérennité du réseau – n'ont pas choisi d'enfreindre leurs propres règles pour sauver leur peau virtuelle ? Le seul fait qu'ils violent leur sacro-saint principe de neutralité en mettant à la disposition du Fils leur technologie ne me dit rien qui vaille.

— C'est pourtant en la faveur du Mouvement et du Temple qu'ils l'ont fait.

— En apparence, oui.

— Qu'est-ce que ça cache, selon toi ?

— Je n'en sais rien. Je… un mauvais pressentiment qui m'habite, c'est tout. Je ne peux pas être plus précis. »

À cet instant, Sül pénétra dans la cahute, affolé. Il se précipita sur la religieuse.

« Ma sœur, il faut partir !

— Qu'arrive-t-il ?

— Les hommes de Walgroove… Ils vous cherchent ! Ils posent des questions après vous. On ne va pas tarder à vous dénoncer.

— Bon, allons-y ! fit Kaluma. Il ne faut pas rester là.

— Non, répondit Cielernik d'une voix très calme. Cette fois je ne bougerai pas. (Les deux hommes se regardèrent, interdits.) J'en ai assez, assez ! Il faut que quelqu'un l'affronte, lui fasse comprendre ses erreurs.

— Vous ? Dans cet état ? s'étonna le frère-mercenaire. Comment trouverez-vous la force ?

— Saros m'aidera. »

Elle avait redouté ce moment depuis des mois, depuis sa fuite de la Mégapole. À présent, elle était prête à le vivre pleinement, autant que sa santé déclinante le lui permettrait : elle était peut-être la seule à pouvoir adoucir le caractère farouche et violent de l'homme qui lui faisait face, le père de son propre petit-fils. Qu'il avait exécuté sans sourciller.

« Je sais ce qui vous dérange, ma sœur, lança la voix de stentor de Walgroove.

— Alors, nous n'avons pas besoin d'en parler, répondit la vieille femme d'un ton las. (Elle était assise à même le sol de sa geôle, en tailleur, les mains ligotées dans le dos.)

— Vous ne comprendrez donc jamais ? Les nécessités que commande la guerre ?

— Vous avez tué Anton, d'un coup de pistolet. Votre fils ! Quel besoin y avait-il ?

— Il m'avait trahi.

— Non ! s'étrangla-t-elle. Il avait cru bien faire, trompé par ce Martien...

— Le Martien... Allons, vous savez bien qui il était.

— Je l'ai compris bien après, lorsque les archipapes de l'île l'ont démasqué. Mais vous... dès le départ, dans le Kweense...

— C'est Rupper qui l'a reconnu le premier, pas moi ! Cette... cette étincelle dans son regard, identique à celle de son père. Je n'ai pas voulu le croire.

— Et vous avez préféré l'envoyer sur l'île, plutôt que de l'exécuter comme un simple espion.

— Exact, ma sœur.

— Vous devez vous en mordre les doigts ! » ricana Cielernik.

Le général blêmit. La religieuse le provoquait ouvertement, se risquant à aborder un sujet auquel il évitait lui-même de penser : il avait détenu Lewis Khandra-Saros pendant des jours, avant de l'éloigner volontairement de lui, par peur d'être contaminé par le virus prionique que l'officier rouge prétendait véhiculer. Quel pouvoir énorme Walgroove aurait-il possédé sur les Ombres et le Concile, s'il l'avait alors seulement gardé à ses côtés pour l'utiliser comme moyen de pression ? Et en admettant qu'il l'ait tué, il aurait eu le champ libre pour imposer définitivement son autorité, se présentant devant les Zakkapistes comme leur nouveau guide une fois répandue la nouvelle de la mort du Saint Fils. Ce qu'il essayait de réaliser aujourd'hui par la force, il aurait pu le conquérir sans trop de peine par la ruse.

« N'est-ce pas ? insista la mercenaire.

— Taisez-vous, sorcière ! » rugit Walgroove en abattant sa main sur le visage de Cielernik.

Elle s'écroula sur elle-même, assommée. Le général se rua dans la cellule voisine.

Je vais régler son compte à ce moine.

Mais Tando Kaluma avait pris les devants. Plongé dans une transe profonde, il était étendu sur le dos, en plein centre du cachot, baignant dans une couche d'eau stagnante et viciée. Un rat fouinait entre ses pieds nus. Walgroove tenta de la ranimer. En vain. Il hésitait : jamais encore il n'avait tué un homme inconscient. Il recula et referma la porte. Il n'y avait pas d'urgence. Quel danger représentait le père africain, après tout ? Quelle menace qui n'était pas déjà identifiée, celle d'une reprise en main par le Temple, par exemple ?

Pourtant, c'était exactement ce que Kaluma était en train d'organiser. En communication avec un archipape basé sur la Lune, il révélait les dernières évolutions de la situation sur Terre, du moins celles qu'il connaissait, et les plus importantes : la mise en place d'un pouvoir absolu et sanguinaire par Walgroove, bien loin des objectifs originels du Mouvement, et l'anarchie religieuse et sociale qui en découlait directement. Le père espérait bien que ces nouvelles allaient provoquer une réaction de ses frères sélénites.

***

Comme gage de bonne volonté, Soana Rutelli avait été admise à participer aux débats de la vingtaine de chefs zakkapistes qui s'était réunis dans l'ancienne capitale de la Principauté. La présence de Malkom, le margrave, la confortait dans sa position : les Zakkapistes n'étaient pas encore totalement sûrs d'eux et de leur nouvelle position. Certes, ils régnaient en maîtres sur près des deux tiers des Royaumes lunaires – du moins ce qu'il en restait – mais des oppositions importantes subsistaient parmi la population, notamment dans les rangs de la noblesse et des différentes armées. Si la révolution était à peu près terminée dans sa phase militaire, le plus difficile restait à accomplir : renforcer le nouveau système qui se mettait en place et, surtout, le rendre légitime. Comme souvent dans l'histoire politique tourmentée de la Lune, la solution viendrait peut-être encore de la Terre.

« Le mercenaire Kaluma nous lance un appel au secours, mes frères, fit l'un des dignitaires. Il n'est pas le seul. Des appels semblables nous parviennent de nombreuses contrées : depuis les Ombres, depuis les camps de réfugiés. Certains Immortels abandonnés par Valoras réclament même une intervention du MRVO pour les sauver de la répression qu'ils subissent.

— Akkah ! Qu'ils crèvent, ceux-là, c'est tout ce qu'ils méritent ! rugit un pontife.

— Jamais Saros n'a prescrit de massacrer des innocents, répliqua un autre.

— Ils ne le sont pas ! (Des murmures s'élevaient un peu partout. Les camps se formaient autour de l'épineuse question, suivant peu ou prou les lignes de cassure habituelles du Mouvement, entre partisans de la guerre totale et pragmatiques.)

— Ils sont vaincus ! Nous leur devons respect et honneurs, d'autant plus que beaucoup parmi ces survivants nous ont peut-être aidés. Nous avions des alliés parmi eux, je vous le rappelle.

— Bah ! Nous n'en avons plus besoin, maintenant.

— Qu'en savez-vous, mon frère ? Nous pouvons les utiliser pour contrer la menace que représentent Walgroove et son gouvernement fantoche. De plus, ils possèdent les clés des anciennes Métacités, ils pourraient nous aider à les reconquérir.

— Les Métacités sont mortes ! pesta le contestataire le plus véhément. Jamais il n'a figuré dans notre projet d'aller les occuper. Le luxe vous attire-t-il tant que ça, mon frère ?

— Non, seulement les moyens technologiques qui sont encore là-bas et qui nous aideraient grandement à reprendre le contrôle des choses.

— Vous frisez le blasphème ! La technologie des Eugénistes est un péché ! Ce que vous proposez, c'est… exactement ce que le général est en train de faire. »

Le tumulte se poursuivit ainsi pendant un bon quart d'heure sans qu'aucune décision n'intervienne. En son for intérieur, Rutelli était partagée entre jubilation et inquiétude : les vainqueurs se révélaient incapables de surmonter leurs graves dissensions internes, ce qui pouvait donner quelques espoirs aux patriciens sélénites de prendre un jour leur revanche ; mais le vrai risque était de voir le chaos s'installer durablement dans les Royaumes sans qu'aucun camp ne parvienne à s'imposer et à ramener la paix, ou du moins ce qui ressemblerait le plus à la paix : la théocratie zakkapiste.

Nous avons peut-être une carte à jouer, réfléchit Soana. *Ce serait risqué, mais au point où nous en sommes…*

Un archipape venu du comté de Humboldt lui tendit la perche dont elle avait besoin :

« Quoi que nous décidions, mes frères, nous n'avons pas les moyens techniques de porter secours au Temple sur la Terre. Ils devront se débrouiller seuls contre Walgroove.

— Peut-être… peut-être pas, intervint Rutelli d'une voix timide. (Des regards haineux se posèrent sur celle qui osait perturber les délibérations du conseil. Et qui ne faisait même pas partie du Mouvement ! La jeune femme se dépêcha d'enchaîner.) Nous disposons encore de plusieurs vaisseaux en état de marche. Nous… nous pourrions acheminer vos soldats jusque sur la planète mère. »

Elle ne s'était pas trompée : sa proposition était trop alléchante pour que les archipapes la laissent passer. Restait une question qu'ils n'allaient pas manquer de lui poser :

« Princesse, demanda un légat d'une voix où pointait l'agacement, je suppose que vous ne nous offrez pas votre aide désintéressée, comme ça, sur un plateau d'argent ? Que demandez-vous en échange ? (Rutelli se leva et s'avança courageusement au centre du conseil improvisé.)

— Votre Sainteté, les éléments fondateurs de votre mouvement sont, je crois, la libération de la Terre et des Ombres, et l'instauration du règne de Saros afin que tous les Zakkapistes puissent revenir s'installer sur la planète mère, fit-elle d'une voix ferme. Or, le premier objectif est atteint. Si les Royaumes vous aident à remplir le dernier, s'ils s'engagent dans un traité signé avec le MRVO à respecter votre Église et vos fidèles, à appliquer certains de vos principes pour limiter la puissance de l'astrocapitalisme dans le Système ; s'ils jurent, enfin, de devenir des alliés objectifs mais fiables sur nombre des sujets qui sont au cœur de votre doctrine, pouvez-vous promettre, en retour, de laisser la Lune poursuivre sur son orbite sans davantage vous immiscer dans ses affaires internes ? Car voyez-vous, mes seigneurs, nous sommes le satellite de la Terre. Nous l'avons toujours été. Et que cela nous plaise ou non, nous le demeurerons ! »

26

« Un jour viendra où nous commencerons à comprendre, à sentir que notre combat touche à sa fin, que nous sommes près du but. Dans dix ans ou dans mille ans, l'heure de la victoire sonnera. Mais alors, alors il ne faudra pas relâcher notre effort. Nous devrons redoubler d'énergie et d'audace ! Car en même temps resurgiront les doutes, les regrets, la peur, la fatigue… À ce moment crucial, les risques d'échouer n'auront jamais été aussi grands. »

Khan DHERA-SAROS, Premier guide, Adresse au Conclave militaire du MRVO, Ombre de New Mexico, Terre, An 64 de l'Ère (année 2494, CS).
In CEG Histoire du système solaire, « Terre », « MRVO », Catalogue mu, Article 6889, Omnibibliothèque du Quantex.

Franches Colonies alphantes, région des Cascades, Alpha IV Centauri, 26 septembre 2940, CS.

La déroute était inévitable.

Malgré leurs faibles moyens militaires, malgré les opérations de Arimov et des autres commandos contre leur spatioport, les milices des armateurs avaient pris le dessus sur les mercenaires zakkapistes. La guérilla s'épuisait dans le souffle des explosions pour tenir ses dernières positions, au pied du mont Zabur. Les bombes et les tirs de plasma tombaient sans discontinuer sur la forêt; cernés par les incendies, les survivants hagards se heurtaient aux cadavres, tentaient de secourir les blessés avant de succomber eux-mêmes. Le Concile s'était replié dans les entrailles de la montagne, sans véritable espoir de pouvoir s'échapper. Leur attention monopolisée par le message du Sauveur, les archipapes avaient laissé de côté la question militaire, sans comprendre que le piège de Yaveed Yeritu était en train de se refermer sur eux.

Lewis enrageait.

Une fois encore, il était impuissant. Pire, il se sentait trahi. Il allait et venait dans la loge exiguë qu'on avait aménagée pour lui-même et Gloria, imprimant la marque de ses poings sur les murs de terre meuble, réduisant en charpie le minable mobilier de bois qu'il avait pourtant déjà pulvérisé dans ses précédents accès de fureur. Depuis des jours, il refusait de voir Cess Rembrardt, James ou leurs coreligionnaires ; il refermait son esprit dès qu'ils tentaient de communiquer avec lui. Ils avaient cru l'amadouer en lui envoyant Seila III Rinyame pour négocier, avec Arimov, son sauveteur. En vain : il les avait tout simplement flanqués à la porte ! Même Iataline ne parvenait plus à l'apaiser.

« Ils n'auraient pas dû, ils n'auraient jamais dû faire ça !

— Lewis…

— Pas après tout ce que j'ai sacrifié pour eux. Non ! Ils se sont servis de moi, tu m'entends ?

— Je sais, mais peut-être n'est-ce pas si grave.

— Ils ont utilisé mon esprit, Gloria ! Pendant la liaison avec le Quantex… Je les ai sentis : ils étaient là, tout le Concile, ils… ils concentraient leur puissance sur moi, par l'intermédiaire de Rembrardt, pour changer le sens de mes paroles… (Il se retint avec peine de hurler et posa son front contre la paroi.) C'était tellement subtil. Je… je savais ce qu'ils étaient en train de faire, mais je ne pouvais pas les en empêcher. Je percevais mes propres pensées, elles m'échappaient au fur et à mesure que je les formulais et je ne pouvais pas les retenir ! C'était trop tard. Ils ont fait de moi ce qu'ils voulaient faire…

— Un messie ! »

Khandra fit volte-face. Kiribati avait pris le risque d'entrer dans la pièce, poussé par un Yuro visiblement exaspéré.

« Vous comptez rester ici combien de temps ? demanda le médecin.

— Qu'est-ce que vous voulez que je fasse ? ronfla le Martien. Un putain de miracle ? Adressez-vous à ces crétins en robes de bure : ils en sont capables !

— Basta, Lewis ! meugla le Pirate. Ce qu'ils t'ont fait est inqualifiable, mais ils l'ont fait ! Dehors, la guerre continue, et nous sommes à deux doigts d'y laisser notre peau.

— Ça n'est pas la première fois, mon vieux, tu en sais quelque chose.

— Justement ! Je ne sais toujours pas comment j'ai survécu dans ce désert, mais ça n'était certainement pas pour finir ici, enseveli sous cette montagne.

— Qu'attendez-vous ? soupira Khandra, un peu plus calme. (Gloria l'observait, encore inquiète.) Je… je n'ai pas d'armes ici, vous voyez bien, rien à vous offrir…

— À part votre nouvelle aura, énonça Kiribati. C'est ça, votre nouvelle arme.

— Non, pas vous, docteur, pas ça.

— Ils vous ont eu, soit ! Ils nous ont tous eus. Maintenant, servez-vous de ce qu'ils vont ont imposé. Nos troupes sont à bout, elles ne pourront pas tenir ce siège bien longtemps. Mais vous pouvez vous présenter devant elles, combattre à leurs côtés, les galvaniser…

— Est-ce que ça suffira seulement ? rétorqua Lewis, sceptique.

— Puta Mazer ! Là, tu nous en demandes un peu trop ! brailla de nouveau le Pirate. En plus d'être un prophète, tu es un officier martien. À côté de toi, on est des marins d'eau douce ! »

Kiribati et Gloria ne purent retenir leurs fous rires. Vexé, Yuro les regarda de travers.

« Ok, corsaire, fit Lewis, l'air vaguement résigné. Tu as peut-être raison. Vous aussi, docteur. Et toi, Gloria…

— Avons-nous le choix, de toute façon ? fit la Terrienne.
— Eh bien... nous allons faire comme si nous l'avions. Puisqu'ils ont fait de moi leur messie, ces foutus Zakkapistes vont devoir m'obéir ! »

***

Perché sur une concrétion calcaire, dans l'avant-dernière salle de la caverne, Khandra jaugeait ses maigres unités. Jamais il ne s'était trouvé dans une situation aussi critique. Jamais, non plus, il n'avait encore combattu sans son exosquelette et ses centaines de capteurs, d'outils et d'appareillages d'assistance en tous genres. La combinaison récupérée dans les stocks des rebelles datait d'une autre époque. Quant aux armes et aux munitions... Le seul moyen de faire la différence, il le savait, c'était sur le plan tactique. Et d'après les informations qu'il avait pu glaner ici ou là, notamment auprès de Arimov, il disposait d'un bon avantage sur son adversaire, le magnat provisoire Yeritu : il avait l'expérience.

« Soldats de Saros ! Le moment est venu de montrer ce que vous valez. »

Un murmure désapprobateur parcourut la masse des soldats en guenilles. Ils étaient épuisés, sales, affamés, découragés, et voilà qu'on venait mettre en doute leur valeur.

« Qui es-tu ? Qu'est-ce qui te donne le droit de nous parler comme ça ? rugit un géant noiraud qui portait négligemment sur ses épaules un énorme fusil MPHV, d'un modèle très ancien. (Lewis sourit.)
— Toi, le gaillard ! Sais-tu ce que j'ai fait, un jour, avec le même type de canon que celui que tu exhibes ?
— Vas-y, parle !
— J'ai descendu une barge de la Défense eugéniste, sur Terre, en plein cœur de l'Ombre de New Manhattan ! raconta le Martien en mimant les gestes effectués autrefois. J'étais grimpé sur une tour de guet, seul, le vaisseau fonçait droit sur moi. J'ai attendu pour tirer, attendu, attendu... jusqu'à ce que je voie le casque du pilote briller à travers la bulle du cockpit. Et pan ! Un seul coup ! Les débris ont mis le feu à tout un quartier et...
— Qu'est-ce que ça peut nous foutre ? brailla une voix.
— Oh, pas grand-chose ! Je veux simplement vous faire

comprendre que même lorsque le rapport des forces est défavorable, même lorsque la mort vous regarde bien en face, à quelques mètres, il y a toujours un espoir d'en sortir. La probabilité était très faible, dans mon cas, mais je suis là, devant vous.

— On nous dit que tu es le Fils du Sauveur, gronda le géant, alors pourquoi ne nous sauves-tu pas, maintenant ?

— Mais… c'est ce que je suis en train de faire, mon vieux. Et pour y arriver, j'ai besoin de toi ! Est-ce que tu veux te battre ?

— Ben… ouais. (L'homme était stupéfait. Lewis ouvrit les bras.)

— Est-ce que vous voulez tous vous battre ? Survivre ? Triompher ?

— Oui… Oui !

— Allakmen ! Alors prenez vos fusils, vos frondes, attelez vos montures ! Trouvez la tour de guet sur laquelle vous allez grimper ! Attendez que le regard vicieux de la mort se pose sur vous et… *liquidez-la* !!! »

D'un seul cri, les rebelles laissèrent exploser leur fureur. Ils se ruèrent à la suite de Khandra, qui avait déjà bondi vers la première salle de la grotte où les derniers résistants tenaient tant bien que mal leurs barricades. Yuro sur ses talons, le Martien escalada les tas branlants de pierres et de madriers, fonçant à l'aveuglette à travers la fumée.

« Par Zurkoof ! T'es pas mal finalement, en prophète ! ricana le corsaire sur sa droite.

— Je trouve aussi. Allez… on y va ?

— Ya. Kaputomos Troopaliens !

— Akkah ! Akkah ! »

La vague des guerriers de Saros s'abattit sur les lignes adverses comme une nuée d'insectes affamés. Le choc fut effroyable. Les Zakkapistes tombaient en grappes sous les rafales des miliciens, des corps démembrés volaient dans les flammes ; mais malgré les pertes, les rescapés du premier assaut progressaient toujours, portés par leurs propres hurlements, accordant leur rythme sur le pas de course effréné du Sauveur. Lewis avait vu juste : la Ligue doutait, ripostait en réflexes individuels qui devenaient confus ; et son chef s'avérait incapable de réagir à une action que son esprit ralenti de magnat ne pouvait simplement pas conceptualiser : une contre-attaque surprise, frontale et désespérée, d'un ennemi qu'il croyait déjà vaincu !

« Encore ! Ne vous arrêtez pas ! hurlait Khandra, qui tentait de contenir son ivresse grandissante afin de conserver un peu de maîtrise de l'opération. Pour le Temple ! Pour Saros !

— Akkah ! criait Yuro, perdu à quelques mètres dans un nuage de cendres et de poussière. Akkah ! Mierta ! Je ne sais même pas ce que ça veut dire... Kapuuut !!!

— Allakmen, allakmen ! »

D'un seul tir de plasma, le Pirate abattit les trois miliciens qui se ruaient sur Lewis pour le capturer. Trop occupé à coordonner ses troupes, le Martien n'eut pas le temps de remercier son compagnon. Il s'évertuait à faire progresser les rebelles, leur désignant un tas de roches à conquérir, des véhicules ennemis à détruire. Son plan fonctionnait au-delà de ses espérances, mais dans certains secteurs, les batteries ennemies les taillaient littéralement en pièces. Si le sort ne tournait pas plus clairement en leur faveur, les Zakkapistes n'avaient aucune chance de tenir le choc encore bien longtemps. Il pensa à Gloria, se demandant si elle pourrait s'en sortir sans lui. Il n'avait pas de doute à ce sujet, juste un peu d'amertume à l'idée de ne plus pouvoir être auprès d'elle, si jamais...

Non, nous allons les battre !

Soudain, les armes se turent, d'un seul coup, laissant les hommes ahuris.

Plus rien ne fonctionnait de part et d'autre de la ligne mouvante du front, ni les MPHV, ni les canons à plasma des chars, ni même les antiques fusils thermiques ou mécaniques. Tous les équipements qui possédaient une source d'énergie étaient hors-service. Les combattants restaient figés sur leurs positions, se regardant de travers et cherchant fébrilement à redémarrer leurs armes ; certains s'aplatissaient ou mettaient un genou au sol pour se protéger, d'autres, au contraire, se relevaient pour regarder autour d'eux. Lewis s'était lui-même arrêté de courir... Il réalisa qu'il s'était enfoncé beaucoup trop loin dans les positions ennemies. Yuro grimpa pour le rejoindre sur la carcasse d'un véhicule. Le Martien avait un air étrange, comme détaché de la terrible réalité qui l'entourait.

« Puta... Mazer, Lewis, jura le corsaire, haletant. Wot'z up ? »

— Je n'en sais rien, répondit Lewis d'une voix lointaine. Peut-être… un putain de miracle…

— Wot ? »

Et d'une pensée, Khandra lança son dernier ordre vers les esprits de ses soldats : *Akkah ! Avec vos mains, avec vos pieds, vos couteaux, vos bâtons, vos machettes ! Attaquez, attaquez !*

***

Vladimir Arimov ne pouvait détacher son regard du cadavre de Yeritu. Le magnat provisoire baignait dans une flaque de sang et de boue, la moitié inférieure du corps arrachée à quelques mètres de son buste. Les cadavres de ses miliciens étaient amoncelés autours de lui, comme autant de trophées de chasse que les combattants zakkapistes s'empressaient d'exhiber. Partout, ça n'était que cris, chants de victoire, vivats, prières de remerciement. La victoire, aussi brutale qu'inespérée, était totale.

« Ce n'est pas la première fois que vous voyez du sang, j'imagine », fit James.

L'ambassadeur se tourna vers le pasteur, dont les yeux brillaient d'un éclat difficile à interpréter. Ils ne se connaissaient tous les deux que depuis le sauvetage hasardeux sur Alpha V, mais Arimov ne se sentait pas à l'aise en compagnie du prêtre. Ce dernier s'était confié à lui quelques heures seulement avant la bataille, lui faisant part de ses angoisses, de son ardent désir de retourner sur la planète désertique d'où on l'avait pourtant sauvé de justesse. Parce que là-bas, selon lui, se trouvaient les vraies réponses, que Lewis Khandra refusait de révéler au monde. Vladimir ne savait plus quoi penser. Les religieux étaient des personnages bien trop compliqués à son goût.

« J'ai peur que ce ne soit pas la dernière, mon père, soupira-t-il.

— Il s'agit d'une révolution. Nous savions tous que cela se passerait ainsi. Saros, le *vrai* Saros, ne nous a jamais menti sur ce point. Depuis des siècles, sa parole est limpide.

— Oui… Mais l'hémoglobine l'est beaucoup moins.

— Allakmen ! Vous retrouvez votre humour, mon fils.

— Si vous voulez, mon père.

— Allons, ne restez pas là, ordonna le pasteur d'une voix

plus froide. Le Concile est en train de réunir tous les fidèles, enfin… ceux qui ont survécu.

— Sont-ils nombreux ? (Le prêtre hésita.)

— Beaucoup moins que nous ne l'espérions. »

Ils traversèrent en silence le champ de bataille où des soldats s'affairaient à récupérer les armes et les équipements qui pouvaient encore servir. Des femmes enveloppaient soigneusement les corps des Zakkapistes tués dans des linceuls de fortune, laissant ceux de leurs ennemis pourrir sous le soleil. Indifférents, des gloutons broutaient les rares mottes d'herbe qui n'avaient pas brûlé. En quelques minutes, Arimov et James grimpèrent jusqu'à l'entrée de la caverne. Les autres archipapes étaient agenouillés, priant dans un silence assourdissant. Seila III était invisible, ce qui ne manqua pas d'inquiéter Vladimir. Devant eux, Lewis Khandra était debout, immobile. Une petite centaine de guerriers du Mouvement se recueillait aussi. Gloria, Yuro et Kiribati se tenaient en retrait.

C'est arrivé, pensa Vladimir. *Les signes dans le ciel ne pouvaient nous tromper : le Sauveur est venu.*

Cess Rembrardt se releva le premier, invitant ses pairs à l'imiter. Puis il parla :

« Mes frères, nous venons de remporter un combat décisif. Par la force des armes, et aussi par la puissance de notre volonté. C'était écrit et annoncé. Le Saint Fils est venu parmi nous pour accomplir sa tâche.

— Loué soit notre Sauveur ! » psalmodièrent les fidèles.

Lewis ne bronchait pas. Il n'écoutait pas vraiment. Les litanies des religieux ne l'intéressaient pas. Plongé en lui-même, il cherchait à comprendre ce qui avait pu se produire et provoquer le prodige qui les avait sauvés de la défaite.

Il distinguait deux événements : d'abord l'arrêt brutal des armes énergétiques, puis cette intuition qu'il avait eue de devoir donner ses ordres aux Zakkapistes par télépathie, sans savoir s'ils étaient tous capables de les recevoir. Le reste n'était qu'une succession de conséquences plus ou moins heureuses, une combinaison de l'effet de surprise qui avait paralysé l'ennemi et du fanatisme de ses troupes. Y avait-il un lien ? Ou bien n'était-ce que le fruit du hasard, d'une heureuse succession de coïncidences ? Il se rappela le message des Lieurs : lui étaient-ils venus en aide, en lui apportant la force psychique nécessaire ? Avait-il découvert intuitivement le moyen de contrôler la matière après avoir pénétré les consciences ?

Non, c'est absurde ! Je n'ai rien ressenti de tel !

Il sentit le regard de Rembrardt posé sur lui. Il le fixa un long moment : le visage de l'archipape n'affichait aucune expression particulière, en tout cas pas de signe d'un quelconque sentiment de triomphe ou de satisfaction.

— *Vous allez bien, mon fils ?*

— *Je crois, oui,* répondit Khandra, un peu las. *Que... qu'allez-vous faire, maintenant ?*

— *C'est à vous de nous le dire.*

— *Je vous en prie ! Nous n'allons pas recommencer cette discussion.*

— *Tel n'est pas mon désir, Lewis. Mais vous nous commandez, à présent, que cela vous plaise ou non. Et tous ces gens ici, qui vous regardent d'un air admirateur et craintif, le ressentent ainsi. Vous leur avez donné la victoire.*

— *Je ne sais même pas comment.*

— *Peut-être tout simplement en vous retrouvant vous-même...*

— *Quoi ?*

— *En redevenant celui que vous avez toujours été : un soldat.*

Lewis vit un sourire se dessiner sur les lèvres du vieux prêtre. Il s'était rapproché et lui tendait la main, par-delà leurs incompréhensions mutuelles.

« Je ne me suis pas servi de vous, mon fils, murmura l'archipape, pas plus que le Concile.

— Ça m'a paru un peu différent.

— Il fallait agir d'urgence. Le message devait être délivré. Vous étiez le seul capable de supporter les millions de chocs en retour de la connexion multiple : votre lignée est la plus ancienne, celle qui a reçu le don divin la première ; elle est beaucoup plus résistante aux contacts, plus réceptive aussi. Souvenez-vous de votre éveil sur l'île d'Afrika... (Khandra balançait la tête, sceptique.) Je le sais : j'ai moi-même tenté de faire ce que vous venez de réaliser, il y a quelques années, après que votre père eut renoncé. Le Concile pensait pouvoir accélérer le cours des choses.

— J'ignorais ce détail. Et que s'est-il passé ? (Rembrardt blêmit.)

— J'ai… je ne préfère pas vous dire ce qui s'est passé. Saros m'a rappelé… *durement*, que je ne faisais pas partie des élus.

— Vous auriez pu avoir l'honnêteté de m'informer de ce que vous alliez faire, de cette… manipulation ! (Le Martien était de nouveau sur le point de s'enflammer, la mise en garde de Hani Rupper agitait son esprit comme un signal d'alarme.)

— Si nous l'avions fait, soupira le grand prêtre, vous auriez refusé de nous suivre. N'est-ce pas ?

— Comme mon père, peut-être…

— Et maintenant, c'est nous qui allons vous suivre, tous !

— Pour aller où ?

— Vous le savez. Les Lieurs vous l'ont dit… »

Instinctivement, Khandra leva les yeux vers le ciel. Le double soleil alphan répandait sa douce lumière verte sur la clairière défrichée devant la grotte du Concile. Mais deux autres objets scintillaient dans le firmament, l'un vers l'est, l'autre vers l'ouest, deux sphères semblant faites d'énergie pure qui se rapprochaient l'une de l'autre à vitesse réduite. Des murmures s'élevèrent dans la foule, puis des exclamations, entre stupéfaction et peur, tandis que les artefacts se dirigeaient vers le camp zakkapiste. Les rebelles commencèrent à refluer vers la caverne, poussant devant eux les archipapes qui ne cherchaient pas à les en empêcher. Cess Rembrardt ne bougeait pas.

« Ils viennent, Lewis, chercher ce qui leur est dû.

— Les Exilés. Cette planète…

— Nous devons la leur laisser.

— Mais comment rejoindrons-nous la Terre ? demanda le Martien, qui ne quittait pas les apparitions des yeux. Comment emmener votre peuple, les Francs Colons, les soldats, les prêtres ? Ils sont plusieurs millions.

— Hm. Quelque chose me dit que nos visiteurs ne sont pas venus seuls.

— Quoi ?

— Cette lumière, là, qui vient à la rencontre de leur arche, vers l'est… »

Lewis fixa son attention sur l'objet. D'abord simple point de lumière grossissant à vue d'œil, il s'était transformé peu à peu en une fantastique croix d'énergie blanche qui emplissait maintenant près du tiers de la voûte céleste.

« Bon sang ! Ça n'est pas possible.
— Quoi, mon fils ?
— C'est… c'est un Turtle ! »

27

« (...) Considérant que la responsabilité du seigneur Stuart Andrew Olson dans le déclenchement des hostilités n'est pas formellement établie, mais qu'en revanche, son inaction manifeste – alors même qu'il se trouvait dépositaire des plus hautes responsabilités judiciaires de l'ancienne Confédération solaire – peut être assimilée à de la collaboration passive avec les puissances antidémocratiques ;
considérant, enfin, qu'il est avéré que le seigneur Olson et nombre de ses collaborateurs ont perçu des dividendes illégaux, versés par divers conglomérats membres de la Ligue des armateurs spatiaux, ce en violation flagrante des principes de la charte fondamentale du Système-Uni ;
le Tribunal prononce à son encontre la déchéance institutionnelle et civile, avec imprescriptibilité de la peine, et précise qu'à titre exceptionnel, eu égard à la gravité des fautes commises par le prévenu, cette décision n'est susceptible d'aucun recours. Le Corps des Investigateurs spatiaux est chargé de son application immédiate. »

Arrêt du Haut Tribunal solaire spécial, « Procès des crimes de guerre et des crimes contre l'humanité commis lors du conflit général interplanétaire », New Solaris (13 février 2941, CS). *In CEG Histoire du système solaire*, « Loge permanente des conflits/Olson, Stuart Andrew », Catalogue Astrée, Article RJ7001155, Omnibibliothèque du Quantex.

Loge permanente des conflits, cadran orbital secondaire martien, 1er octobre 2940, CS.

À l'instant où il franchit le seuil du salon d'accueil du Grand président, Sagoshan Soa comprit qu'il ne pourrait plus revenir en arrière. Le destin glissait sous ses pas, sans qu'il puisse rien faire contre. Il fallait en finir avec cette mascarade, cette pantomime pseudo-démocratique qui paralysait le Système-Uni depuis des siècles. Tout était prêt. Il n'avait plus qu'à donner l'ordre. Mais avant cela, il devait faire plier Olson.

« Votre Honneur, je vous remercie d'avoir bien voulu répondre favorablement à ma demande.

— Monsieur l'inquisiteur, vous savez tout ce que votre démarche a d'inhabituel, n'est-ce pas ? fit le magistrat d'un ton las, vautré sur un canapé. Oberon est-il au courant de votre présence ici ?

— Non, monsieur, ce n'était pas nécessaire.

— Comment ça, pas nécessaire ? s'empourpra Olson. C'était obligatoire !

— Pas dans les circonstances présentes, je le crains. Ça n'aurait fait que compliquer les choses, soupira Soa qui doutait de parvenir à conserver son calme.

— Mais enfin... venir ici, sur Mars ! Avec votre destroyer !

— Il est en panne en zone interplanétaire, Votre Honneur, et je vous rappelle que les Martiens sont nos alliés.

— N'employez pas ce mot, Soa ! (Olson se releva. Il se voulait intimidant : il avait l'air ridicule.) Nous sommes neutres, nous n'avons pas d'alliés. Mars nous fournit seulement l'assistance militaire dont nous avons besoin pour...

— Commettre des génocides ? »

L'édile manqua s'étrangler. Sagoshan s'avança et se planta devant lui, les bras croisés, à vingt centimètres de son visage. Olson était sur le point d'exploser.

« Comment osez-vous ? Dois-je vous rappeler qui je suis ?

— Un pantin, Votre Honneur, répondit Sagoshan en balançant la tête, dépité. Un pantin grotesque dans les mains de Safaris. Et je viens vous proposer de couper les cordes qui vous relient à lui.

— C'est... c'est une plaisanterie ?

— Vous connaissez ma réputation, monsieur. Je plaisante

rarement, murmura l'inquisiteur pour mieux soigner son effet. Je vais donc vous proposer un marché… (Le juge ouvrit la bouche deux ou trois fois pour parler, en vain.) Voilà… La Loge devra prononcer le plus tôt possible une condamnation sans appel des crimes commis sur Titan par la 3e flotte rouge, afin de dégager de toute responsabilité le Corps des Investigateurs. Évidemment, il faudra lancer l'information sur nos canaux officiels du Quantex. Une enquête devra suivre afin que les auteurs soient déférés devant le tribunal. Il en va de la crédibilité de Solaris, et de sa survie. »

Stuart Olson était livide, paralysé sur son divan. Habitué depuis des années aux honneurs et aux flatteries, il ne comprenait pas ce qui lui arrivait ; il était incapable d'envisager qu'on tente de le faire chanter ainsi, de manière aussi directe, aussi grossière. De plus, il craignait l'inquisiteur, la force qu'il représentait et, par-dessus tout, sa réputation d'incorruptibilité. Il devait gagner du temps, appeler ses pairs à la rescousse.

« Cher Sagoshan, voyons… Je pense que cette affaire est très complexe et…

— *Très* complexe, en effet.

— Voilà. Heu… Je me demande… Je devrai réunir la Loge en session extraordinaire.

— Faites-le, Votre Honneur.

— C'est que… cela demande du temps.

— Vous n'en avez pas beaucoup.

— Mais… mais les juges ! ? (Olson s'énervait de nouveau.) Ils… ils sont dans leurs appartements, certains encore sur Mars pour répéter la cérémonie d'intronisation. Ils… On ne peut pas les convoquer comme ça, sans préavis !

— Je vous répète que vous n'avez pas le temps, insista Soa, plus ferme. Le CIS est en opération dans le Système, la guerre fait rage dans une majorité de cadrans et Titan vient d'être vitrifiée par les bombardiers martiens, au cas où vous l'ignoreriez…

— Je ne l'ignore pas ! glapit le Grand président, de plus en plus agité. (Soa jeta un regard dégoûté sur les reliefs du repas que venait de prendre l'édile : des grains de caviar roulaient doucement sur la table basse sous l'effet de la microgravité, un nectar d'une valeur inestimable s'agitait dans son carafon en cristal…) Je sais tout ça !

— Hm… Un nouvel astrocide, après celui de Tranquillité-Gamma… Ça n'a pas l'air de bouleverser vos habitudes.

— Que voulez-vous que je fasse ?? Que je ressuscite tous ces gens ?

— Faites ce pourquoi l'on vous paye ! » hurla l'inquisiteur en saisissant le dignitaire par le col.

Olson se débattit, appela à l'aide, mais il n'avait aucun espoir que la garde de Solaris vienne le secourir : elle n'était qu'une branche des Investigateurs ; elle dépendait donc entièrement de leur chef, qui avait déjà pris toutes les mesures utiles.

« Que je sache, monsieur l'inquisiteur, siffla Olson entre ses dents serrées, vous n'avez pas hésité à détruire Encelade, en mars dernier, et Japhet. Comment considérez-vous cette opération ?

— Comme l'exécution d'une sentence judiciaire prononcée par votre tribunal, Votre Honneur, répondit Soa sans ciller. Ces satellites abritaient des chantiers illégaux dont la Loge avait exigé le démantèlement. Je disposais donc de la légitimité pour agir, ce qui n'était pas le cas de l'amiral Aikon.

— Oh ? Vous pensez que cela fait une différence pour les victimes ? (Soa lâcha le président.) Vous le pensez vraiment ?

— Vous savez pourquoi ce sacrifice était nécessaire, Votre Honneur. Les secrets de Japhet ne devaient pas être révélés. C'est pour cela que j'ai pris l'initiative de supprimer Gorki… Ce que je regrette, maintenant.

— Oui… je ne comprends toujours pas pourquoi il est venu se jeter dans vos griffes, soupira Stuart Olson, le regard vide. Ça… ça n'a aucun sens.

— L'annihilation de Titan non plus ! Vous ne pourrez jamais la justifier lorsqu'on vous demandera des comptes.

— Quoi ? Me demander des comptes ? Mais c'est inepte. Vous croyez vraiment m'impressionner, Soa ?

— Je ne crois rien du tout. J'agis. Vous êtes déjà battu.

— Comment ?

— Si vous n'obtempérez pas, le CIS prendra le contrôle de la station et vous placera aux arrêts, vous et vos magistrats, en attendant votre jugement pour haute trahison. J'ai donné l'ordre aux 2e et 5e légions de quitter le nuage de Oort pour revenir vers les cadrans centraux du Système.

— Ah ! Quelle menace subtile. Ah ! (Olson partit d'un rire dément.) Ah ! Ah ! Et qui nous jugera, selon vous ? Hein ? Qui ?

— Les humains, votre honneur, ceux que vous deviez protéger contre l'arbitraire, répondit Sagoshan d'une voix blanche. La Charte prévoit une telle procédure, sur le Quantex, mais peut-être l'avez-vous oublié… Il s'agit d'un amendement, jamais utilisé, je vous l'accorde, mais qui fut ajouté après la destruction de Solaris Unity Prime, pour parer à toute éventualité. Votre greffier vous le confirmera.

— L'Omniexécuteur ne vous laissera jamais faire. »

Aux yeux du Premier inquisiteur, la réplique acerbe de Stuart Olson avait valeur d'aveu. Et, selon les critères très manichéens du Corps, elle entraînait automatiquement une sentence. Que Sagoshan se chargerait sans peine d'appliquer.

Le temps d'un battement de cils, ses nanoprocesseurs déclenchèrent la séquence cryptée qu'il avait soigneusement élaborée depuis des semaines. Où qu'ils se trouvent dans le Système, les Investigateurs généraux allaient recevoir, dans quelques minutes ou dans quelques heures, de nouveaux ordres extraordinaires. La seule question qui taraudait encore leur chef suprême était de savoir combien d'entre eux les suivraient. Pour ce qui concernait la Grande Légion qu'il commandait, il n'avait pas de doutes : les éventuels contestataires avaient été écartés, reclus dans des tâches subalternes ou mis à la retraire. Pour les autres, il jouait à quitte ou double.

Le plus urgent est de paralyser Solaris, puis de prendre Oberon, réfléchit-il. *Après, il faudra faire savoir aux hommes que les Investigateurs ont décidé d'empêcher la dictature de s'installer.*

Il reçut en retour le signal qu'il espérait : le Solunion venait de rallumer ses réacteurs et faisait route vers Solaris Unity Secundus. Vers Mars.

L'histoire allait bientôt tout engloutir.

28

« Vous vous demandez certainement, en cas de péril imminent, si le gouvernement de la Fédération aurait le droit de renoncer, pour un temps, au respect des principes démocratiques fondamentaux de notre Constitution. C'est sans hésiter que je vous réponds qu'il en aurait non seulement le droit, mais surtout le devoir ! La défense et la survie de Mars et de son peuple ne sauraient avoir aucun prix. »

Général Edmund W. SAFARIS, Cours devant la 33e promotion de l'École fédérale de sécurité planétaire, Arcadia, Mars (année 2911, CS).
In CEG Histoire des Idées, « Safaris, Edmund W. », Catalogue tau quater, Article 662, Omnibibliothèque du Quantex.

Fédération des États martiens, District de Tharsis, 15 octobre 2940, CS.

Les insurgés convergeaient à travers le désert vers Mêlas Chasma, des milliers chaque jour, qui grossissaient les rangs des combattants républicains : des soldats, bien sûr, de toutes les armes, mais aussi des policiers, des éléments des différentes gardes nationales et de simples citoyens qui ne supportaient plus la restriction des libertés, ni les justifications hypocrites du pouvoir. La nécessité de lutter contre des menaces bien réelles – le terrorisme et la révolution zakkapistes – ne pouvait légitimer à leurs yeux la menée d'une guerre interplanétaire pour le compte de la Loge, et encore moins le démantèlement de la démocratie martienne. « La sécurité de notre planète, de nos concitoyens et de leur mode de vie n'a pas de prix », avait déclaré Safaris en décrétant l'état d'urgence. Pour des Rouges de plus en plus nombreux, ce prix était exorbitant.

Pendant les jours qui avaient suivi son appel à la résistance, après que le Premier inquisiteur lui eut donné le feu vert, le commandant Jon Effkalis avait bien cru ne jamais s'en sortir.

S'il était parvenu à fuir sans encombre la base astronavale de Terra Meridiani avec une centaine d'officiers, de gradés et de soldats résolus à agir, il s'était vite retrouvé bloqué par les gardes-frontière de l'État de Marineris qui n'avaient pas été prévenus du passage de cette colonne militaire plutôt hétéroclite. Après des heures de négociations tendues, et alors que les mesures d'exception étaient prises par le gouvernement à Olympus City, Effkalis et ses hommes avaient forcé le barrage, profitant de la confusion qu'ils avaient eux-mêmes semée dans les esprits des policiers, déjà déstabilisés par le chaos régnant sur Mars. Certains d'entre eux s'étaient d'ailleurs joints à l'escouade, abandonnant leurs postes à la stupéfaction de leurs supérieurs, qui n'avaient pas osé les en empêcher.

La guerre civile larvée qui ensanglantait la Fédération avait franchi un point de non-retour. Les partisans de Safaris se dressaient pour faire face, recrutés en masse dans les classes moyennes, les plus réceptives à ses discours manichéens. Les gouverneurs venaient de lancer un appel solennel demandant à chacun, à son niveau et selon ses propres moyens, de défendre les institutions. Ce qui ouvrait le champ libre à tous les types de réactions : les règlements de comptes se multipliaient au fur et à mesure que des groupes paramilitaires se formaient, tout comme les barrages autour des villes, les contrôles et les arrestations arbitraires, les perquisitions extrajudiciaires… On rapportait déjà des cas de déportations ou d'exécutions couvertes par des potentats locaux nouvellement nommés, mais sans preuve aucune.

Bien sûr, ces rumeurs renforçaient la détermination d'Effkalis et de ses hommes. Mais la détermination ne suffisait pas : il fallait des armes, des munitions, une logistique, un plan. Les Zakkapistes arrivaient au camp de Mêlas Chasma par bataillons entiers depuis les districts les plus lointains, impressionnants de rigueur et d'organisation ; les uns après les autres, leurs chefs se mettaient à la disposition de l'officier des marines, avec tout leur savoir-faire en matière de guérilla – l'histoire récente venait de démontrer qu'ils étaient doués dans ce domaine ! Or, le commandant hésitait : les buts du MRVO n'avaient rien à voir avec ceux des nouveaux résistants de Mars. Cette proposition d'alliance n'était pas désintéressée.

Mais il y a l'appel de Khandra, réfléchit Effkalis. *C'est peut-être la seule solution. Sans une paix avec les Zakkapistes, nous ne serons jamais tranquilles…*

Avant de prendre une décision, Jon désirait faire prêter à ses hommes le Serment d'Humanité, quelle que soit leur origine, afin de bien marquer la force et la solennité de leur engagement. Les chefs du Mouvement avaient accepté, bon gré, mal gré, de participer à la cérémonie. Fallait-il y voir un signe de leur bonne volonté ?

Les troupes s'étaient rassemblées dans le plus grand désordre au centre du camp, installé entre deux chaînes de dunes géantes. Le vent perpétuel de Valles Marineris soufflait par bourrasques, charriant des paquets de sable et des débris végétaux ramassés au fond du canyon, des kilomètres en contrebas. Le lieu n'avait pas été choisi au hasard : la zone était en permanence recouverte d'une épaisse brume de poussière ocre qui empêchait toute détection radar ou infrarouge. Depuis la création de la Fédération, c'était le repaire préféré des malfrats, des exclus, des révoltés de toutes sortes, l'endroit idéal pour préparer tranquillement une attaque d'envergure. Que chacun espérait imminente.

Effkalis grimpa sur son half-track de commandement et s'adressa aux soldats et aux civils massés devant lui :

« Mes amis, vous n'êtes pas ici, aujourd'hui, parce que vous appartenez à l'armée, aux marines, à la police ou aux gardes-côtes ! Vous n'êtes pas là non plus parce que vous êtes des ouvriers, des mineurs, des employés, des artistes, des médecins, des étudiants… Je ne suis pas là en tant que membre de l'état-major de l'armée fédérale. Nous sommes ici, ensemble, en tant que citoyens de Mars ! Parce que nous croyons aux valeurs qui ont présidé à la construction de cette nation : le respect du droit et de la Constitution, la défense de la démocratie et de la liberté ! Ces valeurs sont bafouées, reniées par un pouvoir illégitime qui profite du chaos interplanétaire et l'entretient pour se maintenir en place. Des crimes odieux sont commis au nom de la Fédération, en notre nom, nous ne pouvons l'accepter plus longtemps. Cette honte, nous la refusons ! Pour nous et pour nos enfants ! Devant l'histoire, devant les hommes, nous allons tous prêter serment, pas pour les marines, pas pour l'armée, même pas pour Mars… Mais pour l'humanité ! »

Jon Effkalis leva la main droite et, debout contre le vent de sable qui tournait à la tempête, hurla les mots sacrés :

« JE JURE DEVANT L'OLYMPE… »

La masse des résistants répéta d'une seule voix.

***

« Que fait l'amiral Aikon ? demanda Edmund W. Safaris d'une voix glacée, en tapotant des doigts sur la table de conférence. Où est-il ? »

Les dix membres du conseil de guerre échangèrent des regards inquiets. L'état de stress du président tournait à l'hystérie et ses foudres ne cessaient de s'abattre sur ceux qui ne répondaient pas comme il l'espérait. Le secrétaire d'État à la Guerre se risqua néanmoins :

« Il devrait pénétrer nos cadrans extérieurs dans moins de deux semaines, excellence.

— Deux semaines ? Il sera trop tard dans deux semaines !

— Mais… sa flotte avance au maximum de ses capacités. Ils… ils ne peuvent aller plus vite.

— Ils le doivent ! Qu'ils se débrouillent ! Il faut qu'ils nous débarrassent des Investigateurs. L'Anneau ne pourra pas les contenir s'ils attaquent.

— Le CIS n'osera jamais, excellence, intervint à son tour le chef de l'état-major fédéral. Nous n'avons rien à craindre de ce côté-là.

— Ah non ? hurla Safaris, le visage cramoisi. À votre avis, sombre imbécile, pourquoi croyez-vous que Soa a pris le contrôle de Solaris ?

— Mais… il s'agit d'affaires internes à la Loge. Nous ne savons pas exactement ce que…

— L'Agence ne partage pas votre optimisme, général, rétorqua le directeur de l'ASP. C'est un coup de force du Premier inquisiteur, nous le savons. Le message de Khandra a fait disjoncter ses nanoprocesseurs ! Et il ne va pas se gêner pour se jeter sur nous. Il sait que nos flottes sont dispersées dans le Système…

— Mais pour quelle raison, excellence ? demanda le secrétaire. Quel enjeu ?

— Il croit pouvoir racheter ses fautes, en suivant les préceptes infantiles de Saros : le bien, le mal ! beugla Safaris. Toutes ces inepties sur la prise de conscience collective de l'humanité ! Et il veut se venger de l'affront que nous lui avons fait subir en détruisant Titan… »

Les ministres et les militaires affichaient des mines perplexes. C'était la première fois que le président reconnaissait, en séance du conseil, la responsabilité du gouvernement dans les événements titaniens. Jusqu'alors, la version officielle se bornait à minimiser la réalité du désastre et à dédouaner la 3e flotte qui n'avait pu agir que sous le mandat et le contrôle des Investigateurs. Ce revirement n'annonçait rien de bon.

« Excellence, fit le ministre des Affaires interplanétaires, désirez-vous toujours maintenir la cérémonie d'intronisation au 2 novembre ?

— Pourquoi ne la maintiendrais-je pas ?

— C'est que… vu les problèmes… que nous venons… d'évoquer, poursuivit l'autre, gêné, il me semble peu probable que la Loge puisse vous confirmer au poste d'Omniexécuteur. »

Safaris était blême. De nouveau, on osait l'attaquer de face, dans son propre palais, l'un de ses ministres. Un traître. À la solde des ennemis, sans aucun doute. Il n'allait pas laisser passer cela. Il ouvrit mentalement son canal confidentiel de liaison avec le commandement des Temps Zéro. Mais au moment où il allait donner l'ordre de mettre aux arrêts son conseiller, un appel d'urgence retentit dans son crâne. Il accepta la liaison et le visage boursouflé du gouverneur Safrini, déformé par la peur, apparut dans la bulle de gaz holographique du conseil :

« Excellence ! Les rebelles… Ils… ils m'attaquent ! »

***

Plus que toute autre ville de la Fédération, Amazonis Aires était vulnérable, travaillée depuis sa création par les tensions sociales et les injustices : siège de la Hanse minière, elle concentrait entre ses murs les laissés-pour-compte de la ruée vers le marsénium, mais aussi tous ceux qui s'étaient enrichis, souvent de manière outrancière. Entre ces deux extrêmes, un marigot social indéfinissable croupissait, avide de reconnaissance et méprisant les plus miséreux encore, mais trop accablé pour prendre en main son propre destin. En quelques heures terribles, la capitale du grand État septentrional s'était embrasée comme un tas d'herbes sèches.

Pas un seul quartier n'était épargné, même si les combats se concentraient sur les districts les plus riches et les secteurs administratifs. Immeuble après immeuble, bloc après bloc, les troupes du gouverneur s'acharnaient à reprendre les positions perdues la veille. Les milices républicaines avançaient, reculaient, avançaient encore, résistant avec vaillance malgré leurs faibles moyens et leur désorganisation. Mais peu à peu, leurs forces s'amenuisaient. Leur espérance aussi. Les services de secours étaient pris entre les tirs croisés. Les civils se jetaient sur les routes entre les carcasses fumantes des véhicules gravifiques, le long des tubes à vide où les trains magnétiques ne passaient plus depuis des semaines. Leurs colonnes s'étiraient sur des kilomètres à travers les gigantesques banlieues livrées à l'anarchie et aux pillages. La société s'effondrait sur elle-même.

Du fond de son bunker, sous sa résidence officielle, Naïm Safrini n'en menait pas large. Au-delà du conflit lui-même, c'était son destin personnel qui l'inquiétait et la réaction qu'aurait Safaris si jamais il échouait à défendre sa ville. Mais que pouvait-il faire contre ces hordes qui l'assaillaient de toutes parts ? Il n'était pas un militaire, il ne connaissait rien à la stratégie, encore moins à la tactique ; il ne pouvait que s'en remettre aux chefs de la police et des régiments locaux restés fidèles au pouvoir. Or, ceux-ci n'avaient jamais eu non plus à traiter une révolution populaire, ni à s'interposer entre des combattants, civils pour la plupart, qui ne cessaient, au fil des heures, de se multiplier et de se diviser en factions et en sous-factions qui ne savaient même pas pourquoi elles s'affrontaient.

« Il faut faire un choix, monsieur le gouverneur, lâcha le procurateur général. On ne peut plus tergiverser !

— Un choix ? Mais de quoi parlez-vous ? gémit Safrini, les yeux exorbités dans son visage avachi par la graisse.

— Vous le savez très bien ! Les divisions internes à nos forces sont un signe que les choses ne sont pas aussi simples qu'il y paraît. (Quelques murmures d'acquiescement montèrent dans la salle de contrôle du blockhaus, quelques protestations, aussi.) Cette… révolte semble légitime à beaucoup de nos concitoyens et…

— Mais beaucoup d'autres la contestent, procurateur ! lança le chef de la police. Vos propos sont séditieux.

— Voyons… Je… Ce n'est pas ce que je voulais dire…

— Vous l'avez dit quand même !

— Laissez-le parler !

— Non, qu'il se taise. Ou bien je l'arrête moi-même pour haute trahison !

— C'est une honte ! se défendit le haut magistrat alors que le directeur de la police s'était avancé vers lui, prêt à l'empoigner par le col.

— Ça suffit ! glapit Safrini. Taisez-vous tous ! Je viens de m'entretenir avec l'Omniexécuteur : il m'a promis l'intervention des Temps Zéro, très rapidement. Si vous ne cessez pas vos querelles, je vais leur demander de vous mettre tous d'accord ! »

Les regards des divers responsables se mirent soudain à chercher quelque chose sur le sol de béton poussiéreux du bunker. Naïm Safrini s'était levé de son siège et drapé dans sa toge de velours noir et rouge dans un mouvement qu'il voulait altier, mais qui n'était qu'une singerie de ses propres manières.

« Vous comprenez ? Les Temps Zéro ! »

29

« Nous n'aurons aucune chance de nous hisser au niveau des autres nations solaires si nous perpétuons nos querelles, nos chamailleries stériles. Aussi j'en appelle à votre intelligence, à votre audace : créons ensemble cette confédération de nos cités, afin qu'elle puisse se faire le héraut de nos peuples auprès des institutions interplanétaires. Et si, pour réussir cette union, nous devons renoncer à des parcelles de nos souverainetés respectives, eh bien, n'hésitons pas ! Ce sacrifice nous paraîtra bien futile, ensuite, lorsque nous en récolterons les fruits. »

Grand électeur Viktor DEMBOZI, Discours pour l'Union des villes astéroïdes, Assemblée constituante de Cérès (9 novembre 2417, CS).
In CEG Histoire du système solaire, « UECA », Catalogue alpha ter, Article 33511, Omnibibliothèque du Quantex.

Confédération des Satellites joviens, cadran secondaire de Io, 16 octobre 2940, CS.

Les entrailles de Io bouillonnaient.

Propulsés par le magma, les vaisseaux confédérés remontaient les cheminées des volcans pour jaillir dans l'espace au milieu des lignes des Investigateurs. Le siège était brisé, la confusion totale parmi les légions qui tentaient de manœuvrer pour sortir du piège. Plusieurs bâtiments étaient déjà en perdition, éperonnés par les béliers magnétiques des défenseurs. Les coques se tordaient sur elles-mêmes, laissant échapper par leurs plaies béantes les fluides énergétiques des astronefs, leur matériel, leurs équipages. Des myriades de bulles incandescentes flottaient au gré des vents magnétiques joviens.

Depuis son bureau du siège du gouvernement, sur Europe, Okashi ne tirait aucune conclusion hâtive. L'attaque surprise avait parfaitement fonctionné, mais la riposte ne tarderait pas à venir. Terrible. Avaient-ils agi trop tôt ? Auraient-ils dû attendre encore, au fond de leurs bases secrètes, sous les kilomètres de lave du petit satellite ? L'Observateur pensa à Makkinen, à la promesse qu'il lui avait faite, avant son départ, de jeter bientôt les forces confédérées dans la bataille pour tenter de réduire le déséquilibre en faveur de leur alliance. Au risque de tout perdre.

Ils vont frapper là où nous sommes le plus vulnérables, réfléchit-il, *sur Europe.*

La capitale de la Confédération était placée depuis des mois en quarantaine, sa banquise presque complètement refermée par les icebergs artificiels du réseau glaciographique de la Défense. En théorie inviolable. La population pouvait survivre des années ainsi, en autarcie totale. Mais Okashi doutait qu'elle en soit capable sur une trop longue période. Traditionnellement à l'écart de la perpétuelle agitation du Système, les Joviens se sentaient néanmoins concernés par l'évolution tragique des événements ; depuis la mise en place du blocus par le CIS et malgré le peu de conséquences pratiques et économiques qu'il avait eues jusqu'à présent, un véritable élan patriotique était perceptible dans la société. L'armée enrôlait quotidiennement des centaines de volontaires. Les industriels se mettaient à la disposition du gouvernement sans que celui-ci ait eu besoin de les requérir. Les partis politiques faisaient bloc. La diffusion de l'appel de Khandra à l'humanité n'avait fait que cimenter un peu plus la population et lui redonner espoir.

Mais que pourrons-nous contre l'antimatière ?

Face aux menaces très probables de représailles et d'annihilation – l'exemple de Titan était encore dans tous les esprits ! – l'instinct collectif de conservation qui se manifestait semblait dérisoire au ministre. Pour autant, cela valait peut-être mieux que de se morfondre dans une boule de neige sale en priant pour passer au travers de la catastrophe sans qu'elle se liquéfie. En attendant, les nouvelles de la bataille parvenaient au compte-gouttes au siège de l'amirauté jovienne. Les transmissions étaient mauvaises, sans que les techniciens concernés puissent préciser si c'était là la conséquence du brouillage des Investigateurs ou celle de nouvelles anomalies sur le Quantex dont dépendait, à l'instar de tous ceux du Système, le réseau de communication de la Confédération. L'inquiétude quant au sort de la flotte s'accentuait d'heure en heure.

Soudain, les murs du palais se mirent à trembler. Deux coups sourds ébranlèrent les structures du bâtiment creusé dans la roche mère. Okashi fut jeté à terre. Il eut juste le temps de se glisser sous un bureau avant que le plafond ne s'effondre. Les néons de plancton luminescent s'éteignirent. C'était mauvais signe : l'écosystème interconnecté du satellite réagissait, Europe vibrait et gémissait, touchée dans sa chair.

« Deux impacts ! » hurla l'intercom dans un grésillement presque inaudible.

Ce n'est pas une attaque à l'antimatière, se dit Okashi, *sinon, je ne serais déjà plus là !*

L'Observateur n'en menait pas large, pourtant. La planète était fragile : si sa banquise ne résistait pas, le moindre coup lui serait fatal. La biomasse sous-glaciaire n'aurait aucune chance de résister à une déchirure de l'inlandsis qui l'aspirerait vers l'espace comme un siphon. Il fallait attendre les premiers rapports, si les équipes de surface étaient encore capables de les rendre. Dans le pire des cas, il faudrait envisager en quelques heures seulement l'évacuation d'Europe, de ses deux cent quinze millions d'habitants. C'était impossible. D'ailleurs, aucun plan de ce genre n'existait.

La lumière revint. Okashi risqua un œil au-dehors : la pièce était dévastée. Seuls les murs avaient résisté au tremblement de terre. Une alarme retentissait dans le couloir, derrière les portes arrachées de leurs gonds mais toujours debout, prêtes à s'abattre sur ceux qui passeraient à leur portée. L'intercom crépita de nouveau. C'était le secrétaire à la Défense :

« Excellence, vous êtes là ? Excellence ?

— Oui, dans mon bureau. Que s'est-il passé ?

— Une nef des Investigateur s'est écrasée à la surface, dans le secteur du Nouvel Arctique. Ils… ils ont dû perdre le contrôle suite à notre attaque. Une de leurs armes nucléaires a explosé…

— Quoi ? C'était ça ?

— Les dégâts semblent minimes, monsieur l'Observateur, le souffle de l'explosion s'est dispersé dans l'espace. L'onde de choc n'a pas pénétré profondément. Elle était trop faible. »

Okashi déglutit avec peine. Il n'osait pas imaginer ce qui se produirait si jamais le Corps décidait de tirer pour de bon ses missiles. Les Joviens n'avaient pas le choix : l'opération lancée depuis Io devait réussir.

« Avez-vous des nouvelles de l'amirauté ? De la flotte ? demanda le ministre en époussetant sa robe.

— Heu, c'est plutôt confus, excellence. Certains vaisseaux des légions ont quitté le secteur sans combattre. D'autres ont commencé à riposter. Nous avons beaucoup de pertes…

— Un pronostic ?

— C'est… c'est assez mal engagé, je le crains. Plusieurs de nos unités sont détruites, d'autres ont dû fuir vers les cadrans extérieurs. Et les Troyens demandent des renforts : leurs bases sont pilonnées.

— Mon dieu, murmura l'Observateur. Qu'avons-nous fait ? »

Il n'y avait plus de temps à perdre. Il fallait mettre à l'abri le gouvernement et le Parlement, informer la population pour qu'elle se prépare au pire. Et demander de l'aide, ce que jamais les Joviens ne s'étaient résolus à faire. Okashi sourit.

Makkinen comprendra…

***

Séréna Dembozi s'attendait au pire.

Après l'échec de sa mission auprès du prince Lamjic, elle revenait vers Katangaya la mort dans l'âme. D'où qu'elles vinssent, les nouvelles étaient alarmantes. Mais ce qui la préoccupait le plus, pour l'instant, c'était la réaction de Viviame lorsqu'elle apprendrait le choix douteux de son compagnon.

La princesse d'Alméranda avait dû fuir sa patrie pour se réfugier dans le palais des Dembozi, car à l'instar de nombreuses autres Cités, Vesta avait sombré dans l'anarchie. Ballottés par les vents de l'histoire, les astéroïdes quittaient les uns après les autres les trajectoires que leurs dirigeants avaient eu le tort de croire immuables. La Diète de Cérès avait suspendu ses séances pour permettre à ses membres de retourner à leurs petites affaires privées. Comme toujours dans l'UECA, les intérêts particuliers l'emportaient sur l'intérêt général. C'était décourageant. Et l'attitude ambiguë des Investigateurs ne faisait qu'accroître la confusion : certains cadrans de l'Union venaient d'être libérés de leur blocus, sans aucun préavis ; simplement, les destroyers du CIS avaient quitté la zone, disparaissant sans laisser de traces. Dans d'autres secteurs, au contraire, ils accentuaient leur pression et se livraient même à des exactions inhabituelles. Lorsque les Investigateurs frappaient, ils ne le faisaient qu'en application d'une décision de la Loge, jamais de leur propre initiative. Or, dans les cas présents, ils paraissaient n'obéir à aucune autorité. Avant de se saborder, la Diète avait tenté de protester, en exigeant que l'inquisiteur général de la 7e légion leur fournisse les motifs judiciaires qui poussaient ses troupes à agir ainsi. Mais l'officier n'avait pas répondu. Cette différence de traitement divisait les Cités : les populations les plus mal loties accusaient les plus chanceuses de les avoir vendues pour d'obscures raisons mercantiles. Là comme ailleurs dans le Système, l'ombre de la guerre civile précédait celle de la guerre totale.

« Nous sommes devenus fous, Viviame, fit Dembozi en pénétrant dans le salon où la princesse se reposait.

— Séréna ! Comme je suis heureuse ! s'écria-t-elle. (Elles se précipitèrent dans les bras l'une de l'autre.) C'est horrible, ce qui se passe…

— Je sais. Et j'ai peur que les informations que je ramène de Kuiper n'arrangent rien. (Le visage de Viviame s'assombrit. Elle serra les mains de son amie de toutes ses forces.)

— Lamjic ? Il… il lui est arrivé quelque chose ?

— Non, rassure-toi, ma belle, il est vivant et en bonne santé. (Dembozi soupira et se laissa choir sur une banquette, épuisée.) C'est… dans sa tête que ça ne va plus. »

Et Séréna expliqua toute l'affaire à la princesse, le revirement inconcevable de Lamjic, sa trahison. Viviame ne protesta même pas de l'innocence du prince, qu'elle n'aurait pu, jusqu'alors, mettre en doute. En son for intérieur, elle n'était pas surprise : un lourd pressentiment l'avait habitée, pendant ces mois de silence, la quasi-certitude qu'elle ne reverrait jamais son compagnon, qu'il fût mort, disparu ou pire encore. Le pire venait d'arriver.

« Qu'allons-nous faire, maintenant ? » demanda Séréna d'un ton las.

Viviame d'Alméranda ne répondit pas. Elle se contenta de poser son regard clair dans celui de l'Africaine : ses yeux d'ambre brillaient de larmes. La fatigue, sans doute, la déception. Le désespoir… Non, ça ne lui ressemblait pas. Ça ne pouvait pas être ça… À travers la baie panoramique du salon creusé dans la roche, la princesse contempla les lueurs innombrables qui palpitaient au cœur de la nuit : d'ici, on ne pouvait faire la différence entre les étoiles, les astéroïdes ou les stations artificielles. Seules les trajectoires bleutées de rares vaisseaux témoignaient encore d'une activité humaine.

« Nous allons nous battre, Séréna, dit Viviame d'une voix redevenue très sûre. Comme nous l'avons toujours fait. J'ignore qui est ce Khandra qui s'est permis de parler au nom de l'humanité, mais…

— J'ai vu son intervention. Je… À mon avis, ce sont les Zakkapistes qui tentent de prendre le contrôle de la situation.

— Peu importe. Seul compte le choix qui nous est offert ! Même s'il est probable que ce soit encore celui de la guerre…

S'il le faut, pensa Séréna Dembozi, *qu'il en soit ainsi. Mais après, j'aimerais bien qu'il reste un peu de temps pour l'amour…*

30

« Le changement est inévitable, la révolution reste un choix. »

Lewis KHANDRA-SAROS, *Humain, seulement humain*, astre dériveur de Kolybame (années 2990-2992, CS).
In CEG Histoire des Idées, « Lewis Khandra-Saros », Catalogue Alpha, Article 9001, Omnibibliothèque du Quantex.

Vaisseau titanien Glaive de Saturne*, 22 octobre 2940, CS.*

Dormez en paix, ma sœur.

Cess Rembrardt tira le linceul sur le corps de Seila III Rinyame, qui avait été chargé à bord du Turtle avec ceux des autres combattants, des civils et des religieux tués pendant la bataille des Cascades. L'archipape avait refusé qu'on les abandonne sur Alpha IV faute de temps pour leur donner une sépulture convenable. Il avait obtenu du Concile de les ramener sur Terre afin qu'ils y soient célébrés en martyrs. En attendant, les onze cent quarante-deux dépouilles reposaient dans la morgue du vaisseau dans une stase qui les protégeait de la putréfaction.

Sur la planète, les derniers habitants des Franches Colonies étaient en cours d'évacuation. L'opération avait pris environ un mois solaire, mais au regard des difficultés rencontrées, c'était un délai raisonnable. Il avait fallu convaincre les plus réticents, la masse des incrédules et des infidèles, et les persuader que l'existence qu'ils avaient patiemment construite sur ce monde neuf ne pouvait plus se poursuivre, qu'ils n'étaient là que des étrangers et qu'ils devaient laisser la place, au nom d'intérêts qui les dépassaient. L'Arche allait bientôt se poser en Primalande, et ses habitants pourraient ainsi mettre fin à leur exil interstellaire. C'était le prix à payer pour la destruction de leur monde, dans le Système de Fomalhaut, la solution imposée par les Lieurs et la Coexistence. Quant aux quelques milliers de fidèles de la Ligue qui avaient refusé de suivre le mouvement, ils avaient été abandonnés au sort que leur réservaient leurs nouveaux maîtres, dont on ignorait tout.

« Quelque chose m'échappe, dans cette affaire », fit Lewis à l'archipape qui l'avait rejoint dans la vaste salle de commandement du *Glaive*.

Inhabituellement fébriles, les officiers de quart s'activaient autour d'eux dans leurs combinaisons d'aluminium, reliés par fibres optiques à la bulle de cristal du Cœur.

« Quoi donc, mon fils ?

— La probabilité d'une arrivée simultanée de l'Arche et du Turtle sur Alpha IV... C'est mathématiquement impossible !

— Les mathématiques ne sont qu'une science, Lewis. Or vous parlez là d'un événement d'ordre... poétique.

— Je… je ne comprends pas.

— C'est l'harmonie qui gouverne l'univers et les choses qu'il contient. Ses manifestations les plus visibles, les plus perceptibles, nos astrophysiciens les ont identifiées autrefois comme des forces différentes dans la grande théorie du Tout : interaction forte et faible, gravitation, etc. Mais il existe bien un principe transcendant et unificateur, une vibration suprême, une sorte… une sorte de musique. C'est ce que nous appelons le Lien. Parfois, les causalités entre les événements – les paramètres de temps et d'espace qui les situent et les définissent – semblent nous échapper, alors qu'elles ne sont qu'une autre dimension de la réalité. Il est évident, dans ce cas, que les mathématiques ne peuvent pas tout expliquer. Nous avions besoin d'aide, mon fils. L'Arche était là. Le Turtle est venu. C'est ainsi. Ne cherchez donc pas à tout expliquer.

— Mais, Votre Sainteté, répliqua Khandra piqué par le ton doctoral du religieux, c'est exactement ce que je voulais dire ! Il ne s'agissait pas d'une probabilité, mais d'une… *décision*. Quelqu'un ou quelque chose a œuvré pour que cela se passe ainsi.

— Nous nommons cela Dieu, incarné par Saros, notre Sauveur.

— Les choses ne sont peut-être pas aussi simples, soupira Lewis, agacé. Mais si cette version vous rassure… »

Le Martien n'avait pas envie de se lancer dans un de ces longs débats théologiques dont Rembrardt finissait toujours par sortir vainqueur, faute d'adversaire à sa taille. Il laissait ça à Kiribati, même si ce dernier avait vu sa confiance scientifique et cartésienne quelque peu ébranlée, ces derniers temps.

De son côté, Lewis doutait de pouvoir trouver un jour les réponses qui lui manquaient. Les souvenirs de sa conversation avec les Lieurs ne lui étaient pas d'un grand secours. Au-delà de leurs extraordinaires révélations, il ne parvenait pas à comprendre comment s'articulaient les différents actes de la grande pièce cosmique dans laquelle il avait l'impression de n'être rien de moins qu'un pion. Qui menait la partie ? Ces races nombreuses unies par leurs consciences et qui semblaient soucieuses du sort de l'humanité, cette Voie du Lien que les hommes devaient à tout prix emprunter pour les rejoindre ? N'y avait-il donc à en attendre qu'un vague espoir d'expiation collective ? C'était trop manichéen, trop… *biblique*.

Par la seule force de leurs connaissances, par leur courage, mus par leur curiosité un peu maladive mais si souvent bénéfique, les humains avaient réussi à conquérir d'autres étoiles – projet insensé, technologiquement suicidaire, mais dont ils étaient venus à bout. Les perspectives ouvertes avaient suffi à propulser la civilisation solaire vers une nouvelle étape de son évolution en tant qu'espèce intelligente. Or, à peine y était-elle parvenue qu'on venait l'en déloger. De quel droit ? Khandra avait beau se placer sur le plan de la philosophie pure et altruiste professée par les deux enfants de la Rivière, son intuition le faisait hésiter : une race pouvait-elle renoncer aussi facilement à l'expansion interstellaire ? Par la seule volonté de ne pas nuire à autrui ?

C'est absurde. L'histoire des civilisations prouve le contraire…

Mais que connaissait-il des autres cultures qui pullulaient dans la galaxie, au sein de cette fameuse Coexistence ? Les Lieurs étaient restés très allusifs, sur ce sujet… Dans un sens, la réalité même de ce concept prouvait que l'expansion n'était pas un mouvement isolé, propre à la seule humanité : une telle structure n'avait pas pu naître sans que les races qui la constituaient ne se fussent un jour rencontrées, jaugées, peut-être combattues. Une fois encore, on semblait interdire aux descendants des Terriens un destin que d'autres avaient suivi avec succès. Quelque part, et sans doute pour la première fois depuis qu'il l'avait rencontré sur Terre, Lewis enviait le pasteur James : le prêtre avait obtenu du Concile l'autorisation de retourner sur Alpha V afin, justement, de tenter de renouer un contact direct avec les Lieurs ; peut-être sa tournure d'esprit si particulière – son mysticisme forcené – lui permettrait-elle d'aller plus loin que Khandra, et d'en apprendre davantage ? Il l'imaginait bien, à bord de sa navette, entouré des trois frères-mercenaires chargés de l'accompagner et de le protéger, fébrile, plongé dans des méditations sans fin, se préparant.

Le laisseront-ils seulement entrer en contact avec eux ? se demanda le Martien.

Le vice-amiral commandant le vaisseau organique s'approcha de lui à pas lents. Il lui sourit :

« Amiral, que puis-je faire pour vous ?

— Monsieur, le rendez-vous approche. Nous sommes prêts à sortir de la faille transgémellaire. Si vous voulez me suivre vers le pont d'envol, votre ami Yuro vous y attend...

— Bien. Allons-y ! »

Lewis croisa le regard dur de l'archipape. Sans avoir besoin de sonder son esprit, il savait ce que le vieil homme pensait, ce qu'il désirait. Il lui répondit d'un ton courtois, mais ferme :

« Je suis désolé, Votre Sainteté, mais cette affaire ne regarde que les militaires. Le vice-consul Makkinen a été très clair sur ce point.

— Ah ? Parce que les Pirates sont assimilés à des militaires, maintenant ? ironisa Rembrardt. Ça ne fait rien, mon fils. (Un rictus bizarre déformait ses lèvres.) Le Concile a d'autres moyens pour se tenir au courant, vous le savez.

— À votre place, je m'abstiendrais de toute tentative d'intrusion », lui conseilla Khandra, contenant mal son amertume. Puis, dans un soupir : « Vous n'avez pas d'ennemis ici, Votre Sainteté. Les Titaniens ont toujours soutenu le MRVO et donc le Temple. Que craignez-vous qu'ils fassent ?

— Qu'ils se trompent de cible, Lewis. Le temps nous est compté.

— Je... je vous tiendrai au courant », dit finalement Lewis, l'air contrit.

Puis il s'engouffra derrière le Titanien dans les coursives baignées de lumière mauve. Ils avançaient rapidement. À chaque intersection, ils croisaient des soldats, des pilotes en combinaisons de vol. Un son grave, à peine perceptible, emplissait les corridors, comme une respiration. Les irisations bleutées étaient plus denses et plus intenses qu'à l'accoutumée.

« Votre vaisseau semble réagir à quelque chose, amiral.

— C'est le cas », dit le commandant, laconique.

Ça m'apprendra à être trop curieux, pensa Lewis.

Le vice-amiral s'arrêta de marcher et se tourna vers son hôte, l'air gêné.

« Monsieur, je... je suis désolé de ne pouvoir vous en dire plus. J'obéis à des instructions très fermes de l'Astronavale et même si... Titan n'existe plus, je continue à respecter mes engagements.

— C'est tout à votre honneur, amiral, reconnut Khandra qui ne pouvait faire grief à ce militaire de réagir ainsi.

— De plus, je ne devrais pas vous dire ça, vu la situation, mais…

— Oui ?

— Vous êtes un Martien.

— Oh ? Je… je vois. (Lewis se mit à rire.) Excusez-moi !

— Je ne vois pas ce qu'il y a de drôle.

— C'est que je l'avais presque oublié… Je suis parti de Mars depuis si longtemps et… ce que mon gouvernement a fait depuis, ses crimes contre votre peuple en particulier, je dois avouer que j'ai beaucoup de mal à me considérer encore comme un citoyen de la Fédération. Je… j'en ai même honte, parfois. »

Le commandant frottait les paumes de ses mains sur sa combinaison dans un bruit de métal froissé.

« Ce n'est pas ce que je voulais dire, monsieur.

— Mais c'est la vérité. Cette guerre injuste menée par Safaris m'obsède, sans parler de la manière dont il a pris le pouvoir. Il a forcé la Loge à lui obéir en soudoyant les juges. Je n'ose même pas imaginer ce qu'il leur a promis, aux armateurs, aussi…

— D'après nos dernières informations, Solaris semble connaître de graves difficultés, Charon également.

— Je n'en suis pas surpris. (Le visage des Lieurs lui revint subitement en mémoire.) L'embrasement est général !

— C'est pour ça que vous avez dû fuir Alpha IV, avec les Zakkapistes ? demanda le vice-amiral. Pour éviter que cette planète et son système soient eux aussi touchés par la guerre ?

— Ils l'étaient déjà, de toute façon, mais… oui, c'est à peu près pour cette raison. »

Khandra soupira discrètement, ses yeux verts plantés dans le regard perplexe du Titanien. Une autre interrogation le taraudait toujours.

« Au fait, amiral, reprit-il, depuis trois semaines que vous nous avez recueillis à votre bord, je ne vous ai toujours pas demandé comment vous nous aviez retrouvé sur Alpha IV.

— Je… je ne saisis pas, monsieur. Après avoir détruit le convoi de la Ligue et son escorte martienne en janvier dernier, nous avons gagné Centauri par nos propres moyens de propulsion TGM…

— Votre fameux générateur de Ver.

— C'est ça. Nous voulions échapper aux représailles et nous mettre à l'abri, dans l'espoir de revenir plus tard libérer notre planète. Il est vrai, aussi, que nous connaissions l'existence de bases du MRVO sur Alpha IV et que nous espérions trouver un appui là-bas. Et puis… nous avions détecté la présence de l'Arche, en espace transgémellaire. Nous l'avons suivie, par curiosité, pensant qu'il pouvait s'agir de nos ennemis : Mars ou les Investigateurs, ou même la Ligue. Les… *Exilés* nous ont mené droit sur vous.

— Je vois, fit Lewis, pas totalement convaincu. Les Exilés… »

C'était pourtant l'explication la plus probable et la plus logique à la concomitance de l'arrivée des deux astronefs. Les extraterrestres s'étaient peut-être empressés de guider leurs poursuivants jusqu'au-dessus de la région des Cascades, afin d'accélérer le départ des humains de ce monde qui leur avait été promis. Mais qui les avaient attirés, eux, à cet endroit précis ? Pourquoi n'avaient-ils pas choisi Alpha City, forcément visible depuis l'espace, comme site d'arrivée plutôt qu'une jungle impénétrable ? Pour éviter un affrontement direct ? Après tout, ces êtres avaient d'excellentes raisons de vouloir en découdre avec les humains…

Ce n'est pas en leur prêtant des réactions et des sentiments identiques aux nôtres que j'aurai une chance de comprendre ce qui s'est passé, conclut le Martien.

D'une toux discrète, le vice-amiral l'invita à le suivre de nouveau.

***

Les soucoupes de maintenance virevoltaient entre les masses titanesques des quatre vaisseaux. Rassemblés entre les orbites de Neptune et d'Uranus, vingt degrés en dessous du plan de l'écliptique – à l'écart des routes traditionnellement suivies par les Investigateurs depuis leur base d'Oberon – les Turtles avaient quitté leur état de stase furtive pour procéder à la révision complète de leurs systèmes d'armement, de propulsion et d'invisibilité. Monstres technologiques assoupis, ils laissaient les centaines d'ingénieurs s'affairer autour d'eux dans leurs torpilles spatiales individuelles, comme des insectes chassant les parasites de leurs dangereux hôtes.

Dans la navette qui les conduisait, Yuro et lui, vers le *Titanian Imperium*, Lewis prenait enfin conscience de la puissance de ces machines étranges et de ce qui avait pu motiver la Loge et ses bailleurs de fonds à faire détruire les chantiers de Japhet aussi rapidement, sans même laisser le temps à la république de Titan de se défendre. Par leur seule présence, même ici, en plein cosmos, où les repères n'existaient pas, les Turtles dégageaient une impression de menace latente. Les canons à plasma conventionnels dormaient dans leurs coques de protection, mais l'on pouvait aisément jauger leurs dimensions hors du commun. Des modules aux fonctions insoupçonnables se déplaçaient à grande vitesse à la surface, selon des angles improbables, se croisaient et se chevauchaient avant de reprendre leur position initiale. Un peu partout sur leurs coques, d'étranges lignes de feu étaient visibles, des sillons d'énergie pure qui semblaient provenir d'une source inconnue cachée dans leurs entrailles. Le revêtement sombre produisait par instants une lueur mauve qui rappelait à Khandra un phénomène identique observé lors du franchissement de la nodale. Même mis en panne, les astronefs paraissaient veiller, toujours conscients, à l'affût…

« Impressionnant, fit Yuro.

— Oui, je… je ne m'étais pas rendu compte de leur taille lorsque nous sommes montés à bord du *Glaive*.

— Nous pouvons leur donner la taille et la forme que nous voulons, expliqua le vice-amiral.

— Comment cela ?

— Nos générateurs de furtivité peuvent modifier l'apparence des vaisseaux.

— Pour mieux tromper l'ennemi, renchérit le Pirate.

— Exactement.

— Je préfère ne pas savoir d'où vient cette technologie, soupira Lewis.

— Le… le vice-consul Makkinen vous expliquera tout ça, monsieur.

— Qui est ce Makkinen ? demanda Yuro.

— Peut-être le seul rescapé du directoire de la République titanienne, répondit Khandra. Il a pris la tête de la résistance après la chute de Méthania et a réussi à retrouver la trace des quatre Turtles lancés en secret par Japhet. Il fallait du cran pour faire ça.

— C'est un Titanien, monsieur, fit remarquer le vice-amiral, une note de fierté dans la voix.

— Certes, amiral, et ce sera un honneur que de le rencontrer ! »

« Capitaine Khandra, soyez le bienvenu ! lança Thor Makkinen, l'air réjoui. À moins qu'il ne faille vous appeler seigneur, Votre Sainteté, ou quelque chose dans le genre ?

— Appelez-moi Lewis, excellence, ça suffira.

— Va pour Lewis ! »

Les deux hommes se donnèrent une franche accolade, détail qui n'échappa à personne dans la nombreuse assistance d'officiers de haut rang massés dans la salle de commandement du *Titanian Imperium*. Le signal était clair, et fort : les ennemis héréditaires d'hier n'existaient plus. Titan et Mars ne comptaient plus. Seul importait le sort de l'humanité. Khandra et Makkinen se séparèrent, comme à regret.

« Bien. À présent, commençons ! lança le vice-consul d'une voix puissante. Nous n'avons que trop tardé. Amiral Sorvinssen, nous vous écoutons ! »

Le militaire s'avança sous la bulle de cristal qu'un mécanisme inconnu avait fait remonter dans la voûte semi-organique du plafond. Une équipe de maintenance s'affairait en silence autour du biordinateur géant suspendu dans un champ gravifique invisible. Sorvinssen commença :

« Messieurs, le plan que nous soumettons à votre approbation est simple. Il nous a fallu, pour l'élaborer, établir un ordre dans les priorités. Nombre d'entre vous, ici, n'ont qu'une idée en tête : foncer vers Titan pour sauver ce qui peut l'être et venger nos morts. Je vous le dis tout de suite : il est trop tard ! Notre planète a succombé, nos frères qui ont pu survivre sont aux mains de leurs bourreaux. Dès que nous le pourrons, nous tenterons de leur venir en aide, mais pour le moment, ce serait une perte de temps et d'énergie. »

Les visages étaient sombres, les regards voilés. Personne ne contestait, bien sûr, l'évidente logique des propos de Sorvinssen. Mais la rage bouillait dans les cœurs des soldats titaniens. Et leurs alliés joviens partageaient leur amertume : les nouvelles reçues de la Confédération n'étaient pas bonnes, Io et Europe étaient elles aussi menacées de destruction. Or, il n'était pas non plus question d'aller les secourir. Makkinen intervint.

« Le mal qui ronge notre Système et tue nos peuples vient de Mars : tant que Safaris ne sera pas abattu, les plus faibles continueront de soutenir son pouvoir. (Lewis ne cilla pas, ça aurait été faire le bonheur de ceux qui doutaient encore de la sincérité de son engagement.) Mais la solution aux problèmes récurrents de l'humanité passe aussi par la Terre. Et tant que les Zakkapistes n'auront pas regagné la planète mère pour y établir leur archipontificat, les autres nations ne connaîtront pas la paix : ils continueront de les harceler pour les déstabiliser, par simple désespoir de ne pouvoir obtenir justice. L'injustice, et elle seule, est à l'origine de la catastrophe. Depuis un millénaire au moins… »

Khandra était surpris par ce discours. Il s'était attendu aux grandes envolées guerrières d'un chef amer et désespéré, aveuglé par la haine. Il découvrait au contraire les avertissements d'un homme droit et posé, fin connaisseur de la politique interplanétaire et de ses contraintes. Avec les armes fantastiques dont il disposait, le vice-consul avait plusieurs options favorables à exploiter et, après tout, rien ne l'obligeait à venir en aide au Mouvement, ni à personne d'autre. Qui avait bougé pour défendre la République ? À part l'Observateur Okashi devant l'Agora, puis devant la Loge, personne. Alliés traditionnels, les Royaumes lunaires avaient été balayés avant d'avoir fait mine de protester, victimes des trahisons de leurs chefs et de la folie des Eugénistes. Et les Zakkapistes, soutenus financièrement et matériellement depuis des décennies par Méthania, n'avaient rien trouvé de plus intelligent que de fomenter des troubles et des attentats à répétition dans tout le Système, ce qui n'avait fait que renforcer Safaris et précipiter sur Titan l'armada de Aikon.

« Voici comment nous opérerons, poursuivit Makkinen. L'amiral Sorvinssen commandera ce vaisseau ainsi que le *Titanus Rex*, qui vient de rentrer du nuage, pour les conduire vers la Fédération martienne. Je resterai bien sûr à bord du *Titanian Imperium*. Une fois sur zone, nous attaquerons l'Anneau de défense sans préavis et tous les vaisseaux ennemis qui se trouveront sur notre route. Nous ne ferons pas de prisonniers. Mais nous ne persécuterons pas non plus ceux qui préfèrent se rendre. (Ses paroles résonnaient dans un silence de mort.) Une précision, cependant : nous avons des informations contradictoires concernant les Investigateurs. L'Observateur Okashi a pu nous communiquer les derniers éléments concernant le secteur de Jupiter et il semble que la confusion règne dans les rangs du CIS. Idem dans l'UECA. Il y aurait des désertions, des luttes internes… Je n'ai aucune idée de ce que cela signifie.

— Excellence, on nous rapporte à l'instant que le Quantex a commencé à diffuser une annonce de la Loge, intervint Sorvinssen. Solaris… C'est impensable !

— Quoi ?

— Solaris condamne officiellement les astrocides de Titan et d'Encelade, et va ouvrir une enquête interne pour déterminer qui sont les responsables. »

Un murmure d'étonnement parcourut les militaires, restés jusqu'ici parfaitement silencieux. Des vivats s'élevèrent.

« Le vent tourne, lança un jeune enseigne de vaisseau.

— Allons ! Nous devons être prudents, conseilla Makkinen. Cela prouve au moins que les choses ne sont pas figées. Le pire n'est peut-être pas certain… Néanmoins nous devons nous y préparer. Les deux autres Turtles, le *Glaive de Saturne* et le *Vengeur de Méthania*, feront donc route vers la Terre, avec pour mission d'y faire débarquer en toute sécurité les Alphacentauriens et le clergé zakkapiste, et de rétablir l'ordre sur la planète. Aucune exaction ne sera tolérée, aucune entorse aux droits humains. Lewis ! Je vous charge de superviser cette opération : les commandants des deux vaisseaux seront placés sous vos ordres ! »

Khandra accusa le coup : il ne s'attendait pas à ça. Et le vice-amiral du *Glaive* non plus, vu la mine tendue qu'il affichait, les mâchoires serrées à en craquer. Mais il ne contesta pas la décision du vice-consul.

Voilà qui me facilitera la tâche avec Rembrardt et le Concile, songea le Martien. *Avec le pouvoir divin qu'ils me prêtent et la puissance militaire que vient de m'offrir Makkinen, ils seront bien obligés de me suivre, même là où ils ne veulent pas.*

Le ministre titanien s'approcha de lui. Il venait de lever

la séance, et déjà l'amiral Sorvinssen convoquait dans la foulée les officiers présents pour leur donner leurs ordres. Yuro s'était mis à l'écart, l'air complètement perdu

« Alors, Lewis, que pensez-vous de ce plan? demanda Makkinen de but en blanc, un grand sourire aux lèvres.

— Vous avez l'air satisfait.

— Après des mois passés à ne rien faire, à me ronger les sangs sous la glace d'Europe, je dois avouer que l'ébullition de ces dernières heures m'a redonné goût à la vie ! Ce qui n'était pas gagné, croyez-moi.

— Je… je suis désolé pour votre peuple, votre famille. (Lewis se sentait stupide. Ce genre de sollicitude tardive l'agaçait au plus haut point.) En tout cas, j'admire votre courage et votre sens des valeurs.

— Les valeurs… c'est à peu près tout ce qui me reste, soupira Makkinen. C'est là-dessus que nous avions bâti la République. On ne peut pas dire que cela nous a été d'un grand secours, mais… l'essentiel est de pouvoir garder la tête haute, même devant la mort qui rôde.

— Je vous comprends, Thor. Vous ne pouvez pas savoir à quel point ! »

Les deux hommes se regardèrent : partageaient-ils tous les deux cette impression bizarre de se connaître depuis la nuit des temps, alors même qu'ils ne s'étaient jamais rencontrés auparavant, d'être déjà des amis malgré les siècles de haine et de guerres qui avaient opposé leurs deux nations ? Le destin les avait jetés l'un vers l'autre, et l'évidence leur commandait de saisir cette opportunité pour accomplir leur œuvre.

« J'aimerais vous poser une question, Lewis.

— Allez-y.

— J'espère que vous ne le prendrez pas mal, mais… (Makkinen avait l'air gêné.) Qu'y a-t-il de vrai dans votre… inspiration divine ? Je suis d'un naturel plutôt sceptique, voyez-vous, je… je suis totalement athée. J'ai tenté diverses analyses de votre message sur le Quantex. Il y a plusieurs niveaux de lecture, je pense, mais au premier abord, cela semble assez clair : vos paroles se veulent celles d'un prophète. Mais qui y a-t-il vraiment derrière ? »

Khandra ouvrit la bouche mais aucun mot n'en sortit. C'était la première fois qu'un étranger lui parlait de ce sujet et il voyait mal comment il allait pouvoir expliquer, en quelques minutes, ce qu'il n'avait lui-même pas encore compris.

« Je… je sais ce que je suis, fit-il au bout d'un moment, mais je ne sais pas encore *qui* je pourrais devenir.

— Alors, là ! Vous m'éclairez !

— Hm, je… Beaucoup de choses se sont produites en moi, Thor, beaucoup de changements. J'ai découvert que je possédais certains pouvoirs, qui n'ont absolument rien de fantastique, croyez-moi. J'essaie de me servir de ces dons et de l'aura qu'on me prête pour faire avancer les choses…

— Au service du Mouvement.

— Au service des hommes, avant tout. Mais… oui, il se trouve que cela passe par les Zakkapistes. C'était inscrit dans mes gènes, sans doute. Mon père avant moi a mené le même combat.

— Saros…

— Oui.

— Vous en êtes donc le descendant ?

— Il semble bien, oui.

— Alors, souffla Makkinen dans un ricanement nerveux, si vous n'êtes pas un dieu, vous êtes au moins une légende !

— Au moins ! » s'esclaffa Lewis.

Derrière leurs dos, Sorvinssen se racla la gorge pour rappeler sa présence. Les autres officiers s'étaient éparpillés dans le Cœur, tenant des apartés techniques.

« Oui, amiral ?

— Votre ami, monsieur, dit-il en s'adressant au Martien, le… le Pirate. Il vient de me soumettre une requête assez particulière.

— Laquelle ?

— Il demande s'il nous est possible de lui prêter un chasseur ou un cargo, bref, n'importe quel vaisseau suffisamment puissant, pour retourner vers Oort.

— Oort ! s'exclama le vice-consul. Il n'y a plus rien, là-bas.

— C'est… c'est ce que je lui ai dit, excellence.

— Excusez-moi, fit Lewis en se dirigeant vers son ami. Yuro ? Yuro ! »

Le corsaire leva vers lui un visage gris. Il avait vieilli de vingt ans.

« Que se passe-t-il, mon vieux ? »

Il se contenta de balancer la tête. Des larmes perlaient au coin de ses yeux fatigués.

« Eh, Yuro !

— Je… je me suis trompé, Lewis, c'est tout.

— Trompé ? Sur quoi ?

— En t'accompagnant ici. J'ai cru… j'ai cru qu'il y aurait une place pour moi…

— Mais bien sûr qu'il y a une place pour toi, le rassura Khandra en lui frappant l'épaule. Avec moi ! On va continuer, s'occuper de la Terre et…

— NON ! (Son cri avait retenti dans l'immense salle. Makkinen et Sorvinssen le dévisageaient, désolés.) Non… Je voulais dire… j'ai cru qu'il y aurait une place pour moi, le Pirate, pour mon peuple… dans leur plan. Que la Flibuste aurait enfin le droit de revenir parmi les hommes ! Mais il n'y a rien. Il… (Il leva les yeux vers le vice-consul qui s'était avancé vers lui.) Il n'a même pas parlé de nous.

— Parce qu'il n'y a plus rien, là-bas, répondit Thor. Je suis sincèrement désolé, mais les rapports du *Titanus Rex* sont malheureusement clairs sur ce point : Varuna, Izla-ov-Fuego ne sont plus que des débris abandonnés aux vents solaires. Et les gens réfugiés dans les quelques galères repérées ici ou là n'ont aucune chance de survivre aux confins du Système.

— Vous auriez au moins pu organiser un sauvetage !

— Nous ne l'avons pas fait pour notre peuple, ni pour les Joviens, nos alliés. Je ne peux pas plus le faire pour les vôtres. Je… je suis navré ! »

Yuro ne bougeait plus. Khandra était désemparé, impuissant devant la détresse soudaine de son ami, qu'il n'avait pas su anticiper.

Mais qu'est-ce que ça aurait changé ? songea-t-il, amer.

« Je sais mieux que quiconque ce que vous pouvez ressentir, Yuro, insista Makkinen en invitant le Pirate à le regarder. Titan n'existe plus. Je n'ai plus de patrie, ni de famille, ni d'amis, tout comme vous. Mais j'imagine que ça ne vous consolera pas.

— Vous avez encore vos soldats, répliqua le corsaire, de nombreux Titaniens autour de vous avec qui échanger vos souvenirs, avec qui envisager un avenir, quel qu'il soit. Je… je ne demande rien de plus.

— Que veux-tu exactement ? demanda Lewis.

— Un vaisseau, pour retourner là-bas. Vers Kolybame…

— Kolybame ?

— La station dérivante que mon père avait aménagée en secret. Il… (Yuro se mit à rire, au comble de la nervosité.) Il voulait échapper à l'impôt levé par Big Bear pour financer de nouvelles expéditions. Je suis sûr qu'elle est intacte, car personne ne connaissait son existence. Les… les Investigateurs n'ont pas pu la trouver ! Je vais y retourner, retrouver tous les survivants que je pourrai croiser et les ramener sur Kolybame, pour tout reprendre à zéro. Oui ! C'est ce que je vais faire ! »

***

Le vrai pouvoir était peut-être là, la seule source divine, sous ses mains légèrement tremblantes qui caressaient ce ventre doux et chaud. La vie foisonnait dans l'univers, Lewis en avait maintenant la preuve. Mais lorsqu'elle se lovait ainsi au plus profond d'un être, elle prenait son sens le plus pur.

Gloria avait pris conscience de son état dans les tout derniers jours de leur présence sur Alpha IV. Elle avait ressenti un changement, quelque chose d'infime qu'elle avait d'abord interprété comme un simple malaise, une conséquence des différences d'atmosphère et de gravité qui s'étaient enchaînées à un rythme d'enfer. Elle n'avait jamais voyagé dans l'espace de toute sa vie et, pour une première tentative, elle avait dépassé des limites que très peu d'hommes ou de femmes avant elle avaient rencontrées : il était donc inévitable que son organisme ait fini par réagir, d'autant plus que ses concepteurs ne l'avaient jamais destinée à autre chose qu'à se prélasser sur Terre pendant l'éternité.

Mais les problèmes s'étaient intensifiés. Douleurs, étourdissements, fièvres, fatigue… elle avait eu de plus en plus de mal à dissimuler ses symptômes à ses compagnons, et à Lewis, tout d'abord, jusqu'à ce que Kiribati remarque quelque chose. Son diagnostic avait été rapide, indiscutable : elle était enceinte, et de plusieurs semaines.

« C'est… c'est impossible !

— C'est pourtant la vérité, Gloria.

— Mais ma lignée n'a pas eu d'enfants depuis des siècles ! Nous… nous sommes contentés du Génégon, comme… comme tous les autres !

— Mais vous n'êtes pas stérile.

— Non, personne ne l'était… Les Superviseurs travaillaient à partir des ovules et des spermatozoïdes pour générer nos nouveaux corps… »

Le médecin avait souri. La réponse de Iataline avait sonné pour lui comme une preuve éclatante de la théorie qu'il avait toujours défendue : le clonage à grande échelle présenté par les savants eugénistes comme la garantie d'une vie sans cesse recommencée n'était qu'une escroquerie. Bien plus que génétiques, les manipulations du Cocon avaient été idéologiques. Et les cuves de Reicher du Génégon n'avaient pas produit des clones par millions, mais bien des embryons humains normaux, simplement développés dans une matrice artificielle, à l'instar des soldats fabriqués par la Réserve cryogénique à partir des fœtus volés sur les femmes des Ombres, et qui n'avaient de clones que le nom.

L'éternité bâtie sur un mensonge…

La Terrienne avait prié Kiribati de ne rien dire à personne. Les combats faisaient alors rage autour de la grotte du Concile, et la dernière chose qu'elle désirait était de perturber Lewis avec ce genre de nouvelle. Elle avait espéré que la nature ferait son œuvre dans l'autre sens, lui arrachant ce qu'elle lui avait donné. Mais tout s'était passé normalement. Et son corps avait commencé à changer.

« Kiribati pense que ça fait plus de deux mois, maintenant, presque trois, expliqua Gloria d'une voix sereine. Mais mon métabolisme a peut-être été ralenti par les passages en apesanteur ou les différences de gravité.

— C'est incroyable, chuchota Khandra comme s'il avait craint de faire trop de bruit.

— Tu peux parler plus fort, tu sais, tu ne vas pas le réveiller ! »

Ils rirent. Ça ne leur était plus arrivé depuis leur dernière nuit sur Alpha V, allongés contre une dune, à regarder tomber les étoiles. Peut-être cette nuit-là… Ils ne le sauraient sans doute jamais. Lewis se redressa pour regarder Gloria. Il fit courir un long moment ses doigts sur son nez, ses joues, ses lèvres, puis son cou. Enfin, il l'embrassa.

« C'est étrange, dit-il.

— Quoi ?

— Alors que je ne cesse d'affirmer à qui me pose la question que je ne suis pas un dieu, ni même le fils d'un dieu, pour la première fois… (Il soupira.) Pour la première fois, je me dis que j'en ai peut-être les pouvoirs. »

Elle lui sourit et se blottit entre ses bras. Soudain, une vibration saisit la structure de la cabine ovoïde, autour d'eux, une tonalité grave, à peine audible. Le Turtle reprenait vie, la phase de maintenance était terminée. Ils savaient tous les deux ce que cela signifiait.

« Tu seras bien, là-bas, affirma-t-il.

— Tu n'en sais rien. Personne n'en sait rien. Pas même Yuro…

— J'ai une confiance aveugle en ce foutu Pirate !

— Je sais… Ce… ce n'est pas une question de confiance. (Elle serra Lewis de toutes ses forces.) J'ai… j'ai peur de te perdre, c'est tout. Après ces épreuves… je ne le supporterai pas !

— Tu portes notre enfant, Gloria. Tu dois vivre pour lui, quoi qu'il arrive. Quoi qu'il m'arrive à moi. (Il la força à le regarder) Tu comprends ? Sinon, tes sacrifices n'auront servi à rien. Souviens-toi de Shony, des projets que vous partagiez, des espoirs… Vous vouliez en finir avec l'hypocrisie de Valoras, vous vouliez être libres, libres d'avoir des enfants, libres de violer la Loi de l'Équilibre. Libres d'être enfin humains ! (Des larmes roulèrent sur ses joues blanches.) Tu l'es redevenue, Gloria. Tu es redevenue humaine… Et tu dois apprendre à vivre avec ça.

— Même… même si je dois souffrir ? dit-elle dans un sanglot. Souffrir de ne plus t'avoir ?

— Oui. Tu n'as pas le choix. Tu ne peux pas renier ce que tu as fait, les valeurs que tu as défendues. (Il s'arrêta, inspira profondément.) Je t'aime, Gloria. Je ne te l'ai jamais dit, mais je l'ai su dès le premier jour, là-bas, sur l'île d'Afrika, lorsque tu es venue t'occuper de moi alors que j'étais condamné par le virus de Rebekka.

— Je… je m'en souviens.

— Je veux partager ma vie avec toi, voir grandir notre enfant, et ceux que nous concevrons encore ! Je… je veux me reposer auprès de toi quand tout ça sera terminé.

— Mais quand, Lewis ? Quand ?

— Les dieux seuls le savent.

— Alors sois un dieu ! cria-t-elle. Puisqu'ils veulent tous que tu en sois un : Rembrardt, le Concile, les Lieurs… Sois un dieu ! Fais-leur les miracles qu'ils attendent et reviens-moi ! »

Khandra se mit à rire. Elle l'imita bientôt, consciente de l'absurdité de sa prière.

« Tu vois, tu ris encore. C'est que tu n'as pas totalement renoncé à l'espoir.

— Bien sûr que non, soupira-t-elle, l'air plus serein. Je… je t'attendrai, puisqu'il le faut. Sur Kolybame.

— C'est plus sûr. Qui sait ce qui peut encore arriver d'ici à ce que nous rejoignions la Terre ? Et une fois là-bas… Je ne veux plus te faire courir de risques.

— Ce voyage vers le nuage n'est pas sans risques, lui non plus.

— Bien sûr, mais Makkinen a réussi à convaincre les Joviens de vous y emmener à bord de leur vaisseau, avec des vivres, du matériel, des armes. Des volontaires zakkapistes vous accompagneront, pour votre sécurité. Yuro veillera sur toi.

— Mais toi… tu vas rester seul. Je veux dire… ça n'est pas avec Rembrardt que tu vas trouver du réconfort quand ça n'ira pas, non ?

— Hm… Je crois que je n'aurai pas le temps d'aller mal, fit remarquer Lewis d'un air vaguement affligé. Et puis, Rembrardt n'est pas mon ennemi, pas vraiment un ami non plus, mais… Les Lieurs ne m'ont pas tout expliqué. Il a encore beaucoup de choses à m'apprendre. Nos chemins sont étroitement mêlés, je le crains, et pour longtemps.

— Vos chemins… Es-tu certain qu'ils vous mènent au même endroit ?

— Ça, Gloria, je le saurai quand nous serons arrivés. »

31

« Alors quelle suite logique pour l'évolution d'Homo sapiens sapiens ? Une nouvelle espèce née d'un phénomène catastrophique imprévisible ? Une « tribu » d'Homo communicans fonctionnant à la manière d'un organisme pluricellulaire ? Ou bien un Homo tout simplement sapiens, qui se résoudrait à être un peu moins savant… mais un peu plus sage ? »

Claude-Louis GALLIEN, *Homo-Histoire plurielle d'un genre très singulier,* « PUF », Alte-Paris, Terre (année 1998, CS). *In CEG Histoire de l'Humanité,* « Évolution phylogénétique », Catalogue XI quater. Article 405586, Omnibibliothèque du Quantex.

Veille permanente du Quantex, 26 octobre 2940, CS.

Ubiquité était seul.

Une fois encore, les Veilleurs avaient quitté leurs postes pour s'enfoncer dans les méandres du réseau, à la recherche de réponses, de solutions.

Car le Quantex se déréglait de nouveau. Les balises des confins du Système donnaient des signes de faiblesse, les niveaux de concentration d'énergie noire fluctuaient de manière anormale malgré les recharges de marsénium auxquelles procédaient en permanence les nanorobots d'entretien. D'ailleurs, à certains endroits clés du maillage, le minerai commençait à manquer. La nuit du cosmos reprenait peu à peu ses droits sur les pitoyables tentatives humaines de l'éclairer des étincelles de leurs communications ; implacable, elle imposait les éléments de sa dictature éternelle : froid, immobilité, silence et mort. Des astroquanticiens virtuels appelaient au secours. Ubiquité ne pouvait rien répondre, seulement leur conseiller, par un logarithme d'apaisement qu'il avait lui-même les plus grandes peines à configurer, de rester vigilants, de tenir le coup, de réparer ce qui pouvait l'être. Et de conseiller à des milliards d'humains de différer les connexions non essentielles à leur survie.

Or le Quantex était surchargé par un afflux massif de liaisons, conséquence inévitable de la guerre qui consumait les mondes du Soleil. Les gouvernements, les états-majors militaires, les dirigeants des institutions, les responsables des plus petites colonies, les conglomérats des armateurs et leurs centaines de millions d'actionnaires affolés, tout le monde avait une bonne raison de se brancher, sans parler des simples citoyens que le message de Lewis Khandra-Saros avait soulevés dans un élan d'espoir.

Ubiquité songea à Zakkaria Lympikis, ce garçon qu'il n'avait pu sauver lors de la dernière panne, piégé dans son jeu favori. Il songea à tous les autres qui périraient encore cette fois-ci. Il songea enfin au but de sa propre existence, aux raisons du sacrifice de sa vie, qu'il avait commis des centaines d'années auparavant pour se fondre dans le brouillard quantique du réseau.

Protéger l'humanité, ses communications, sauvegarder sa mémoire collective…

Tel était le combat mené par les Veilleurs. La mort dans leurs âmes virtuelles, ils avaient dû abandonner la surveillance du Quantex pour foncer à la vitesse de la pensée vers ceux qui avaient encore quelques chances de pouvoir les aider. Mais quelles chances avaient-ils, eux, de pouvoir rebrousser chemin ?

Les Lieurs étaient là.

Leurs auras bienfaisantes débordaient dans le sous-univers, inondant la faille transgémellaire de leurs pensées et de leurs connaissances. Derrière eux, la Coexistence respirait, cette congrégation indéfinie de milliers d'espèces de la galaxie qui avaient choisi d'unir leurs volontés, de défendre le Lien, l'équilibre fragile de la Création. Celui qui avait été Transcendance se manifesta le premier, comme toujours. Il n'était pas un chef, tout au plus un porte-parole… Celui d'une civilisation en phase d'autodestruction.

« Lewis s'est exprimé, nous l'y avons aidé. Mais cela suffira-t-il ? »

« Vous, le plus qu'humain, savez mieux que quiconque l'impossibilité d'établir une projection probabiliste claire en ce qui concerne votre race, pensa l'enfant. *Ce qui devait être fait l'a été. »*

« Mais le chaos se répand. »

« C'est inévitable, répondit l'esprit de la fillette. *Mais du chaos doit naître l'ordre. »*

« Vous n'en êtes vous-mêmes pas convaincus, souligna le Veilleur, *n'est-ce pas ? »*

Le vortex d'énergie de la faille se figea un instant, comme saisi par le gel. Puis ses parois se remirent à bouger. Tout était redevenu normal.

« Nous avons peut-être commis une erreur », reprit l'enfant dans une bouffée de contrition inhabituelle.

Transcendance réprima avec difficulté l'angoisse qui menaçait soudain de dissoudre ses connexions synaptiques virtuelles. C'était la première fois qu'il ressentait une peur semblable émaner des Lieurs. Contre lui, il sentait ses frères dont les irradiations intelligentes vibraient sur un mode d'hésitation et d'angoisse.

« Nous… nous avions cru pouvoir aider plus directement l'humanité », poursuivit le Lieur.

« Lewis n'est qu'un moyen pour nous d'atteindre plus rapidement le Lien, fit remarquer le Veilleur. *Votre*

générosité, l'intérêt que la Coexistence nous porte vous a poussés à le faire. Comment auriez-vous pu être plus directs ? »

La gêne était palpable. Transcendance se surprit à se demander comment ses interlocuteurs parvenaient à modéliser des sentiments, des sensations aussi typiquement humaines. Mais il laissa cette question de côté : depuis longtemps, il avait renoncé à comprendre ce qu'étaient réellement ces êtres. Et l'urgence commandait. Les deux esprits se turent un moment, comme s'ils se concertaient. Puis ils reprirent en chœur :

« Je/Nous ai/avons fourni une aide plus directe que je/nous viens/venons de le faire en participant à l'éveil de la conscience de Lewis. Je/Nous ai/avons offert des technologies. Pour que vous puissiez vous défendre… »

Les esprits des Veilleurs manquèrent de s'évanouir sur les bords de la faille, dispersés le temps d'une pensée sur ses raies de lumière pure. Mais ils se reprirent à temps. Transcendance posa la question, bien qu'il connût déjà la réponse :

« Quelles technologies avez-vous offert ? Et… à qui ? »

L'image d'un satellite à l'épaisse atmosphère orangée s'imposa dans le cortex des hérauts virtuels.

« Les vaisseaux furtifs ? fit l'un des Veilleurs. *Vous… vous avez inspiré les ingénieurs de Japhet ? »*

« Je/Nous n'ai/n'avons fait que les mettre sur la voie. »

« Mais… c'est ce qui a déclenché la guerre ! » protesta Transcendance.

« Je/Nous crois/croyons que la guerre aurait eu lieu de toute façon, et qu'il fallait vous permettre de vous y préparer. »

« Mais… c'est une intervention dans les affaires humaines, contraire à tout ce que vous nous avez enseigné sur les buts de la Coexistence ! L'humanité ne doit-elle pas s'élever seule, trouver la Voie du Lien par elle-même, même si cela doit prendre encore des millénaires ? Votre aide pour l'intervention de Lewis peut encore se concevoir sous cette optique, mais un apport scientifique… »

« Votre présence sur Alpha Centauri et votre agression sur Fomalhaut ont poussé la Coexistence à changer sa position… »

« La Coexistence ? Ou bien vous, les Lieurs ? »

L'interrogation de Transcendance figea de nouveau les flux énergétiques qui demeurèrent ainsi, pulsant d'une infinité de photons, mais désespérément immobiles.

« Quelle est votre réponse ? » insista l'esprit humain.

« Une réponse ne changera rien, répondit le garçon au bout d'une éternité. *Considérez que votre espèce n'est pas le seul enjeu. La Coexistence est aussi menacée. »*

« Mais puisque les hommes viennent de quitter Alpha Centauri pour laisser la place aux Exilés, tout devrait rentrer dans l'ordre une fois... une fois que la paix sera revenue sous le Soleil.

« Vous ne comprenez pas. »

« Il faut le lui dire », intervint la fillette.

« Non, nous en avons déjà parlé. »

« Il faut le lui dire ! Noble Veilleur ? »

« Je... Nous sommes là. »

« Votre civilisation est au cœur d'un conflit, enchaîna l'esprit de la gamine. *Nous vous avons apporté ces connaissances pour vous permettre de fabriquer de nouvelles armes, capables de mieux vous défendre. Malheureusement... nous ne sommes pas les seuls à l'avoir fait ! »*

Transcendance ne répondit pas. Malgré ses capacités énormes de conceptualisation, il avait du mal à interpréter clairement les paroles qu'il venait d'entendre.

« Qui... qui d'autre ? Pourquoi ? » demanda l'un de ses frères.

« Les hommes ne sont pas les seuls à évoluer en dehors du Lien, expliqua à son tour le garçon. *Il... il existe au moins une autre race qui a refusé d'intégrer la Coexistence, pour suivre sa propre logique de développement technologique effréné. Et cette race entend bien convertir la vôtre à sa logique : comprenez qu'elle a beaucoup de chances d'y parvenir, vu l'histoire que vous avez suivie. Elle aide certains d'entre vous, par l'intermédiaire de ses agents disséminés un peu partout pour déstabiliser vos sociétés. Les problèmes de votre réseau quantique sont peut-être liés à ses interventions. Cela prendra du temps, des siècles peut-être : ces êtres ne sont pas pressés. Leur échelle de temps n'est pas la vôtre. Mais s'ils parviennent à leurs fins belliqueuses et conquérantes, c'est tout l'équilibre de la galaxie qui s'en trouvera bouleversé. Et la guerre ne pourra que s'étendre, de monde en monde, de civilisation en civilisation. »*

« Mais... que... que pouvons-nous faire? fit Transcendance, qui éprouvait les plus grandes difficultés à maintenir une modélisation cohérente. *Pouvez-vous encore nous aider ? »*

« Vous devez vous défendre vous-mêmes, par la seule voie de l'unité collective, en tant qu'espèce consciente. Khandra est l'une des solutions, mais il peut y avoir des ennemis autour de lui, c'est difficile à dire. Quoi qu'il en soit, une fois que vous aurez atteint cette étape, les autres, les Hors-Lien, ne pourront plus rien contre vous. Leur technologie ne pourra vous abattre. Vous êtes... vous êtes le seul espoir de la Coexistence. »

32

« Akkah ! Ces temps furent difficiles, les plus terribles de mon existence. J'avais cru en l'amour, j'avais suivi Mirimas Stanford dans sa conquête du pouvoir, j'espérais reprendre la place de ma mère et imposer à mon tour ma volonté aux conglomérats. Comme j'étais présomptueuse !
Alors que Charon tombait entre les mains de Mirimas comme un fruit mûr, je réalisai que d'autres que lui tiraient les ficelles depuis des siècles, des êtres répugnants, humains, cachés dans les ténèbres de Pluton. Mon vrai père destitué et disparu, je me retrouvai prisonnière d'une utopie, d'un rêve dangereux. Les vaisseaux sortaient des chantiers plutoniens par dizaines chaque mois pour aller renforcer les armées de l'Omniexécuteur, et les armateurs se présentaient devant le nouveau Premier magnat pour quémander leur part. Ghobal acquiesçait en silence, Mirimas s'exécutait (...)
Je pris alors la fuite. Et plusieurs dynasties me suivirent, pour qui le respect des valeurs humaines était finalement plus important que la défense des intérêts astrocapitalistes. Dans notre communauté pourtant rétive à toute spiritualité, l'appel de Khandra-Saros avait touché les clairvoyants. Ce fut la Chute de la Ligue, et mon envol vers Centauri, où les Lieurs m'accueillirent pour faire de moi leur messagère, leur ambassadrice entre les Exilés et les Humains. »

Margrett VI FAL-KOSHIMORI, sainte conteuse des armateurs, *Récits de l'avènement*, Alpha City, Alpha IV Centauri (année 2980, CS, Durée 3 de la Coexistence).
In CEG Histoire du Système alphacentaurien, « Découverte de la Coexistence », Livre pourpre, Article 8, Omnibibliothèque du Quantex.

Fédération des États martiens, 2 novembre 2940, CS.

Les Temps Zéro n'étaient jamais venus.

Amazonis Aires était tombée. Et Mikal Naïm Safrini croupissait dans une geôle de son propre palais, attendant l'heure de son jugement devant le tribunal révolutionnaire du Mouvement. Jamais il ne saurait pourquoi son président l'avait lâché, préférant concentrer ses commandos d'élite autour de la capitale dans la crainte d'une attaque venue de Solaris.

Mais une autre menace se dessinait : Jon Effkalis avançait avec une armée nombreuse et organisée, dans laquelle les volontaires ne cessaient d'affluer. Il marchait droit sur Olympus City, bien décidé à la prendre à son tour, à y pourchasser l'usurpateur jusqu'à le mettre hors d'état de nuire. La tâche serait autrement plus ardue, car les défenseurs de l'immense cité se battraient comme des démons, résolus à ne pas abandonner un gouvernement qui leur avait offert tout ce que leur avidité et leur orgueil réclamaient : honneurs, pouvoirs, propriétés, argent…

Qu'ils aillent en enfer, songea Effkalis. *Ils ne méritent plus d'être des citoyens martiens.*

L'avant-garde du génie progressait rapidement sur les autoroutes désertées : à bord de gravicoptères légers, les sapeurs sautaient de relais en relais pour relancer les générateurs magnétiques alimentant les rails invisibles du tarmac ; les véhicules non gravifiques se retrouvaient alors propulsés dans la bonne direction, avançant de centaines de kilomètres en une ou deux heures. Jusqu'à la prochaine interruption du réseau. La résistance attaquait par l'ouest et le sud-ouest, comptant sur les éléments de l'intérieur pour la soutenir, ces rebelles disséminés dans Olympus et qui s'étaient retirés dans leurs caches après les batailles des semaines précédentes.

Mais les commandos quadrillaient la cité. Le couvre-feu était quasi permanent, aménageant simplement deux courtes plages horaires le matin et l'après-midi pour permettre aux civils d'aller se ravitailler dans les centres ouverts par les autorités. Des groupes de batteries supplémentaires avaient été installés à la hâte au-dessus de chaque quartier, des stocks de munitions et d'armes enfouis sous les immeubles d'habitation, des bunkers creusés sous les hôpitaux, les hôtels, les écoles. Safaris prenait sa propre population en otage dans l'espoir que ses ennemis renonceraient à l'attaquer et lui offriraient une possibilité de négociation. Pour gagner du temps. Jusqu'à ce que la 3e flotte de l'amiral Aikon arrive et le libère de la menace de la Loge.

De son côté, Sagoshan Soa avait fait manœuvrer Solaris, bravant les menaces et les tirs de semonce des gardes des cadrans martiens. La station géante était maintenant positionnée en orbite aréostationnaire basse, à la verticale d'Olympus City, ce qui interdisait toute tentative de dégagement par l'Anneau de défense : si les Rouges détruisaient la base, ses débris retomberaient sur la planète au risque d'en bouleverser irrémédiablement le fragile écosystème. Edmund W. Safaris était un illuminé, mais il n'avait pas encore totalement perdu l'esprit, loin s'en fallait.

« Aikon est sur zone, excellence, cria le secrétaire d'État à la Guerre.

— Parfait ! Qu'il lâche ses chasseurs sur les rebelles.

— Mais il y a le *Solunion*… Il va tenter de leur barrer la route !

— Avez-vous lancé l'appel aux autres légions ? Avez-vous des réponses ? s'époumona le président.

— L'Investigateur général de la 7e légion nous a communiqué son accord de principe…

— Je me fous de ses principes ! Il doit respecter les accords passés avec Olson !

— Il… il confirme que Sagoshan a bien trahi la Loge, qu'il a violé la Charte confédérale solaire et son serment. Il a demandé à Oberon s'il devait intervenir contre l'inquisiteur, mais…

— Quoi ?

— Des combats se dérouleraient en ce moment même sur Oberon, entre factions rivales, favorables ou non à Soa. Le feu couvait depuis des années au sein des Investigateurs, des rivalités, des jalousies. L'inquisiteur a profité du chaos pour tenter sa chance. Il n'est peut-être pas exclu qu'une bonne partie du Corps reste fidèle à la Loge et se retourne contre son chef.

— Par l'Olympe ! Mais est-ce qu'ils viendront nous aider ?

— Ils… ils tenteront certainement de libérer Solaris. »

***

Aikon Alydéris tremblait de tous ses membres. Il jeta un rapide coup d'œil autour de lui, dans la salle de commandement de son croiseur, mais soit qu'ils fussent trop absorbés par leurs tâches, soit qu'ils fussent au contraire très prudents, aucun de ses officiers de pont ne semblait avoir remarqué son état de stress. Ils avaient plus urgent à faire : l'allié d'hier leur barrait maintenant la route, prêt à déployer ses chasseurs et ses béliers magnétiques dans le cadran extérieur de Mars.

Aussi massif et impressionnant qu'il fût, le *Solunion* n'avait aucune chance de l'emporter seul dans un assaut frontal avec l'intégralité de la flotte. Mais il n'était pas question d'utiliser l'antimatière si près de la planète, et au cours d'un combat conventionnel, le destroyer de Sagoshan risquait de leur infliger de très lourdes pertes. Pour une fois honnête avec lui-même, l'amiral savait très bien qu'il devait s'en remettre à ses aides de camp pour décider de la stratégie à adopter. Il avait été tellement plus facile de vitrifier Titan…

« Il faut attendre l'arrivée des deux autres flottes, amiral. Nous n'y parviendrons pas seuls et l'Anneau ne peut nous être d'aucune aide.

— Mais ça va prendre encore des semaines !

— Sagoshan risque de recevoir des renforts. Nous ne savons rien des motivations exactes des Investigateurs.

— Quel bordel ! jura Aikon.

— Nous devons être très prudents.

— Mais Safaris me harcèle ! Toutes les heures, il m'appelle : il exige que j'intervienne, que j'envoie la chasse contre les renégats d'Effkalis ! Vous devez trouver un moyen de contourner le *Solunion* pour aller desserrer l'étau autour d'Olympus. »

Les regards embarrassés des officiers se posèrent sur leur chef. Ils hésitaient. Quelque chose les tracassait que l'amiral, aveuglé par la peur et la stupidité, ne pouvait voir.

« Quoi ? Quoi encore ?

— Le *Solunion* n'est pas le seul obstacle, monsieur.

— Je le sais bien, il y a Solaris. Nous nous en occuperons après, quand…

— Ça suffit ! l'interrompit un capitaine de vaisseau, soudain très véhément. Vous ne comprenez donc pas, amiral ?

Nous avons traversé le Système pour aller détruire Titan, notre ennemi, malgré les réticences que nous avions. Nous avons obéi parce que nous pensions agir sous le couvert de la Loge, parce que le président Safaris vous l'avait ordonné. Mais maintenant... il s'agit de combattre sur notre planète, d'attaquer nos propres concitoyens, nos frères...

— Qui sont entrés en rébellion contre le président !

— Oui, monsieur, mais les marines n'ont jamais eu pour mission d'intervenir dans les affaires politiques de la Fédération.

— Vous délirez ! Vous me parlez de politique : il s'agit d'une bataille, d'une guerre que nous devons gagner. »

Les militaires se concertèrent de nouveau du regard. Les uns après les autres, ils acquiescèrent.

« Il s'agit d'une guerre civile, monsieur, et nous respecterons nos engagements, notre serment.

— Ah, fort bien ! se rengorgea Alydéris. Vous m'en voyez ravi. Mettez-vous au travail, maintenant.

— Non. Nous ne commettrons pas d'autres crimes. Nous vous mettons sur-le-champ aux arrêts ! »

L'amiral écarquilla les yeux. Trois marines de haut rang s'approchèrent de lui et le désarmèrent sans lui laisser le temps de protester. Ils commencèrent à l'entraîner vers sa cabine, où des gardes attendaient déjà devant la porte ; soudain, une alarme retentit dans le cockpit et les systèmes de défense du croiseur passèrent automatiquement en mode de combat rouge.

« Le *Solunion* attaque ! Dix trajectoires. Missiles à têtes multiples !

— Ah ! hurla Aikon. Et qu'allez-vous faire maintenant, hein ? Gros malins !

— En ce qui vous concerne ? répondit le capitaine avec un sourire agacé. Exactement ce que nous avions décidé. Emmenez-le ! »

Sagoshan n'avait plus le temps de regretter sa décision. Il ne se sentait pas vraiment fier, mais l'idée d'aller donner une correction à cet imbécile d'Alydéris avait été plus forte que tout. Il ne pouvait plus faire machine arrière. Pour le moment, réfugié sur Solaris, il contrôlait encore les opérations. Pourtant, l'attitude de ses frères d'armes des autres légions l'inquiétait : il n'en avait reçu aucune nouvelle.

S'il n'avait engagé que le tiers des forces du *Solunion* et bénéficiait toujours de l'effet de surprise, cet avantage ne durerait pas longtemps, il le savait.

Sur les holos de la salle d'audience de la Loge, il suivait le déroulement des combats, minute par minute, intervenant d'une pensée, d'une brève décharge électrochimique de ses nanoprocesseurs tournant à plein régime. Le Grand président Olson était à ses côtés, affalé sur un fauteuil flottant, apathique. Il regardait sans le voir le spectacle étourdissant de la bataille.

Deux barges de débarquement martiennes avaient été touchées à mort et tombaient l'une vers l'autre. Des capsules individuelles de sauvetage jaillissaient par les écoutilles, propulsées par de puissants jets de gaz : elles se croisaient dans un désordre indescriptible, rebondissant les unes contre les autres, leurs enveloppes se déchiraient, leurs occupants s'asphyxiaient. Les deux navires s'éperonnèrent et explosèrent dans une corolle nucléaire. De cette incandescence surgirent des dizaines de chasseurs et de bombardiers rouges qui se précipitaient sur le vaisseau amiral du CIS. Les boucliers énergétiques encaissèrent les premières salves sans faiblir et les masers des tourelles ripostèrent par un tir de barrage. Mais une deuxième, puis une troisième vague s'abattaient déjà sur le bâtiment ; des missiles perforateurs fonçaient en rangées compactes vers le *Solunion*. Sa carapace se déchira sous les impacts de leurs charges, en une ébullition bleuâtre incontrôlable. Le destroyer maître des légions était mis à nu, incapable de résister aux assauts continus des Martiens. À son bord, les mesures d'évacuation étaient prises à la hâte, les inquisiteurs généraux se rivaient à leurs postes pour tenter de maintenir une cohérence dans leur commandement : les Investigateurs n'avaient jamais plié, jamais perdu un seul combat. Sur Solaris, Sagoshan avait compris. Olson souriait. Le *Solunion* se désagrégea en neuf ou dix morceaux aussi gros que des astéroïdes, avant de disparaître dans un halo blanc d'énergie.

***

« Il est important de le recevoir, excellence. Il représente la Ligue, la puissance la plus importante de la Confédération. »

Il ne représente plus rien du tout, pensa l'Omniexécuteur en regardant le ministre des Affaires interplanétaires. *Mais il ne le sait pas encore.*

« Faites-le entrer ! » ordonna-t-il au bout d'un moment.

Les quatre soldats de Temps Zéro marchèrent vers la double porte, en coordination parfaite, dans leurs combinaisons pressurisées aux casques noirs aveugles, hermétiquement vissés sur leurs armures scapulaires. Le claquement métallique des bottes et le cliquetis des armes rassuraient Safaris : il avait eu raison de faire renforcer sa garde rapprochée. Kareem XII Shamen-Artal entra d'un pas timide dans la salle du conseil. Sa robe d'apparat était froissée, le tissu de soie et de lin terni, usé. Son maquillage facial avait pâli et lui donnait l'air d'un acteur de théâtre éreinté après trois heures de spectacle. Il gratouillait machinalement sa chaîne de pouvoir, tirant sur sa lèvre inférieure comme sur un hochet.

« Votre Prospérité ! s'exclama Safaris, l'air vaguement inquiet. Mais que vous arrive-t-il ? Dans quel état vous trouvez-vous ? »

Les yeux hagards, le Premier magnat chercha un endroit où s'asseoir. Les membres du cabinet de guerre ne bronchaient pas, incertains, comme toujours, quant à la tournure que leur chef souhaitait faire prendre à la situation. Ils comprirent rapidement qu'il était plutôt enclin à s'amuser, ce qui n'était pas bon signe pour celui qui allait être l'objet de cette humeur.

« Mon pauvre ami. Installez-vous sur mon siège, je vous en prie.

— Me… merci, excellence, bredouilla l'armateur en s'effondrant sur le trône du Martien.

— C'est la faible gravité de Mars, je suppose, continua Safaris. (Il fit signe à l'un de ses conseillers d'apporter un verre de vin.) Vous êtes ici depuis trop longtemps, cela vous fatigue.

— Je… peut-être, oui, mais… c'est la situation. Je… (Kareem XII avala goulûment plusieurs gorgées. Il manqua s'étouffer et reposa le verre devant lui.) J'ai dû fuir mon hôtel après l'attentat qui a coûté la vie au délégué plutonien. Et l'ambassade de la Ligue a été bombardée. Nous errons, mes assistants et moi, de consulats en consulats, c'est difficile à supporter.

— Qu'est-ce que j'apprends ? s'écria le dirigeant martien en se tournant vers son conseil. C'est inouï ! Vous avez abandonné sa prospérité aux vents de la guerre, dans ma propre capitale ? Personne n'a donc eu l'idée de s'occuper de lui, de lui trouver un refuge ?

— Mais excellence, tenta de protester le ministre des Affaires interplanétaires, nous avons procédé au regroupement des ambassadeurs et des délégués étrangers dans les abris du palais, comme vous nous l'aviez ordonné.

— Mais vous avez oublié la Ligue, n'est-ce pas ? »

Le conseiller regardait son maître d'un air interdit. Devait-il révéler à Shamen-Artal qu'il avait précisément reçu à son sujet l'instruction de l'abandonner à son sort dans la cité en rébellion ? S'il tenait à son poste, et à sa vie, il lui fallait trouver une parade.

« Excellence, nos informations concordaient sur un point : les vaisseaux diplomatiques de la Ligue ont quitté l'astroport militaire de Beagle II depuis plus d'un mois. Nous... nous pensions que Sa Prospérité était repartie à leur bord.

— C'est vrai, acquiesça Safaris, satisfait de la réponse astucieuse du ministre. Je m'en souviens, à présent : votre Premier secrétaire, Ménalem Ghobal, est venu me faire part, ici même, de votre requête concernant votre départ, malgré le blocus planétaire. J'y ai bien sûr aussitôt répondu favorablement : que ne ferait pas Mars pour plaire à Charon ! N'est-ce pas, Votre Prospérité ? »

Le magnat était atterré. Il se releva avec difficulté du fauteuil à peine assez large pour le contenir, passant ses mains tremblotantes sur son visage avachi.

« Je... je n'ai jamais été averti d'une telle démarche. Je ne l'ai jamais ordonnée !

— Oh ? Alors il s'agit sans doute d'un dysfonctionnement interne à votre organisation, cher Kareem.

— Un dysfonctionnement ? Mais... mais je n'ai plus aucune nouvelle directe du Cartel depuis des semaines. Personne ne répond plus.

— C'est vrai que le Quantex est de nouveau perturbé, fit remarquer le secrétaire à la Guerre. Les liaisons sont sans doute très difficiles avec Charon.

— Ce n'est pas tout à fait ça, intervint le directeur de l'ASP, d'un air détaché. D'après nos informateurs, il y aurait eu une sorte de... *coup d'État,* au sein de la Ligue.

Une faction d'armateurs aurait pris le contrôle du Cartel, avec l'aide de Ghobal. Des signaux étranges ont été observés par nos balises espionnes, des sources anormales d'antimatière, comme si… comme s'il y avait eu une explosion, une attaque. Donc la présence d'armements…

— Tiens, tiens, siffla l'Omniexécuteur en dardant son regard d'acier sur le Premier magnat. C'est plutôt curieux. (Kareem XII semblait avoir des problèmes pour respirer.) La Ligue se serait-elle armée en cachette, Votre Prospérité ?

— Mais… comment voulez-vous que je le sache ? protesta l'armateur. Je suis bloqué ici, complètement isolé. Comment voulez-vous que je le sache ? »

Safaris marcha vers lui, le visage fermé. Le temps de la sollicitude, même feinte, était passé. Sa férocité reprenait le dessus.

« Vous n'êtes plus rien, marchand.

— Quoi ? Que dites-vous ?

— Vous avez été doublé, trahi par les vôtres, votre bâtarde, votre futur gendre… Et par ce gnome immonde qui vous sert de larbin. (La voix du président était sourde, presque un feulement.) Mais c'est le larbin qui tirait les ficelles et vous n'avez rien vu venir !

— Excellence, vous délirez ! s'exclama Shamen-Artal en se reculant derrière le trône. Jamais le Cartel ne laisserait faire une chose pareille !

— Taisez-vous ! Je sais ce que vous avez manigancé avec Stanford, Ghobal le savait aussi : il est venu lui-même m'en informer. Les armes que le Cinquième magnat avait cachées dans ces balises furtives qui gravitent en ce moment même autour de Charon ! (Kareem XII était au bord de l'apoplexie.) Que voulez-vous, mon pauvre ami ? Lorsque l'on complote, il faut s'en donner les moyens et faire le boulot soi-même. J'en sais quelque chose ! (Il se tourna vers ses gardes.) Conduisez-le en dehors du district administratif.

— Mais excellence, crut bon d'intervenir le ministre des Affaires interplanétaires, c'est en pleine zone de combats. Effkalis approche et… »

Safaris désigna la porte de la salle du conseil dans un mouvement théâtral.

« Vous tenez absolument à l'accompagner là-bas, vous aussi ? »

33

« J'ai vécu plusieurs vies en une seule. J'ai cru mourir des millions de fois. Mais la Foi m'a sauvée, comme elle a sauvé mon peuple sur lequel, pourtant, les menaces s'étaient accumulées. Le Saint Fils est venu, puis il est reparti, une fois son œuvre accomplie (...). L'archipape Kaluma est toujours là, à mes côtés, fidèle et attentif. La Cité sacrée est chaque jour de plus en plus belle, grâce à lui, à son exquise sensibilité, à son intelligence et sa diplomatie. La paix s'étend partout sur la vieille Terre. Mais le chemin est encore long, jusqu'à la Coexistence. Je sais, cette fois-ci, que je ne marcherai pas jusqu'au bout... »

Sœur-mercenaire CIELERNIK, *Les Champs de Déméter*, Cité sacrée de Seettle, Terre, Ans 511 à 519 de l'Ère (années 2941-2949, CS).

In CEG Histoire de l'art humain, « Lettres », Catalogue Apollinaire, Article 11923, Omnibibliothèque du Quantex.

Terre, ancienne Mégapole confinée de New Manhattan, 11 novembre 2940, CS.

Suivre son instinct. Toujours suivre son instinct.

Ce précepte l'avait sauvée. Il la ramenait maintenant vers le seul être humain qu'elle avait envie de retrouver. Et d'aimer. La reconnaîtrait-il seulement ? Oui, bien sûr… Mais l'accepterait-il auprès de lui ? Quelle place y avait-il pour elle, au milieu du chaos ?

Lois n'en pouvait plus.

Épuisée par deux mois de vol à travers le Système, elle était enfin sur Terre. Tant de fois elle avait failli renoncer, rongée par l'anxiété et la solitude ; tant de fois elle avait cru mourir, son chasseur ballotté par les vents solaires s'écartant de sa route, ses réserves de vivres et d'eau s'épuisant. Et ces cauchemars, incessants, ces abîmes de terreur où Rebekka cherchait à l'entraîner, vers son enfer. Lois se réveillait alors, confuse, étourdie par la nuit sans fin de l'espace qui voulait la dissoudre. Le cadavre… Elle l'avait enfermé dans la couchette de l'astronef, faute d'avoir pu l'expulser par le sas. Il était là, toujours, il pesait sur son âme, sur sa vie, comme un esprit malin qui se serait emparé d'elle, qui ne la laisserait jamais tranquille. Rebekka… Elle lui devait la vie. Elle lui avait donné la mort. Et elle l'avait ramenée sur la planète mère.

D'un bon léger, la jeune femme se retrouva sur la terre battue de la place du Kweense. L'écoutille extérieure du chasseur se referma dans un bruit de succion. Personne ne pourrait plus jamais l'ouvrir : elle avait fait le nécessaire. Un tombeau devait être inviolable.

Des flocons épars s'agitaient devant ses yeux éblouis par la lumière naturelle. Elle avait le tournis. La gravité la faisait vaciller, mais elle devait résister, continuer. Elle fit un premier pas, puis un deuxième, s'assura que ses armes – un mini MPHV et une torche à fusion – étaient en état de marche et parfaitement lestées, et se dirigea vers le nord-est, vers l'ancien repaire de Walgroove qu'elle avait quitté quelques mois plus tôt. Une éternité, déjà. Elle n'avait aucun moyen de savoir s'il s'y trouvait encore. Seule son intuition la guidait. Jusqu'ici, elle ne l'avait pas trahie.

Après trois jours d'une marche forcée dans le labyrinthe de l'Ombre, où ne défilaient devant son regard que des montagnes de ruines et de cadavres, elle parvint dans le secteur du quartier général. L'agitation qui régnait lui redonna espoir : partout des miliciens s'affairaient, construisaient des défenses, réparaient ou nettoyaient leurs armes. Des cris, des ordres fusaient en permanence. Et selon toute évidence, cela se déroulait dans l'ordre, suivant une organisation précise. Il y avait bien un chef, quelque part, qui décidait et contrôlait. Elle frémit. Ce n'était pas le froid.

Elle s'avança jusqu'à la barrière délimitant l'entrée du camp. Personne ne l'avait encore remarquée. Les étages supérieurs du bâtiment ovale s'étaient en partie effondrés ; en façade, seule l'entrée monumentale était à peu près intacte : ses deux battants métalliques ouvraient grand sur la cour intérieure où le tumulte était à son comble. À première vue, il n'y avait là que des combattants zakkapistes ; pas l'ombre d'un prêtre, encore moins d'un soldat titanien. Pourtant, elle en était certaine : elle avait vu leurs vaisseaux géants se matérialiser en orbite alors même qu'elle entamait sa descente vers la planète, et des centaines de chasseurs jaillir de leurs entrailles de feu. Qui pouvaient-ils attaquer, sinon le Mouvement ? Et dans quel but ? La vengeance ? Une main s'abattit sur son épaule.

Enfin...

« Toi ! Qui es-tu ? Qu'est-ce que tu fais là ?

— Je suis venue voir... ton chef, répondit Benamil en faisant volte-face.

— On ne dérange pas l'archiprêtre général pour rien ! meugla le lourdaud, qui la tenait toujours d'une poigne de fer.

— L'archiprêtre géné...

— La ferme ! Son excellence a plus urgent à faire que de s'occuper d'une pétasse dans ton genre. (Le regard bovin du milicien s'illumina.) Par contre, j'ai pas mal de potes que tu risques d'intéresser, après moi bien sûr...

— Quoi ?

— On n'a pas souvent l'occasion de voir des gonzesses, ces temps-ci. Avance ! »

Le butor la poussa devant lui, éructant, libidineux, sans se préoccuper des armes qu'il n'avait même pas songé à lui retirer, et la fit entrer dans le camp. Lois n'attendait que cela.

Elle jeta de rapides coups d'œil autour d'elle : personne ne faisait attention à eux ; les hommes les plus proches étaient à une centaine de mètres, occupés à fixer le trépied d'un canon à plasma sur une vieille barge gravifique de la police de New Manhattan. Elle le précéda, toujours forcée, vers un assemblage branlant de tôles et de madriers qui servait de baraquement. Des hurlements de terreur s'en échappaient.

« T'entends, ma belle ? Tes copines immortelles sont en train de prendre leur pied ! Ça va bientôt être ton tour ! »

Benamil eut une réaction de dégoût, ses muscles se tendirent dans un réflexe instinctif dû à son conditionnement : elle avait été fabriquée pour défendre la race des anciens seigneurs, et son cortex venait de le lui rappeler. Elle décida de s'en servir : d'un seul mouvement, elle se libéra de l'emprise du rebelle et l'envoya valser par-dessus elle dans une flaque de boue. Avant qu'il n'ait eu le temps de reprendre ses esprits et d'appeler à l'aide, elle lui brisa la nuque d'un revers de main. Elle saisit son MPHV, enclenchant la sécurité, et tira le corps dans une impasse où elle le cacha grossièrement sous des panneaux de plastacier. Puis elle courut se mettre à l'abri.

Lois resta parfaitement immobile pendant trois ou quatre heures, glissée sous le plancher de l'immeuble où elle avait vu Walgroove pour la dernière fois. Les allées et venues ne cessaient pas, s'intensifiaient. D'après les appels qu'elle percevait, les Zakkapistes se préparaient au combat, à subir une attaque, très certainement aérienne. Ce qui confirmait son intuition quant aux Titaniens. Et ses craintes.

Si je reste là, je vais brûler avec tout le monde !

Soudain, elle l'aperçut, là-bas, qui sortait de la prison en pleine tempête de neige, entouré de six gardes du corps armés jusqu'aux dents. Il se planta au milieu de la cour, l'air bravache. Il portait un uniforme de cérémonie, totalement incongru vu la situation, une sorte de vareuse rouge surmontée d'une cape... L'habit militaire du Protecteur ! Lois était stupéfaite.

Il a dû récupérer ça dans la Tour du Cocon...

Elle hésitait. Elle avait envie de sortir de sa cache, de courir vers lui en l'appelant, de se jeter sur lui et de coller ses lèvres sur les siennes, de sentir son corps, sa chaleur, son souffle sur sa peau. Elle était revenue pour ça. Mais quelque chose la retenait, l'impression confuse, infime, qu'il n'était pas tout à fait le même homme, ou plutôt qu'il était devenu ce qu'elle redoutait le plus, le personnage qu'il s'évertuait à jouer depuis tant d'années : un dictateur de bidonvilles, sanguinaire et aveugle. Elle ne fit pas un seul mouvement, se contentant de regarder la scène.

On amena deux prisonniers sur des litières bancales : un géant de race noire, attaché à même le brancard dans sa robe de moine. Et une vieille femme, recroquevillée sur elle-même, libre de tout lien, sans doute jugée trop faible pour représenter un quelconque danger. Les miliciens jetèrent les civières sur le sol puis s'écartèrent pour former un cercle, dans un silence total. Seul le bruit de détonations lointaines perçait par moments le plomb de l'hiver naissant. Walgroove s'approcha, un pistolet magnétique à la main. Il pointa son arme sur la tête de l'homme. Lois se retint avec peine de crier, mordant dans son poing droit comme dans un bout de bois. Elle savait. Ce qui allait se produire. Elle ferma les yeux. Le claquement la fit sursauter, puis le calme revint.

Elle rouvrit les paupières. Le frère-mercenaire était assis et fixait son bourreau. Qui s'était contenté de faire fondre la neige à côté du brancard. Par pitié ? Par sadisme ? En tout cas, pour Benamil, cela ne changeait pas grand-chose. C'était fini. En tirant, le chef zakkapiste avait tué son rêve, son espoir d'une rédemption : en admettant qu'il l'accepte auprès d'elle, jamais elle ne pourrait suivre un homme capable de tels gestes. Elle ne s'était pas libérée des griffes de Rebekka pour se jeter dans celles de Walgroove.

Il n'a pas hésité à sacrifier son fils, songea Lois.

Contrairement à ce qu'elle lui avait dit la dernière fois pour l'amadouer, la jeune femme avait du mal à comprendre ce geste.

Suivre mon instinct…

Elle bondit hors de son abri et fonça à travers la cour en direction du groupe. Ses bottes flottaient sur la neige comme sur un matelas de coton. Elle ne ressentait plus aucun vertige. Elle avait l'esprit clair, comme on peut l'avoir une fois qu'on a réalisé son erreur, et qu'on est décidé à la réparer. Elle se sentait plus que jamais humaine et c'est vers les humains qu'elle voulait se tourner… D'une seule salve de plasma, elle balaya la moitié des miliciens qui s'écroulèrent dans un nuage de fumée en tas de chair carbonisée. Elle fixa les trois autres. Walgroove se trouvait devant eux, dans sa ligne de mire. Il n'avait pas bougé. Il l'avait reconnue.

« Alors tu es revenue…

— Tais-toi !

— Pour ça ? fit-il en désignant ses prisonniers d'un coup de menton. Après avoir trahi tes maîtres en protégeant les Métacités de l'antimatière ? C'est décevant, minable ! J'étais sûr qu'il y avait autre chose, que tu bluffais.

— La ferme ! (Elle avait envie de lui avouer pourquoi elle était là. Mais quelque chose en elle la retenait, le remord, peut-être l'orgueil…) Détache-les !

— C'est la sœur, n'est-ce pas ? Tu es venue pour la sœur », continua-t-il sans entendre l'ordre de Lois. Il avait l'air ailleurs.

Elle fit feu. La boule d'énergie frôla l'épaule droite de l'archiprêtre et atteignit en plein front l'un des gardes. Les survivants se précipitèrent vers les civières pour délivrer les religieux de leurs liens, avant de décamper. Tando Kaluma se redressa d'un bloc et sauta sur Walgroove, qui tenta vainement de se défendre. D'une main, le géant l'assomma.

« Venez ! cria Lois en aidant le moine à prendre la vieille sœur sur ses épaules. Il ne faut pas rester là. (L'éclat sourd des explosions se rapprochait.)

— Et lui ?

— Laissez-le geler sur place. »

Kaluma suivit sans rien dire, conscient qu'il n'avait pas le choix. Un chasseur passa au-dessus de leurs têtes : il arborait des armoiries sélénites. Lois n'y comprenait plus rien. Les Royaumes lunaires et les Titaniens qui attaquaient la Terre… Contre qui allaient-ils se battre ? Contre leurs anciens alliés zakkapistes qu'ils n'avaient cessé d'armer et de financer depuis des lustres ? Contre les restes délabrés de la DET, qui ne devaient plus avoir beaucoup d'autres ressources que l'énergie du désespoir ? Ou bien contre les survivants immortels ? Ça n'avait aucun sens. La guerre n'avait plus aucun sens. Mais elle était coupée depuis si longtemps du Quantex : le système solaire pouvait bien avoir implosé, elle en ignorait tout…

Je vais vous expliquer, ma fille, fit calmement la voix du moine dans sa tête. *Bien des choses ont changé depuis votre départ.*

Elle s'arrêta pour lui faire face.

Décontenancée, elle fixait le grand homme. Son regard de charbon tranchait sur les nuages de vapeur exhalés de leurs bouches et qui s'entremêlaient devant leurs visages. Les flocons, plus gros, s'entassaient sur leurs cheveux et leurs épaules, sur la capuche de Cielernik toujours inconsciente. Kaluma sourit :

« Bien des choses ont changé. Mais vous êtes revenue parmi nous… »

Lois Benamil acquiesça.

34

« Le problème est que, même si vous ne voulez pas d'ennemi, "c'est l'ennemi qui vous désigne". Tel est, peut-être, à dire vrai, le point aveugle des sociétés démocratiques européennes "post-totalitaires", encore marquées par les souvenirs des guerres dévastatrices et des barbaries qui ont eu lieu sur leur sol. »

Jean-Pierre LE GOFF, sociologue, *Libération*, Alte-Paris, Terre (2 novembre 2004, CS).
In CEG Histoire des idées, « Terrorisme », Catalogue lambda, Article 2004522360, Omnibibliothèque du Quantex.

Fédération des États martiens, Olympus City, 11 novembre 2940, CS.

Le sang avait séché sur son menton. Sa lèvre inférieure n'était plus qu'un bourrelet de chair tuméfiée qui commençait à prendre un goût infect. Et le lobe de son oreille droite pendait le long de son cou en deux morceaux noirâtres. C'était la pire des avanies qu'on ait pu lui faire subir ! Mais les Temps Zéro n'avaient pas hésité un seul instant : à peine parvenus, avec leur prisonnier, à la limite de la zone hostile, ils avaient lacéré ses vêtements et arraché sa chaîne de pouvoir. Shamen-Artal errait maintenant seul, en guenilles, dans les rues désertées d'Olympus City, proie sans défenses face aux ennemis qu'il sentait tapis dans les moindres recoins. Face à ses propres peurs.

À travers la légère couche de brouillard rosé qui recouvrait encore la ville en cette fin de matinée, l'armateur apercevait de temps à autre une étoile, très basse sur l'horizon. Des éclairs en jaillissaient sans interruption. Des protubérances gazeuses se formaient par endroits dans le même secteur, illuminant les stations orbitales armées de l'Anneau, qui explosaient les unes après les autres, dans une réaction en chaîne incontrôlable.

Solaris attaque ! Sagoshan... Très bien ! pensa Shamen-Artal. *Qu'ils se dévorent entre eux.*

À peine soulagé, le magnat déchu poursuivit sa route. Ses assistants avaient été dispersés dans d'autres quartiers de la capitale et, pour la première fois de sa vie, il se retrouvait totalement livré à lui-même, avec un sentiment de vulnérabilité et de vide qui lui donnait le vertige : il n'avait aucune idée de ce qu'il devait faire, encore moins de la direction à suivre ; il marchait au hasard, se forçait à mettre un pied devant l'autre. L'expérience psychologique qui lui avait permis de se hisser et de se maintenir au sommet du pouvoir de la Ligue ne lui était plus d'aucune utilité. Ses pieds nus, écorchés et entaillés, le brûlaient atrocement ; les plaies sur son visage se violaçaient, rendant son maquillage bicolore hideux. Il pleurait, reniflait, se mouchait dans ses manches. Mais cette somme de douleurs n'était rien. Les baies vitrées des bâtiments qu'il rasait lui renvoyaient sa propre caricature, l'image déformée et glauque de sa magnificence disparue. Ce qui, sans doute, l'effrayait le plus.

Un grondement emplit l'air derrière lui. Les immeubles se mirent à trembler et il reçut un choc formidable dans le dos, qui l'envoya s'écraser au sol. Il tenta de se relever, poussant de ses forces déclinantes sur ses bras gonflés par la graisse. Il entendit un gémissement, les plaintes d'un animal blessé, acculé par la mort ; il chercha autour de lui, sans comprendre qu'il en était lui-même l'auteur. De nouveau, la terre s'agita avec violence : les murs se lézardaient, des plaques de béton et de verre tombaient sur les trottoirs. Des cris montaient d'un peu partout, signe que la ville n'était pas abandonnée, que ses habitants s'y terraient pour échapper aux combats. Ils se ruaient maintenant hors de leurs abris qu'un nouveau cataclysme était en train de démolir.

Il y eut un répit, un long moment de silence. Kareem XII redressa la tête, hagard, hésitant. La brume s'était dissipée, comme soufflée par le tremblement de terre. Il se frotta les yeux pour en chasser la poussière qui l'empêchait de distinguer son environnement. Lorsqu'il les rouvrit, il comprit que ce serait pour la dernière fois : dans un tourbillon cramoisi de flammes, les débris de l'Anneau tombaient sur la planète, sur la ville.

Droit sur lui.

***

« Temps Zéro n'attend plus que votre ordre, monsieur. »

Safaris hésitait.

Il savait que sa décision serait interprétée par son peuple comme un aveu d'échec. Or, il n'avait pas échoué. Il allait simplement mettre un peu plus de temps à accomplir ce à quoi il s'était destiné. Mais il y parviendrait et personne ne pourrait l'en empêcher, pas même Khandra.

J'aurais dû l'éliminer lorsque je l'avais entre les mains, pensa-t-il, *en même temps que son père. Nous n'en serions pas là, aujourd'hui, et les Zakkapistes seraient restés dans leurs nids en attendant en vain leur messie !*

Il avait cru pouvoir utiliser l'héritier de Saros et le retourner contre ses adorateurs, tout en gardant Anton Khandra comme éventuelle monnaie d'échange. Son plan s'était parfaitement déroulé pendant trente-sept années, le temps pour Lewis d'acquérir les compétences nécessaires à la mission que l'ancien directeur de l'ASP avait imaginée pour lui. L'erreur du vieux militaire avait été de faire confiance à la Défense eugéniste terrestre et à l'Athémis Upsillo Rebekka. C'était la seule fois où il n'avait pas dirigé lui-même les opérations.

Et voilà le résultat…

À présent, il était aux abois, harcelé de toutes parts, trahi par nombre de ceux qu'il avait placés au faîte du pouvoir rouge. Son propre frère avait disparu, après avoir viré son immense fortune de ses comptes domiciliés sur Mars vers différentes banques virtuelles du Quantex. Les commandos conservaient cependant sa confiance, ainsi qu'une partie non négligeable des marines et des peuples des États fédérés. Cela suffirait-il face à la coalition hétéroclite qui s'était formée contre lui ? Il n'en était pas sûr. Peut-être devrait-il jouer son dernier atout en se tournant vers Charon, en acceptant l'aide de Ménalem Ghobal… Il connaissait le prix à payer, mais cela valait mieux que l'humiliation de la défaite. Beaucoup mieux que la mort.

L'Omniexécuteur se contenta d'un signe de tête. Le ministre de la Guerre se précipita vers la salle de communications du bunker pour lancer l'ordre d'attaquer. Puis Safaris rassembla ses affaires, quelques dossiers, et s'engouffra avec son escorte dans le corridor secret qui le menait à son véhicule gravifique blindé. Il n'avait aucun état d'âme, aucun regret : la partie continuait. Il suffisait de s'adapter à la nouvelle situation, de modifier les plans, sans jamais perdre de vue le but qu'il s'était fixé. Même s'il devait quitter Mars, il ne renoncerait pas. Il avait la légitimité pour lui : le cybervote du Quantex l'avait institué, sous le couvert de la Loge, chef du Gouvernement central solaire. Que Solaris Unity Secundus soit en ce moment même plongée au cœur de la bataille ne changeait rien. Le temps venu, il ne manquerait pas de rappeler cette évidence juridique à ses ennemis – qui ne cessaient de se parer des vertus du droit – pour faire valoir le sien.

À l'extérieur, les Temps Zéro entamaient leurs manœuvres. Les troupes d'Effkalis avaient déjà pris le quart de la capitale, s'appuyant sur les rebelles qui infestaient les immeubles des quartiers légalistes. Mais l'armée régulière résistait : appuyée sur le district administratif, le palais de la Fédération et la nouvelle forteresse que faisait bâtir Safaris dans le parc de la présidence, elle attendait, se préparait au choc. La bataille aurait lieu là où l'avait décidé le leader rouge, là où il avait concentré le maximum de forces, en plein cœur d'Olympus. C'était un pari risqué, mais il comptait sur la retenue de ses adversaires, sur leurs scrupules imbéciles qui les empêcheraient d'agir, d'employer au mieux leurs armes et leurs combattants. La prise d'Amazonis Aires – qui avait entraîné la mort de dizaines de milliers de personnes – et les destructions énormes causées par la chute de l'Anneau avaient rendu bien des Martiens méfiants à l'encontre du camp démocratique : la justesse du combat qu'il menait ne leur apparaissait soudain plus aussi importante que leurs vies. Si, pour abattre le gouvernement fédéral qu'ils avaient déclaré illégal, les insurgés devaient sacrifier trop de vies innocentes, la population ne tarderait pas à se retourner contre eux. La situation de part et d'autre était des plus confuses.

De son côté, Jon Effkalis se posait des questions bien plus pratiques, tactiques. L'intervention de Sagoshan et de Solaris Unity avait été déterminante puisqu'elle avait permis de fixer la 3e flotte en orbite, l'empêchant ainsi d'apporter son soutien aux forces gouvernementales. La perte du *Solunion* n'avait rien changé à cet état de fait et la paralysie de l'Anneau de défense, malgré quelques éléments encore en état de fonctionner, était totale, irréversible. Pour l'heure, Edmund Wilbur Safaris ne pouvait compter sur aucune aide extérieure. Mais le jeune commandant des marines, lui, savait que ce répit ne durerait pas : les deux autres flottes fonçaient vers la Fédération, et plusieurs destroyers du CIS venaient de se positionner dans les cadrans extérieurs. D'après les informations qu'il avait reçues du Premier inquisiteur, il semblait à peu près certain que deux légions au moins étaient restées fidèles à la Loge et avaient réussi à reprendre Oberon. Dans combien de temps les Investigateurs généraux qui les commandaient se décideraient-ils à attaquer leur ancien chef pour libérer Solaris et réinstaller les juges ? C'était impossible à déterminer. Mais l'hypothèse était plus que probable.

« Il faut en finir vite, lança Effkalis à ses aides de camp. Nous n'aurons pas de meilleure opportunité avant longtemps.

— Mais nos lignes ne sont pas consolidées, lui fit remarquer un frère-mercenaire de haut rang. Si nous n'assurons pas nos arrières, nous ne pourrons soutenir l'assaut.

— Les T-zéro sont en train de se déployer, mon père, et si nous leur laissons le temps pour le faire, nous ne parviendrons jamais à briser leurs défenses. Croyez-moi : la bataille d'Amazonis Aires n'était qu'une balade à côté de ce qui nous attend ici !

— Nous connaissons très bien les commandos, répondit le prêtre sur un ton acide. Nous savons de quoi ils sont capables, pour les avoir souvent vus à l'œuvre contre les nôtres ! C'est exactement pour cette raison que je vous demande de différer l'opération.

— Négatif ! Je suis certain que Safaris a dû préparer sa fuite et je ne veux pas risquer de le manquer. C'est la clé de tous nos problèmes : une fois arrêté et traduit devant la Haute Cour fédérale, il perdra ses soutiens dans le peuple et l'armée. Au contraire, s'il s'échappe, il conservera son aura maléfique, reconstituera ses forces et poursuivra le combat. Et nous n'aurons aucune chance d'arrêter cette guerre.

— Soit, soupira le Zakkapiste. C'est vous qui décidez. Mais ce sont nos fidèles qui meurent au combat en ce moment même.

— Aux côtés des Martiens, mon père, répliqua Effkalis, permettez-moi de vous le rappeler. Aux côtés des Martiens qui s'entre-tuent. La mort fait-elle une différence ? »

***

Le *Titanian Imperium* s'était matérialisé à quelques encablures de Deimos. De l'autre côté de Mars, le *Titanus Rex* avait fait de même, et les deux vaisseaux déployaient maintenant leurs neuf sous-unités autonomes de combat, reliées entre elles par des tentacules d'énergie démesurés. Entre ses satellites naturels et les différents bâtiments qui ne cessaient de s'accrocher à son orbite, la planète rouge ressemblait de plus en plus à un système planétaire indépendant, d'une complexité extrême.

Sans plus attendre, les Turtles lancèrent en même temps leurs milliers de chasseurs à l'attaque. Vaisseaux des flottes martiennes, bâtiments des Investigateurs, batteries autonomes qui avaient résisté à la destruction de l'Anneau, les pilotes titaniens n'avaient que l'embarras du choix pour définir leurs cibles. L'heure de la revanche avait enfin sonné et ils ne comptaient pas faire de quartier. Pour autant, le vice-consul Makkinen avait donné des instructions très précises et il n'était pas question pour ses hommes de laisser libre cours à leurs appétits de vengeance. Leur intervention s'inscrivait dans le plan beaucoup plus vaste élaboré pour libérer le Système du joug des Martiens, pour pacifier la Terre et ses anciennes colonies : la bataille de Mars était une étape décisive, mais malheureusement pas la seule. Il faudrait ensuite se porter au secours des Joviens, contre lesquels les Investigateurs se déchaînaient, livrés à eux-mêmes et à leurs propres craintes après le coup d'État de Sagoshan. Certaines nations de l'UECA réclamaient aussi de l'aide : une guerre civile couvait dans les ceintures d'astéroïdes, entretenue par l'ignorance quant à l'issue des combats, par la crainte qu'inspirait l'éventualité d'une victoire de Safaris. Il ne fallait donc pas risquer d'obérer le futur en offrant aux dirigeants rouges l'occasion de fustiger, une fois encore, leurs éternels ennemis titaniens.

Sans l'aide des Zakkapistes, réfléchit Makkinen, *nous n'aurons aucune chance de faire comprendre aux peuples de la Fédération que nous venons pour les aider.*

Il devait donc agir en parfaite coordination avec les rebelles du Mouvement, éparpillés sur Mars, et qui le maintenaient informé, par l'intermédiaire des deux archipapes embarqués à bord du *Titanian Imperium*, de l'évolution de la situation sur place. Apparemment, les combats tournaient un peu partout à l'avantage du camp démocratique, mais les Temps Zéro chargés de défendre Olympus City portaient des coups décisifs aux résistants. La victoire était loin d'être acquise. Elle surviendrait au prix de très lourdes pertes.

Les commandos avaient quitté leurs positions d'appui et fonçaient maintenant sur leurs ennemis, tirant à pleine puissance de leurs canons à plasma sans se soucier des conséquences sur les civils. Comme l'avait prévu l'Omniexécuteur, les troupes d'Effkalis répondaient de manière mesurée pour épargner les milliers d'innocents qui fuyaient et submergeaient déjà leurs positions. Le cynisme légendaire de

Safaris se doublait d'une lâcheté sans bornes : ses soldats n'hésitaient même plus à se mêler à la masse de fuyards, à s'en servir comme d'un rempart, d'un bouclier. Jon Effkalis n'avait pas d'autre choix que de reculer. L'effet fut immédiat : l'artillerie des résistants cessa ses bombardements sur le district gouvernemental afin de se repositionner en arrière. Les commandos en profitèrent pour intensifier leur contre-offensive, libérant toute la puissance de leur feu. En quelques minutes, le repli tourna à la débâcle.

Les civils tombaient comme des mouches, fauchés par des langues de plasma et des jets létaux d'infrasons. Les troupes rebelles ne perdaient plus de temps à leur porter secours, trop occupées à se sauver elles-mêmes. Les vieux réflexes rejaillissaient. Les Zakkapistes se regroupaient autour de leurs chefs et s'engouffraient dans les immeubles, dans les magasins, pour faire ce qu'ils connaissaient le mieux : la guérilla urbaine. Les snipers descendaient leurs cibles, les unes après les autres, mais à un rythme trop lent pour influer sur l'issue de la bataille. De leur côté, les marines d'Effkalis attendaient ses ordres, cloués sur place par l'assaut ennemi et surtout par l'angoisse d'avoir à se battre dans un environnement familier. Mais ils n'étaient pas les plus à plaindre, car leur formation militaire les aiderait toujours à réagir, pour tenter quelque chose, d'une manière ou d'une autre : pour leur part, les policiers, les gardes-côtes et les autres forces d'appoint – notamment les civils – se retrouvaient livrés à eux-mêmes, désemparés, sans aucune réaction cohérente, dépourvus du minimum d'expérience susceptible, au moins, de les faire se replier en bon ordre. Ils furent mis en pièces…

L'état-major démocratique n'avait plus le temps de manœuvrer pour se sortir du piège : encerclé dans le parc où il avait installé son camp de base, Effkalis devait se résoudre à une défense désespérée, point par point. Son radio ne cessait de lancer des appels de détresse, vers Solaris, vers les Titaniens qui venaient de proposer leur soutien aérien mais qui se heurtaient pour le moment à un refus catégorique de Sagoshan Soa de les laisser passer, en l'absence de négociations préalables. Et qui faisaient face aussi à la résistance de la 3e flotte martienne.

C'est ahurissant ! réfléchissait Effkalis alors qu'il tentait lui-même de joindre le Premier inquisiteur afin de le supplier de céder. *Les Titaniens ont de quoi régler son sort à Safaris en dix minutes et il tergiverse !*

Mais le jeune commandant comprenait : quelle que puisse être l'urgence de la situation, aussi sincères que soient les motivations des uns et des autres – des Titaniens, des Zakkapistes, des marines retournés contre Safaris, des inquisiteurs fidèles à Sagoshan… – la politique reprenait ses droits, comme toujours, faisant rejaillir à l'instant décisif les hésitations dans les esprits et l'amertume dans les cœurs. Oui, l'on pouvait être d'accord objectivement sur les buts à atteindre, d'accord sur la nécessité de s'allier, au moins provisoirement, pour triompher de l'ennemi commun. Mais au final, les hommes, même les plus responsables, se laissaient submerger par leurs doutes. Alors ils reculaient…

Jon Effkalis reçut trop tard la réponse de Solaris. Un missile venait de s'abattre à un tour de chenilles de son blindé : le monde autour de lui n'était plus que flammes et gravats, hurlements, terreur. Il essaya de ramper hors du véhicule que le souffle de l'explosion avait retourné sur le dos comme un vulgaire insecte et qui commençait à brûler. Mais ses jambes étaient prisonnières d'une nasse de câbles et de fils électriques jaillis des tableaux informatiques éventrés. Il parvint à avancer d'un mètre environ, avant de s'immobiliser, à bout de forces. Une flaque de sang glissait lentement sous son uniforme et gouttait par une écoutille, formant peu à peu une mare boueuse sur le sol, juste en dessous de lui. Il respirait mal. Quelque chose cognait contre ses tempes, dans sa nuque. Il entendit le crachat de la radio dans son casque : Sagoshan Soa en personne l'informait de l'arrivée imminente des chasseurs titaniens. Ils s'étaient enfin mis d'accord ! Il fallait qu'il tienne ! Effkalis redressa la tête pour voir le ciel. Entre les rideaux noirs de fumée, il aperçut deux ou trois vaisseaux qui manœuvraient. Puis il comprit rapidement qu'ils ne venaient pas dans sa direction, au contraire : ils décollaient du district administratif pour foncer vers l'espace. Ce qu'il avait redouté le plus… Safaris fuyait Mars, battu, mais sain et sauf !

Épuisé, il reposa son menton sur ses mains dégoulinantes de sang. Il haletait. La vie s'écoulait hors de lui, aussi rapide qu'un torrent. Un bruit de bottes attira son attention déclinante. Il regarda : les Temps Zéro paraissaient être sortis directement du sol, comme des démons vomis par la planète rouge. Jon songea que, décidément, celle-ci méritait bien son nom. Il vit le reflet de son visage sur la visière obscure du casque du soldat accroupi devant lui, son propre regard qui l'interrogeait : avaient-ils quand même vaincu ? Mars était-elle libérée ? Le prétorien se releva. Effkalis ne le sut jamais.

35

« L'heure du miracle est venue !
Qui que tu sois, Dieu,
L'heure du miracle est venue !
Avant la fin du monde,
Avant la fin du monde... »

Martial GATWICK, *Poèmes des Heures Sombres*, Tranquillité-Gamma, Lune (années 2938-2942, CS). *In CEG Histoire de l'art humain*, « Lettres », Catalogue Keats, Article 3366, Omnibibliothèque du Quantex.

Terre, Cité sacrée de Seettle, 11 novembre 2940, CS.

Le site de l'atterrissage n'avait pas été choisi au hasard. Le simple nom de Seettle résonnait dans les esprits des fidèles comme l'écho ancien, mais toujours très intense, des premiers combats menés contre les Ogéhems. Les rescapés des Ombres continuaient à affluer en masse vers la Cité sacrée pour embrasser l'espoir qu'elle leur inspirait. Les exactions des partisans de Walgroove n'y changeaient rien, pas plus que les rixes qui se multipliaient dans le gigantesque camp de réfugiés, ni les razzias quotidiennes et sanglantes des hors-la-loi qui opéraient depuis les montagnes de la Cordillère atlantique. Les prêtres du Mouvement qui tentaient d'apporter un peu d'ordre et de réconfort à la population estimaient son nombre à plus de quatre millions de personnes, et si rien n'était fait pour enrayer l'exode, il était à craindre que tous les peuples égarés du continent d'Amrika finissent par arriver jusqu'ici. D'après les informations relevées par les missions d'exploration titaniennes, les Ombres des autres contrées de la Terre avaient commencé à se mettre en marche et se bousculaient sur des chemins périlleux, s'entassaient sur des barges de fortune pour traverser les rivières, les lacs, les mers, les océans.

« Nous courons à la catastrophe, constata Kiribati, les yeux rivés sur les écrans du Cœur. Ça ne devait pas se passer comme ça...

— On ne peut jamais savoir ce que va donner une révolution, lui fit remarquer Cess Rembrardt.

— Ça n'a pas l'air de beaucoup vous inquiéter, répliqua le médecin. Ce sont pourtant vos fidèles qui souffrent, là, sous vos yeux ! Que comptez-vous faire pour leur venir en aide ? »

L'archipape se tourna vers Lewis, qui était plongé dans le dernier hologramme envoyé par les éclaireurs titaniens. Le Martien releva la tête. Il paraissait ne pas avoir suivi la conversation. Rembrardt lui posa une main sur l'épaule :

« Lewis, qu'allez-vous faire, maintenant ?

— Heu... eh bien, les Titaniens se chargent de mettre au pas les troupes de Walgroove et de réduire les dernières poches de résistance terrienne. Les vaisseaux des Rutelli ont débarqué les zakkapistes sélénites à divers endroits stratégiques sur la planète pour qu'ils commencent à reprendre en main les Ombres, avant qu'il ne soit trop tard, pour les guider vers les zones transitoires de refuge que le Concile nous a désignées. La centrale à fusion de New Sydney fonctionne de nouveau et on va bientôt pouvoir ouvrir la Métacité à ses anciens esclaves, pour qu'ils puissent s'y installer. (L'archipape se mit à tousser.) Je sais que vous n'êtes pas tous d'accord entre vous pour cette solution, mais en attendant, c'est la seule qui soit raisonnable !

— Ne vous inquiétez pas, mon fils, nous aurons le temps de réfléchir à cette question plus tard. »

Le vice-amiral du *Bouclier* quitta son poste de commandement pour venir vers les trois hommes. Il avait l'air tendu :

« Nous sommes au-dessus de Seettle, comme vous nous l'aviez demandé.

— Ça n'a pas l'air de vous réjouir, lui fit remarquer Lewis.

— C'est que… je n'ai jamais vu autant de monde rassemblé au même endroit. Ça me dépasse. Regardez ! »

D'une pensée, le Titanien avait commandé l'affichage des données vidéo sur la membrane cyberorganique qui protégeait l'intelligence artificielle du Turtle. C'était dantesque.

Coincée entre les contreforts des montagnes enneigées et des plages battues par un océan furieux, la multitude se tassait sur une bande de terre de trois ou quatre kilomètres de large seulement et d'une longueur d'à peu près le double. Les réfugiés étaient sortis de leurs abris de fortune et leurs regards convergeaient vers ce point du ciel où un vaisseau spatial aux dimensions colossales venait d'apparaître, déchirant les nuages de plomb qui glaçaient l'air depuis des semaines. Des mains se tendaient vers la nef, des cris s'élevaient, des chants, des prières. Des prêtres de diverses obédiences improvisaient des sermons, tentaient de rassurer leurs ouailles, qui ne savaient pas encore s'il fallait se réjouir de ce nouveau signe dans les cieux, ou bien craindre qu'il ne présage des catastrophes bien plus terribles encore que celles qui les avaient déjà frappés. Des mouvements dans la foule étaient visibles, des ondes incohérentes et dangereuses qui ballottaient les gens en tous sens.

« Il faut faire vite, déclara l'archipape. Tout ça peut déraper d'un moment à l'autre. Ils ne comprennent pas ce qui se passe.

— Ah ! Tout de même ! lança Kiribati.
— Lewis, êtes-vous prêt ? »

Khandra inspira profondément. Son regard passa de l'image sur l'écran organique à l'officier titanien, puis du docteur à l'archipape. Il se racla la gorge :

« Vous comprenez ce que ça signifie, n'est-ce pas ? Les implications de votre demande ? Si je l'accepte…

— Je sais, mon fils, répondit calmement le religieux. Ne vous inquiétez pas.

— Eh bien moi, je ne comprends plus rien du tout ! s'énerva Kiribati. Si quelqu'un veut bien m'expliquer ! »

Khandra hésita avant de répondre. Sa décision était prise : il devait aller au bout de la logique imposée par le Concile, jusqu'au bout de son rôle si particulier. En même temps, il savait que les archipapes allaient perdre une bonne partie de leur influence lorsqu'il se serait lui-même révélé. Apparemment, ils acceptaient d'en courir le risque. Or cette idée le perturbait : s'était-il trompé sur leurs motivations réelles ? Ce qu'il avait considéré comme une manipulation grossière de son esprit lorsqu'il avait délivré son message sur le Quantex, l'ensemble du scénario complexe échafaudé par le Temple ne reposait-il pas, au final, sur une foi sincère et absolument désintéressée ? Si tel était le cas, son propre rôle dans cette épopée s'éclairait alors d'une lumière nouvelle.

« Toubib, commença Lewis d'une voix très sereine, le Concile me demande d'aller à Seettle, de me présenter devant les Ombres comme le Fils de Saros, comme le Sauveur lui-même, comme…

— Un messie ?

— Oui.

— Mais… c'est bien ce que les archipapes avaient prévu, fit remarquer Kiribati, perplexe. Je ne vois pas ce qu'il y a de nouveau. Les prophéties pullulent dans les textes sacrés du Mouvement, qui parlent de l'arrivée du Saint Fils, au temps de l'Avènement.

— Nous y sommes, murmura Rembrardt.

— Alors quel est le problème ?

— Le problème, poursuivit Khandra, c'est que le Saint Fils que vous avez en chair et en os devant vous ne croit pas à ces prophéties-là, ni même au dogme qui les sous-tend. Du moins, il en a une explication très différente.

— Je le sais ! s'étonna Kiribati, de plus en plus dérouté. Nous en avons assez discuté tous les deux, Lewis. Qu'y a-t-il de changé aujourd'hui ?

— Parler sur le Quantex était une chose, toubib. M'adresser à des milliards d'inconnus pour leur demander de se soulever devant la dictature de Safaris et de réfléchir à leur histoire collective future n'était pas une tâche très compliquée. Elle avait surtout pour objectif de fédérer un peu les Zakkapistes éparpillés dans le Système et de les faire passer à l'action, afin de préparer le terrain pour la reconquête. Mais si je saute le pas maintenant, si je descends vers ces hommes et ces femmes en endossant l'habit qu'on veut me faire porter, j'accepte en même temps – et peut-être pour toujours – d'en devenir le prophète. Le chef incontesté. Le recours. Et alors, les archipapes devront m'obéir ! »

Kiribati mit un moment à interpréter les paroles de Lewis. Bizarrement, il n'arrivait pas à prendre du recul par rapport aux dogmes du Mouvement qu'il avait pourtant étudiés par simple curiosité scientifique et non par conviction religieuse. Et il se rendait compte avec stupéfaction que l'intervention d'un descendant divin de Saros était, pour lui comme pour ses frères, une possibilité tenue pour acquise ; l'accomplissement réel de cet augure ne le surprenait donc pas davantage. En revanche, les conséquences risquaient d'être assez différentes de celles jamais imaginées par les gardiens du Temple : le prophète tant attendu savait qu'il n'en était pas un et, malgré cela, il s'apprêtait à jouer le jeu…

« Vous… vous avez donc l'intention de commander aux archipapes ? De diriger le Concile ? »

Lewis sourit, secouant la tête.

« Pas tout à fait. J'ai seulement l'intention de veiller à ce que leurs décisions respectent les principes que mes ancêtres ont élaborés au cours de ce millénaire de lutte. Je veux éviter les dérives, les abus : l'exemple de Walgroove et celui de beaucoup d'autres mercenaires zakkapistes me laissent craindre le pire si personne n'est là pour rappeler les valeurs essentielles d'humanité et de liberté que le Mouvement a toujours défendues, du moins officiellement. Je constate avec bonheur que le Concile accepte cette solution-là, qu'il a eu la sagesse nécessaire pour jauger les risques que l'Avènement fait courir au Temple lui-même, et à tous les hommes dont il aura la charge. La foi doit être une source d'espérance et de bonheur, quelle qu'en soit l'origine, mais l'Église qui la défend ne doit pas tarir cette source en la captant à son seul profit. Il y a eu trop d'exemples de ce genre dans l'histoire pour que nous ne puissions pas retenir aujourd'hui la leçon. »

Kiribati écarquillait les yeux. Jamais il n'aurait pensé que le Martien évoluerait ainsi, que les révélations qu'ils lui avaient faites depuis qu'ils s'étaient rencontrés et côtoyés l'amèneraient à cette conclusion. Au contraire, il avait eu la certitude que Lewis Khandra partirait, qu'il laisserait les Zakkapistes se débrouiller seuls, même après la rencontre avec les Lieurs et, surtout, après son appel sur le Quantex. Fallait-il, alors, y voir la preuve que les prophéties reposaient bel et bien sur une vérité qui les dépassait tous ? Que leurs destins individuels et collectifs ne s'entremêlaient pas au hasard, mais selon un plan, une stratégie qui n'avait rien à voir avec l'évolution naturelle des choses, des individus ou des espèces ? Quoi que l'on fasse et quoi que l'on décide, pouvait-on réellement échapper au rôle qu'on voulait nous faire jouer ?

Mais qui ? Qui est derrière tout ça ? se demanda le docteur.

C'est la seule question qui compte, lui répondit Lewis. *Ou peut-être pas...*

Rembrardt prit Khandra dans ses bras, le serra fort contre lui. Plus que jamais, ses yeux brillaient d'une lumière puissante, deux puits d'ambre clair qui débordaient de sérénité et d'empathie. Lewis répondit à son étreinte Pour la première fois depuis des mois, des années, peut-être depuis la disparition de son père lorsqu'il avait huit ans, il était soulagé. Il respirait...

« Venez, mon fils, chuchota l'archipape. Ils vous attendent. »

ÉPILOGUE

« Je ne suis toujours pas certain d'avoir eu une bonne idée lorsque j'ai proposé l'instauration du Triumvirat pour gouverner les affaires solaires. Mais à l'époque, et hormis les volontés qu'avaient exprimées les Lieurs, il m'était apparu urgent de réunifier la famille humaine, au moins sur le plan temporel. De toute façon, je ne voulais plus entendre parler des questions spirituelles. Je les avais abandonnées au Concile permanent du Temple, qui avait enfin pris le pouvoir sur la Terre, et s'occupait de rapatrier les fidèles de Saros sur la planète mère, conformément au dogme du MRVO. (...)

Le choix des triumvirs s'était en revanche imposé de lui-même : seul le Premier inquisiteur Soa disposait de la force armée nécessaire susceptible de faire peser sur les ennemis de la paix une menace crédible et, en tout cas, légitime. La Loge avait été nettoyée, régénérée et munie de systèmes de contrôle internes et de contre-pouvoirs très puissants qui devaient empêcher toute nouvelle dérive népotique. (...)

Le vice-consul Thor Makkinen, pour sa part, n'avait cessé de prouver la valeur et la force de son engagement en faveur des principes fondamentaux du droit humain, alors même que l'annihilation de sa patrie et de son peuple aurait pu l'amener aux pires extrémités. Dans chaque circonstance, il avait su conserver la mesure et, surtout, l'imposer autour de lui. Le fait de porter un Titanien aux plus hautes fonctions manifestait aussi, de manière symbolique, la volonté de dédommager les victimes de la guerre et de l'arbitraire. (...)

Quant à Cess Rembrardt, il représentait la caution morale et religieuse indispensable à l'unification de l'espèce humaine, dans l'hypothèse encore lointaine où celle-ci intégrerait la

Coexistence. Certes, je ne partageais pas, loin s'en fallait, les mythes des gardiens du Temple de l'Expiation, mais il m'avait suffi d'envisager le caractère résolument universaliste de cette Église pour l'intégrer dans la nouvelle articulation institutionnelle comme le seul instrument capable d'engager l'humanité sur la Voie du Lien. Le fait que j'aie été le messager le plus célèbre et le plus respecté de la foi zakkapiste, même malgré moi, m'avait assuré, évidemment, de bonnes chances de me faire obéir. Je peux bien avouer, aujourd'hui, que je trouvais alors une certaine satisfaction à jouer ainsi à l'homme providentiel. Par orgueil ? Peut-être un peu… Mais surtout parce que j'avais enfin compris que la paix intérieure après laquelle je courais depuis tant d'années ne pouvait venir que de l'acceptation, l'accomplissement de mon destin. »

Lewis KHANDRA-SAROS, *Humain, seulement humain*, astre dériveur de Kolybame (années 2990-2992, CS).
In CEG Histoire des Idées, « Lewis Khandra-Saros », Catalogue alpha, Article 9007, Omnibibliothèque du Quantex.

Archipontificat terrien, New Seettle, 10 juillet 2949, CS.

L'archipape s'avança vers Lewis, le visage congestionné par la colère. Les autres membres du Concile permanent ne bronchaient pas. Le vieil homme fulminait :

« Vous n'avez pas le droit de partir comme ça ! Pas après tout ce que vous avez fait pour nous ! Pour… pour l'humanité.

— Allons, soupira Khandra, c'est précisément pour tout ce que j'ai fait que j'estime avoir le droit de m'en aller. Vous vous en sortirez, j'ai confiance. Le Triumvirat saura…

— Akkah ! Au diable le Triumvirat ! Je parle du Sauveur. Vous êtes le Fils de Saros, un mythe vivant qui ne doit…

— Vous avez prononcé le mot juste, Votre Sainteté : je suis devenu le mythe dont votre Église avait besoin et je dois maintenant disparaître, pour vous permettre de l'exploiter à votre guise.

— Le mythe deviendra légende, murmura Kiribati, le regard vague.

— Monseigneur, je vous en prie, fit Tando Kaluma en s'agenouillant devant lui.

— Il me reste un long chemin à parcourir, poursuivit Lewis sans se soucier du dignitaire. Je désire pouvoir l'emprunter le plut tôt possible. »

Cess Rembrardt resta silencieux. L'éclat doré de ses yeux s'était terni sous l'effet de l'amertume : au fond de lui, quelque part, la voix de Seila III Rinyame chuchotait. Le Fils du Sauveur disait la vérité. Il secoua la tête.

« Puis-je néanmoins vous poser une dernière question, mon fils ?

— Je vous en prie.

— Ce chemin dont vous parlez…

— Oui ?

— Qu'est-il exactement ? Savez-vous où il doit vous mener ?

— Si je voulais être brutal, répondit Lewis d'un ton sec, je dirais que cela ne vous regarde pas. Je veux simplement rejoindre ma famille, Gloria et mes filles qui m'attendent sur Kolybame, pour vivre une autre vie, une vie que je n'ai jamais connue, faite d'amour et de quiétude. (L'image d'un torrent frais roulant de la montagne se dessina dans son esprit, une forêt de conifères géants, la silhouette de chevaux aussi légers que l'air de Mars… Fahrenheit Creek.) La vie… la vie qu'avait choisie mon père. C'est… ça n'est pas très glorieux, pour un héros divin, mais je n'aspire à rien d'autre aujourd'hui. »

L'archipape battit des paupières. Il comprenait. Lewis salua en retour le triumvir et sa cour, puis il quitta la salle des audiences, Kiribati sur ses talons. À peine avait-il tourné dans le long corridor qui menait à l'entrée du palais encore en construction, que le médecin le rattrapa et lui tapota gentiment sur l'épaule :

« Lewis…

— Qu'y a-t-il encore ?

— Vous allez certainement me détester, hésita l'Asiatique en dodelinant de la tête, l'air gêné, mais j'ai moi aussi une question indiscrète à vous poser, quelque chose qui me tracasse…

— Bon, allez-y, l'encouragea Khandra, magnanime.

— Je… j'ai de mal à croire qu'un homme d'action tel que vous puisse se résigner aussi facilement à une existence paisible, certes, mais qui pourra aussi vous paraître terriblement… morne, trop éloignée des fracas de l'histoire.

— Puisque vous évoquez l'histoire, docteur, vous vous souviendrez bien de *L'Odyssée* ! Ulysse lui-même n'a jamais eu d'autre but que de rentrer dans sa patrie pour retrouver son épouse, fit remarquer le Martien, le regard rieur. Il n'a pas cherché à vivre les aventures qui l'ont rendu célèbre. Il n'était qu'un homme, un simple marin. Il n'était pas sa propre légende.

— Hm… C'est un point de vue acceptable, reconnut Kiribati, ravi de pouvoir, une dernière fois, entrer dans le jeu de celui qu'il considérait depuis longtemps comme son ami le plus sûr. Mais d'autres aventures sont toujours possibles…

— Ah, je ne sais pas. Sans doute.

— Donc, vous vous laisseriez de nouveau tenter !

— Je n'ai pas dit cela.

— Vous ne dites pas non plus le contraire.

— Si certains événements m'y forçaient…, soupira Lewis.

— Quel genre d'événements ?

— Ceux qui pourraient mettre en danger l'équilibre que nous avons mis en place et qui est encore fragile.

— Oh ? Vous pensez qu'une menace pèse sur le Triumvirat ? Sur la Coexistence ? Safaris… ?

— Lui ou un autre… Nous ignorons ce qu'il est devenu, ce que sont devenus les vaisseaux armés de la Ligue, où sont passés les magnats de Charon. Il y aura toujours des menaces. Nous n'avons pas toutes les réponses. Je crois… je crois que les Lieurs n'ont pas levé toutes mes interrogations. (Kiribati se mit à rire.) Qu'avez-vous ?

— Rien. Vous devriez rejoindre le pasteur James sur Alpha V, pour l'aider dans ses études. D'après ce que j'en sais, il n'est toujours pas parvenu à rentrer en contact avec les Lieurs. Vous, oui. Je crois que vous auriez fait un meilleur chercheur que lui ! Ou que moi.

— Non, je ne crois pas. Car il me manque une qualité essentielle, que vous possédez, vous, le scientifique, et qui m'est totalement étrangère.

— Laquelle ?

— La curiosité. »

Si vous souhaitez contacter l'auteur :
albarludovic@hotmail.com

Achevé d'imprimer en février 2005
sur les presses de la **N**ouvelle **I**mprimerie **L**aballery
58500 Clamecy
Dépôt légal : février 2005
Numéro d'impression : 501066

Imprimé en France